로블록스 게임 제작
무작정 따라하기

서종원, 김연호, 강은숙 지음

길벗

로블록스 게임 제작 무작정 따라하기

The Cakewalk Series - Making Roblox Games with Lua

초판 발행 · 2021년 6월 7일
초판 7쇄 발행 · 2025년 4월 1일

지은이 · 서종원, 김연호, 강은숙
발행인 · 이종원
발행처 · (주)도서출판 길벗
출판사 등록일 · 1990년 12월 24일
주소 · 서울시 마포구 월드컵로 10길 56(서교동)
대표 전화 · 02)332-0931 | **팩스** · 02)323-0586
홈페이지 · www.gilbut.co.kr | **이메일** · gilbut@gilbut.co.kr

기획 및 책임 편집 · 김윤지(yunjikim@gilbut.co.kr) | **디자인** · 장기춘 | **제작** · 이준호, 손일순, 이진혁
영업마케팅 · 진창섭 | **웹마케팅** · 송예슬 | **영업관리** · 김명자 | **독자지원** · 윤정아

편집진행 · 황진주 | **전산편집** · 도설아 | **출력 및 인쇄** · 두경 | **제본** · 신정문화사

* 잘못 만든 책은 구입한 서점에서 바꿔 드립니다.
* 이 책은 저작권법에 따라 보호받는 저작물이므로 무단전재와 무단복제를 금합니다. 이 책의 전부 또는 일부를 이용하려면 반드시 사전에 저작권자와 ㈜도서출판 길벗의 서면 동의를 받아야 합니다.

ISBN 979-11-6521-562-0 (길벗 도서번호 600023)

ⓒ 서종원, 김연호, 강은숙 2021

정가 24,000원

독자의 1초를 아껴주는 정성 **길벗출판사**
길벗 IT실용서, IT/일반 수험서, IT전문서, 경제실용서, 취미실용서, 건강실용서, 자녀교육서
더퀘스트 인문교양서, 비즈니스서
길벗이지톡 어학단행본, 어학수험서
길벗스쿨 국어학습서, 수학학습서, 유아학습서, 어학학습서, 어린이교양서, 교과서

추천의 글

'로블록스'는 최근 전 세계적으로 선풍적인 인기를 끌고 있는 게임입니다. 미국에서는 12세 이하의 75%, 16세 이하의 50% 이상이 이 게임을 한다고 알려져 있고, 우리나라에서도 사용자가 크게 늘고 있지요. 또한 최근 급격하게 부상하고 있는 메타버스의 가장 대표적인 게임 중 하나로 알려져 있습니다. 그렇다면 메타버스와 기존의 일반 게임의 가장 큰 차이점은 무엇일까요?

로블록스를 창업한 데이비드 바스주키는 메타버스를 구성하는 8가지 요소 중 '나'와 '나를 둘러싼 세계' 그리고 '이들 사이의 수많은 경험'이라는 3가지 요소가 메타버스를 구성하는 가장 핵심이라고 합니다.

특히 로블록스를 창업하면서 이들이 내세운 모토인 'Powering Imagination(상상력을 강화한다)'라는 말이 많은 것을 설명합니다. 단순히 게임 디자이너가 만든 세계에서 살아가는 것이 아니라, 참여자들 모두가 자신들의 놀이를 상상한 대로 만들고 이를 바탕으로 다같이 즐길 수 있는 세계, 그런 자유로운 세계를 만들 수 있었던 것이 오늘날 로블록스가 성장하는 바탕이 되었고 메타버스의 대표 주자로 인식된 가장 큰 이유입니다.

이 책에서 다루는 로블록스 스튜디오를 사용하고, 루아(Lua)를 이용해서 게임을 코딩하는 것이 로블록스가 메타버스로 진화하게 만든 결정적인 차이점이 되었습니다. 자연스럽게 게임을 만들면서 앞으로 미래 사회에 가장 중요한 능력 중 하나인 'Computational Thinking(컴퓨터적 사고)'을 할 수 있게 될 것입니다. 좋은 길잡이가 되어 줄 《로블록스 게임 제작 무작정 따라하기》와 함께 즐거운 경험을 하고 교육적 효과까지 누려 보세요!

EM.Works 대표, 모두의 연구소 최고비전책임자 **정지훈**

사실 2020년에 처음 '메타버스'라는 용어를 접하였을 때는 너무나 생소했고 무슨 의미인지 잘 몰랐습니다. 그런데 얼마 전 아주대 교육대학원 융합 인재 및 영재교육 전공 주최 세미나에서 초청 강사로 모신 이 책의 저자 서종원 공장장님의 '메타버스와 인공지능의 교육적 활용' 강의를 듣고 충격에 빠졌지요.

그때의 충격은 인터넷, 스마트폰을 처음 접할 때와 비슷한 느낌이었습니다. 4차 산업혁명의 대표적인 특징이 온·오프라인 세상의 경계가 무너지는 것인데, 로블록스가 구현하는 메타버스 세상이 바로 그런 특징을 명확하게 보여주고 있었기 때문입니다. 몇 년 전부터 게임의 요소를 학습에 도입하는 '게이미피케이션'이 등장하여 각광을 받고 있습니다. 로블록스는 게임 내에 가상의 공간을 만들고 현실 세계에서 하는 일을 가상 공간에서 그대로 수행하는 대표적 메타버스 콘텐츠 제작 플랫폼으로써 로블록스로 구현한 메타버스 안에서 자연스럽게 학습을 할 수도 있습니다.

로블록스는 메타버스, 즉 초월적인 우주와 가상 공간을 구현하며 상상하는 모든 것을 현실로 만들 수 있습니다. 로블록스를 통해 코딩에 대해서도 쉽게 접근할 수 있고, 자연스럽게 창의력을 기르며 SW 융합교육의 궁극적인 목표인 컴퓨팅 사고력을 기를 수 있지요. 《로블록스 게임 제작 무작정 따라하기》라는 책의 제목처럼 하나씩 따라 하다보면 나만의 메타버스 콘텐츠를 만드는 제작자가 되어 있을 것입니다.

게임에 중독될까봐 걱정하는 부모님들이 많습니다. 지혜로운 부모는 아이가 하는 좋은 게임이 자연스럽게 학습으로 연결되도록 도움을 주지 않을까요? 이제는 부모님들의 게임에 대한 인식의 전환이 필요한 시점입니다. 자녀가 미래 사회의 인재로 자라나기를 희망하는 부모님들이라면 자녀들과 함께 로블록스 제작자가 되어보기를 강력히 추천합니다.

아주대 교육대학원 융합 인재 및 영재교육 전공 **유미현 교수**

저자의 글

메타버스의 대표적 플랫폼인 로블록스와 함께 나만의 가상 공간을 만들어 봐요!

최근 메타버스에 대한 관심이 높아졌습니다. 메타버스(metaverse)는 가상·초월을 뜻하는 meta와 세계·우주를 뜻하는 universe의 합성어로, 3차원 가상 세계를 말합니다. 오늘날 10대를 대표하는 전 세계의 Z세대는 현실의 친구를 가장 세계에서 만나 자연스럽게 소통하고 여러 활동을 하며 지냅니다.

로블록스는 이러한 가상 공간을 직접 만들 수 있을 뿐만 아니라 내가 만든 게임을 다른 사람과 함께 즐기는 경험까지 할 수 있는 메타버스의 대표적인 플랫폼입니다. 가상 공간을 만드는 경험은 마치 한 편의 영화감독이 되는 것과 같습니다. 스토리 기획부터 공간 기획, 음악, 디자인, UI, 마켓 그리고 이 모든 것을 운영하는 코딩 작업까지 더해 자신의 생각이 담긴 공간을 만드는 것이지요. 이때 '루아(Lua)'라고 하는 프로그래밍 언어를 사용합니다. 물론 코딩을 하지 않고 가상 공간을 만들 수도 있습니다. 내가 만든 공간에 전 세계 누구나 방문할 수 있다면 얼마나 멋질지 상상해 보세요. 이 책이 로블록스 세상으로 첫 걸음을 떼는 데 많은 도움이 되길 바랍니다.

저자 서종원

로블록스 게임을 제작하여 재미와 성취감을 느껴보세요!

게임에서는 우리가 주인공이 되어 바다를 누비며 무역을 할 수 있고, 우주 함대를 이끌고 전쟁을 하거나 역사의 한 가운데서 주인공이 될 수도 있습니다. 그리고 우리는 이런 게임을 하면서 재미와 성취감을 느낍니다. 이처럼 모든 게임의 본질은 '재미'입니다. 아무리 최신 기술을 사용해서 게임을 만들어도 재미가 없다면 사람들은 외면하겠죠?

그렇다면 게임이 어떻게 만들어지는지 궁금하지 않나요? '로블록스'는 남녀노소 누구나 빠르고 재미있게 게임을 제작할 수 있는 플랫폼으로, 사용자는 게임 제작과 플레이어 두 가지 역할을 모두 경험할 수 있습니다. 로블록스에서 게임을 제작하면 게임을 플레이하는 것 이상의 재미를 느낄 수 있습니다. 일반적으로 게임 제작자는 내가 만든 게임에서 다른 사람들이 얻어 가는 '재미'에 대해 끊임없이 고민하니까요. 여러분도 주변 친구들과 함께 게임을 만들고 게임을 해 보면서 엄청난 성취감을 얻을 수 있습니다.

특별히 이 책이 출간될 수 있게 공동 저자로 협력했던 와글와글팩토리 가족들, 도움을 주신 길벗출판사 김윤지 차장님께 감사드립니다.

저는 이제 큰 칼을 차고 거대 파충류를 사냥하러 떠나야 할 시간입니다. 언젠가 여러분이 만든 게임에서 만나는 날을 손꼽아 기다리겠습니다. 상상을 현실로 만들 준비가 되었나요? Rip and Tear!

저자 김연호

나만의 특별한 3D 공간을 로블록스로 만들어 보세요!

최근 청소년 코딩 교육 열풍으로 인해 다양한 콘텐츠들이 만들어지고 있습니다. 성인들의 코딩 학습과는 다르게 청소년들을 위한 코딩 학습은 재미있고 성취감이 있어야 흥미를 불러 일으킬 수 있습니다.

이 책은 청소년들이 로블록스 플랫폼을 활용하여 직접 자신의 생각을 구체화하고, 가상 공간 속에서 상상을 구현해 내는 방법을 안내합니다. 코딩을 처음 시작하는 청소년들도 로블록스 기초부터 루아 문법까지 배우고 활용할 수 있습니다.

로블록스는 3D 가상 공간을 구축하는 방법과 루아 스크립트 언어를 통해 텍스트 코딩을 배울 수 있는 가장 좋은 도구라 생각합니다. 특별히 이 책을 통해서 청소년들이 자신만의 특별한 공간 구축을 할 수 있도록 집필했으며, 코딩의 결과물을 가상 공간에서 직접 확인하여 코딩의 재미를 느낄 수 있도록 하였습니다. 이 책을 보는 모든 청소년과 입문자들이 로블록스에 흥미를 느끼고 시작할 수 있는 계기가 되었으면 좋겠습니다.

··· 저자 강은숙

이 책을 지은 저자를 소개합니다!

 **서종원**
로블록스를 국내에 전파하고 있으며 2021년에 Roblox Featured Educator로 선정된 '와글와글팩토리'의 공장장입니다. 교육대학원에서 융합인재교육을 전공하고, 청소년들이 스스로 지식을 연결하고 확장해 나갈 수 있도록 이와 관련된 활동에 힘쓰고 있습니다.

 **김연호**
지금은 '와글와글팩토리'에서 3D 모델링 교육부터 로블록스 책 출판까지 다양한 경험을 하고 있습니다. 필자에게 게임은 독서의 연장선이었습니다. 게임 속에서 지구도 구하고 나라를 일으켰으며 공주를 구하기 위해 마왕도 무찔렀습니다. 이 책을 읽는 모든 사람들이 자기가 만든 게임을 여러 사람과 함께 나누는 경험을 많이 해 봤으면 좋겠습니다.

 **강은숙**
청소년들에게 코딩 교육을 하는 것에 보람을 느끼며 인공지능, 로블록스 등 다양한 코딩 교육 콘텐츠를 만들고 강의하는 줄리엣 선생님입니다. 유튜브에서 로블록스 기초 강좌인 '로블록스 게임 메이커' 강의를 진행하였습니다. 메타버스를 활용한 교육에 관심이 많아 학습자 중심의 인터랙티브한 교육 콘텐츠를 연구하고 있습니다.

청소년을 위한 재미있는 코딩 교육 기관 **와글와글팩토리**

'와글와글팩토리'는 국내 최초로 로블록스 공식 Educator로 선정된 교육기관이며, 청소년들에게 로블록스와 인공지능 교육을 전파하고 있습니다. 와글와글팩토리가 궁금하다면 아래 홈페이지를 살펴보고 메일 주소로 연락주세요. 누구에게나 언제든 열려 있습니다.

- 이메일 : wgf@modulabs.co.kr
- 홈페이지 : https://wgfactory.xyz/

궁금증 해결! Q&A

로블록스를 처음 접하는 독자들이 궁금해 할 내용을 담았습니다. 메타버스란 무엇이고 로블록스 게임은 어떻게 제작하는지 간략히 살펴보세요.

Q. 누구를 위한 책인가요?

A. 이 책은 로블록스를 활용하여 게임을 제작하는 방법을 알려주는 게임 제작 입문서입니다. 로블록스에서 3D 가상 공간을 만들고 루아 스크립트 언어를 사용하여 텍스트 코딩을 하고 싶은 사람을 대상으로 합니다.

또한, 나만의 게임 제작을 하고 싶은 사람, 내가 생각하는 공간을 가상 세계에서 구축하고 싶은 사람, 텍스트 코딩을 시각적인 결과물로 배우고 싶은 사람, 3D 공간과 코딩을 활용하여 나만의 공간을 만들어 전 세계적으로 출시하고 싶은 사람에게 이 책을 추천합니다.

이 책에서는 프로그래밍을 모르는 사람도 쉽게 이해할 수 있도록 기초부터 차근차근 설명합니다. 그렇기 때문에 청소년과 비전공자 누구나 쉽고 재미있게 로블록스를 활용하여 게임을 제작하고 프로그래밍을 하는 방법을 배울 수 있습니다.

Q. '메타버스'란 무엇인가요?

A. '메타버스'란 가상·초월을 뜻하는 메타(meta)와 세계·우주를 뜻하는 유니버스(universe)의 합성어로, 3차원 가상 세계를 뜻합니다. 보통은 '현실 세계와 같은 사회적·경제적 활동이 통용되는 3차원 가상 공간'의 의미로 사용되지만, 연구하는 학자나 기관마다 메타버스에 대한 정의가 조금씩 다르기도 합니다.

비영리 기술 연구단체 ASF(Acceleration Studies Foundation)는 '가상으로 향상된 물리적 현실과 물리적으로 영구적인 가상 공간의 융합'이라고 정의하였고, 메타버스를 증강 현실, 라이프 로깅, 거울 세계, 가상 세계로 분류하고 있습니다. 로블록스는 이 중에서 가상 세계 형태의 메타버스이며, 가상 세계에서 사용자들이 아바타를 통해 현실 세계와 유사한 활동을 하는 특징이 있습니다.

Q. 로블록스로 무엇을 할 수 있나요?

A. 대표적인 메타버스 공간인 로블록스에서는 가상 공간에서 할 수 있는 모든 활동이 가능합니다. 다른 이용자와 함

께 테마파크를 건설하고 운영할 수 있으며, 애완동물을 입양하거나 스쿠버 다이빙, 슈퍼 히어로 경험도 해 볼 수 있습니다. 내가 직접 디자인한 캐릭터 의상이나 아이템 등을 만들고 마켓에 올려 경제 활동을 할 수도 있습니다.

실제로 현실의 역사 유적지를 로블록스에서 구현하여 역사 탐방을 할 수 있습니다. 미국 가수인 릴 나스는 로블록스에서 콘서트를 열었고, BTS는 포트나이트를 통해 <Dynamite> 안무 버전 뮤직비디오를 처음 공개하기도 하였습니다.

선생님들은 로블록스를 활용하여 교육용 콘텐츠를 만들어 학생들과 재미있게 수업할 수도 있습니다. 일례로 저자가 운영 중인 '와글와글팩토리'에서는 로블록스에서 인공지능 박물관을 구축하여 청소년 교육에 활용하고 있습니다.

Q. 루아 스크립트를 몰라도 괜찮나요?

A. 이 책에서는 루아 스크립트 언어를 몰라도 입문할 수 있도록 Part 03에서 프로그래밍 기초 개념 및 문법을 다룹니다. 처음에 어렵더라도 꾸준히 연습한다면 익숙해질 것입니다. 프로그래밍의 기본 개념은 비슷하기 때문에 루아 스크립트 언어에 익숙해지면 다른 언어를 배우는 데 많은 도움이 될 것입니다.

완성 파일 사용하는 방법

이 책에 나오는 루아 스크립트는 완성된 파일 형태로 제공합니다. 파일은 '깃허브'라는 코드 저장소에서 내려받거나 복사하여 붙여 넣을 수 있습니다.

❶ https://github.com/wgfactory/Roblox_Game_Maker 링크 주소를 입력하여 접속합니다.

❷ 장별로 만들어진 폴더를 클릭한 다음 책에 적힌 파일명(예: colorChange.lua)을 클릭하면 완성된 스크립트를 볼 수 있습니다.

❸ 해당 스크립트를 마우스로 드래그한 다음 Ctrl + C 키를 눌러 복사한 뒤 로블록스 스튜디오에서 Ctrl + V 키를 눌러 붙여 넣으면 됩니다.

* ❶번 이미지에서 초록색 버튼 ⬇ Code ▼ 을 눌러 전체 스크립트 파일을 다운로드할 수 있습니다.
* 길벗출판사 홈페이지(www.gilbut.co.kr)에서도 다운로드할 수 있습니다.

베타테스터 후기

이 책이 출간되기 전 베타테스터가 원고를 미리 살펴보고 고칠 부분은 없는지, 추가할 내용은 무엇인지 의견을 전달해 주었습니다. 참여해 준 분들께 감사합니다.

로블록스 코딩 방법, 스튜디오 활용법, 파트 디자인뿐만 아니라 티셔츠를 업로드하고 판매하기 등 로블록스 스튜디오의 기초 내용이 잘 정리된 책이에요. 텍스트 코딩이 어려울 줄 알았는데 책을 차근차근 따라 하니 어렵지 않았고 재밌었습니다. 게임을 다 만들고 로블록스에 올리니 정식 게임 개발자가 된 것 같아 뿌듯했어요!

평소에 로블록스 게임을 좋아해서 친구들과 자주 게임을 하고 직접 만들어보기도 했어요. 주로 유튜브를 보고 따라 했었는데, 이해가 되지 않는 부분들이 많았어요. 《로블록스 게임 제작 무작정 따라하기》 책을 보고 차근차근 따라 하다 보니 이해도 잘 되고 그동안 궁금했던 것들이 싹 풀렸어요. 기초를 이해하고 나니까 활용하기도 쉬웠어요.

이 책은 로블록스 게임을 만드는 방법에 대해 수박 겉핥기식으로 다루지 않고 루아 코딩의 기초부터 심화까지 친절하게 설명하고 있어 활용하기가 수월했어요. 특히 〈잠깐만요〉 코너는 로블록스 게임을 만들면서 독자가 궁금해 할 점들을 쉽게 설명하고 있어 로블록스 입문자가 어려워하는 부분도 이해하기 쉬울 것 같아요.

머릿속에서만 상상하던 세상을 끄집어내어 내가 직접 만들 수 있다는 것이 정말 신기했어요. 로블록스를 직감대로 즐길 수도 있지만, 책을 보며 하나씩 따라서 하다 보니 게임 제작의 기본기를 잡을 수 있었고, 전체 기능들을 살펴볼 수 있어서 좋았어요. 루아 코딩 부분은 처음엔 어려웠지만 로블록스를 더 멋지게 해낼 생각에 재미있게 했고 내용을 반복해 실습하며 손에 익혔어요. 이 책을 통해 앞으로 최고로 멋진 나만의 로블록스 세상을 만들겠다는 꿈이 생겼어요!

평소 로블록스 게임을 하면서 다른 사람들은 게임을 어떻게 만들까 궁금했고, 내 게임을 만들어 보고 싶었는데 코딩에 대한 개념이 부족하고 혼자서는 이해하기 어려운 부분들로 고민이 많았어요. 이 책은 코드를 한 줄 한 줄 자세하게 설명하여 그동안 몰랐던 부분을 쉽게 이해할 수 있어서 너무 좋았어요. 덕분에 로블록스 코딩에 대한 자신감이 생겼고 나만의 게임을 만들고 싶은 마음이 더 커졌어요!

이 책의 구성과 특징

로블록스의 기능을 이해하고 루아 스크립트로 제작하는 방법을 쉽고 빠르게 익힐 수 있도록 구성했습니다.

로블록스 이해와 활용

로블록스가 무엇인지 살펴보고 파트 만들기부터 불 붙이기, 효과 연출 등 로블록스 스튜디오의 기초부터 활용까지 다룹니다.

TIP

예제를 따라하거나 기능을 익힐 때 참고할 내용이나 주의해야 할 내용을 알려줍니다.

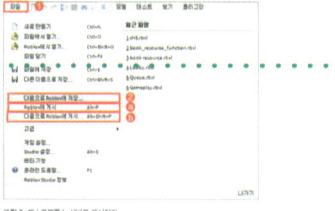

루아 스크립트 코딩

로블록스에서는 루아 스크립트 코딩으로 게임을 제작합니다. 코딩할 때 이해하기 쉽도록 코드 옆에 코드 내용을 설명하였으며 실행 결과를 확인할 수 있습니다.

그림 3-11 | 파트의 스크립트 추가

추가한 스크립트에 아래의 코드를 입력합니다.

코드
```
local count = 0              --count 변수에 0을 저장

while count < 10 do          --while문 count 변수가 10보다 작을 때
    print(count)             --count의 현재값 출력
    count = count + 1        --count 변수에 1을 더한 후 다시 count 변수에 저장
end

print("Finally the while is over!!!")
```

실행 결과
```
0
1
2
3
4
5
6
7
8
9
Finally the while is over!!!
```

잠깐만요

본문에 나온 설명 이외에 알아두면 좋은 개념이나 기능들을 설명합니다.

잠깐만요 앵커 포인트란?

브러시(Brush)의 앵커 포인트(Anchor Point)란 기존에 있는 지형 효과에 닿는 부분을 의미합니다. 따라서 앵커 포인트의 위치에 따라 추가되는 지형의 모양이 달라집니다.

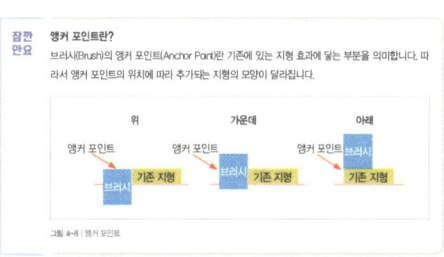

그림 4-8 | 앵커 포인트

- **그리드에 맞추기(Snap to Grid)** : 브러시가 움직일 때 그리드(Grid)에 딱 맞게 움직일 수 있도록 설정할 수 있는 속성입니다. 초기에는 꺼져 있으나 단추를 클릭하여 활성화하면 브러시는 그리드(격자)에 맞춰 움직입니다.

잠깐만요 그리드란?

그리드(Grid)의 사전적인 의미는 '격자 무늬'입니다. 평소에는 보이지 않지만 로블록스 스튜디오의 상단 메뉴의 [보기](View) 탭을 클릭하고 [설정(Settings)]에서 [그리드 표시(Show Grid)]를 클릭하면 화면에 그리드가 나타납니다.

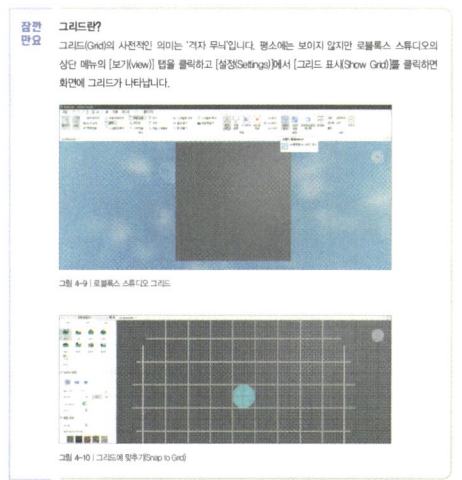

그림 4-9 | 로블록스 스튜디오 그리드

그림 4-10 | 그리드에 맞추기(Snap to Grid)

목차

PART 01 로블록스 시작하기

CHAPTER 01 로블록스 회원가입하고 웹사이트 둘러보기 ········ 020

1. 로블록스 회원가입하기 ········ 020
2. 로블록스 메뉴와 기능 살펴보기 ········ 024

CHAPTER 02 로블록스 플레이어와 스튜디오 설치하고 환경 익히기 ········ 030

1. 로블록스 게임 실행을 위한 플레이어 설치하기 ········ 030
2. 로블록스 게임 제작을 위한 스튜디오 설치하기 ········ 032
3. 로블록스 스튜디오 화면 구성 살펴보기 ········ 035
4. 베이스플레이트로 게임 제작 환경 만들기 ········ 041
5. 로블록스 스튜디오 기본 조작법 알아보기 ········ 042

PART 02 기본 파트(Part) 사용하기

CHAPTER 01 파트 만들기 ········ 050

1. 베이스플레이트 템플릿으로 시작하기 ········ 050
2. 파트의 종류 ········ 051
3. 파트 만들기 ········ 052
4. 스폰로케이션 파트 알아보기 ········ 060

CHAPTER 02 파트에 적용하는 효과 알아보기 ········ 063

1. 불 효과 알아보기 ········ 063
2. 입자 효과 알아보기 ········ 066
3. 연기 효과 알아보기 ········ 070
4. 반짝 효과 알아보기 ········ 074

| CHAPTER 03 | 파트로 디자인하기 | 076 |

1 파트 더하기 · · · · · · · · · · · · · · · · · · · 076
2 파트 빼기 · 079
3 마법의 의자 만들기 · · · · · · · · · · · · · · · 082

PART 03
기초 루아 코딩 익히기

| CHAPTER 01 | 변수 이해하기 | 090 |

1 변수 만들기 · · · · · · · · · · · · · · · · · · · 090
2 Hello World! 출력하기 · · · · · · · · · · · · · 091

| CHAPTER 02 | 반복문 사용하기 | 095 |

1 반복문 이해하기 · · · · · · · · · · · · · · · · · 095
2 for 반복문의 기초 · · · · · · · · · · · · · · · · 096
3 while 반복문의 기초 · · · · · · · · · · · · · · · 102

| CHAPTER 03 | 조건문 사용하기 | 112 |

1 if~then 조건문 이해하기 · · · · · · · · · · · · · 112
2 조건문 사용해서 출력하기 · · · · · · · · · · · · 113
3 시간에 따라 조명 켜기 · · · · · · · · · · · · · · 115

| CHAPTER 04 | 함수 사용하기 | 117 |

1 함수 정의하기 · · · · · · · · · · · · · · · · · · 117
2 함수를 활용하여 숨겨진 다리가 보이게 하기 · · · 119

| CHAPTER 05 | 배열 이해하기 | 126 |

1. 배열의 기초 · 129
2. 배열과 for문을 함께 사용하기 · 130
3. 숨겨진 계단 차례대로 보여주기 · 130

PART 04
게임 지형과 건물 디자인하기

| CHAPTER 01 | 지형 만들기 | 136 |

1. 자동으로 만들기 · 136
2. 직접 만들기 · 139
3. 뜨거운 용암지대와 회복 샘물 만들기 · 144

PART 05
응용 예제로 기본기 다지기

| CHAPTER 01 | 파트에 불 붙이기 | 154 |

1. 블록 파트에 불 붙이기 · 154
2. 발판 Switch와 불 붙이기 · 156

| CHAPTER 02 | 밟으면 캐릭터에 불이 붙는 발판 만들기 | 167 |

1. 워크스페이스와 플레이어 이해하기 · 167
2. 밟으면 불이 붙는 발판 만들기 · 168

| CHAPTER 03 | 캐릭터의 걷는 속도 높이기 | 171 |

1. WalkSpeed 속성 변경하기 · 171
2. 스크립트에 코드 입력하기 · 172

CHAPTER 04	캐릭터의 점프력 높이기	174
1	JumpPowerUp 속성 변경하기	174
2	스크립트에 코드 입력하기	175

CHAPTER 05	캐릭터가 죽는 블록 만들기	176
1	원통 파트 만들고 속성 변경하기	176
2	스크립트에 코드 입력하기	177

CHAPTER 06	무한히 회전하는 파트 만들기	179
1	쐐기형 파트 만들기	179
2	스크립트에 코드 입력하기	180

CHAPTER 07	NPC 제어하기	181
1	도구 상자에서 재료 추가하기	181
2	스크립트에 코드 입력하기	184

CHAPTER 08	대화하는 캐릭터 만들기	186
1	NPC 추가하기	186
2	스크립트에 코드 입력하기	188

CHAPTER 09	점수를 획득하는 아이템 배치하기	191
1	서버 스크립트 서비스에 스크립트 작성하기	191
2	아이템 추가하고 획득하면 점수가 오르는 기능 설정하기	193

CHAPTER 10	순간이동 기능 만들기	196
1	Teleport 파트와 스크립트 만들기	196
2	스크립트에 코드 입력하기	197

CHAPTER 11	의상을 마구 골라 입기	198
1	로블록스에서 캐릭터에 옷 입히기	198
2	의상 이미지 파일 업로드하기	199
3	마네킹 캐릭터 만들기	203
4	스크립트에 코드 입력하기	207

CHAPTER 12	죽었던 위치에서 다시 시작하기	212
1	파트 추가하고 속성 바꾸기	212
2	모델 배치하고 속성 바꾸기	214

PART 06
친구들과 함께 만들기

CHAPTER 01	로블록스에서 친구 만들기	224
1	친구를 검색하여 추가하기	224
2	친구 요청 수락하기	226

CHAPTER 02	친구와 함께 로블록스 게임을 만들기	228
1	게임을 서버에 게시하기	228
2	팀 만들기	230
3	친구와 함께 파트와 지형 디자인하기	234
4	친구와 함께 스크립트 만들기	235

PART 07
메뉴 만들기

CHAPTER 01	화면에 GUI 안내판 만들기	242
1	스크린GUI와 텍스트 레이블 소개하기	242
2	텍스트 레이블 수정하기	245
3	텍스트 레이블 위치 변경하기	246

CHAPTER 02	화면에 GUI 버튼 만들기	250
1	이미지 버튼 만들기	250

CHAPTER 03	게임 환경에 GUI 만들기	254

PART 08
수익화하기

CHAPTER 01	수익화 소개	260
1	수익화를 위한 4가지 방법	260
2	로벅스를 획득하는 방법	261

CHAPTER 02	아바타 옷 만들기	264
1	티셔츠 만들기	265
2	티셔츠 장착하기	276
3	티셔츠 판매하기	277

 찾아보기 281

PART 01 로블록스 시작하기

2006년에 개발된 이후 많은 변화를 거쳐 현재의 모습으로 성장한 로블록스(Roblox)는 컴퓨터뿐만 아니라 스마트폰, 게임기 등 로블록스가 지원하는 모든 플랫폼을 통해 다양한 경험을 하게 합니다.

로블록스의 모든 게임은 이용자들이 만들고 소비한다는 점에서 다른 게임 플랫폼과 다릅니다. 로블록스에는 400만 명 이상의 개발자와 크리에이터가 모여 있는 글로벌 커뮤니티가 있습니다. 커뮤니티의 구성원들은 로블록스의 게임 제작 소프트웨어를 통해 재미있는 게임을 만들어 냅니다. 클릭 몇 번으로 산과 강을 만들고 돌에 불을 붙일 수 있으며 내가 제작한 게임을 방 안에 앉아 전 세계로 배포할 수도 있습니다. 자, 이제 로블록스를 시작해 봅시다.

CHAPTER 01 로블록스 회원가입하고 웹사이트 둘러보기

1 로블록스 회원가입하기

로블록스 게임을 즐기려면 먼저 회원가입을 해야 합니다. 로블록스 사이트(roblox.com)에 접속하여 회원가입을 하는 방법을 따라해 보세요.

01 웹 브라우저(인터넷 익스플로러 혹은 크롬)를 실행한 후 주소 표시줄에 'roblox.com'을 입력해 로블록스 사이트에 접속하면 아래와 같은 화면이 나타납니다.

> **TIP** 화면이 책과 다르게 나타나도 걱정하지 마세요. 간혹 업데이트 상황에 따라 화면이 다르게 보일 수 있으며 책의 내용을 따라하는 데는 무리가 없습니다. 이미 계정을 가지고 있으면 화면 오른쪽 위에 있는 ⓐ[로그인] 버튼을 눌러 로그인하고 24쪽으로 넘어가세요.

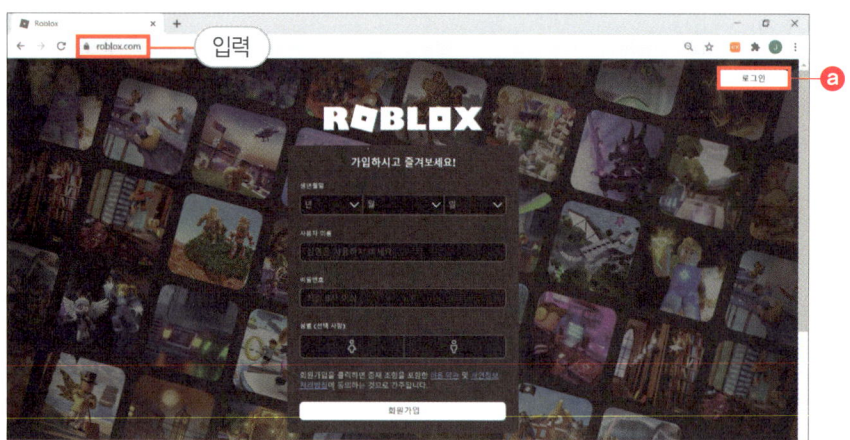

그림 1-1 | 로블록스 웹사이트 시작 화면

02 가장 첫 단추인 회원가입부터 알아보겠습니다. '생년월일' 항목에서는 내림 단추를 눌러 태어난 날짜를 선택합니다.

그림 1-2 | 생년월일 입력

03 '사용자 이름' 항목에 로블록스에서 사용할 이름을 입력합니다. '사용자 이름'은 다른 웹 서비스의 아이디(ID)와 같습니다. 이때 아래 경고문과 같이 본인의 실명은 사용하지 않도록 주의합니다.

그림 1-3 | 사용자 이름 입력

04 사용자 이름을 입력할 때 알파벳으로 3~20자 제한이 있습니다. 글자 수 제한에 맞게 계정을 입력합니다.

그림 1-4 | 사용자 이름 조건 경고 문구

> **잠깐 만요**
>
> **이미 사용 중인 사용자 이름이라는 경고 문구가 나타나요!**
> 만약 내가 입력한 사용자 이름이 이미 로블록스에 가입되어 있으면 '사용자 이름' 입력란 밑에 붉은색 경고 문구가 보입니다.
>
>
>
> 그림 1-5 | 입력한 사용자 이름이 이미 사용 중인 경우 나타나는 경고 문구
>
> 경고 문구가 보이지 않는 다른 '사용자 이름'을 입력해야 합니다.
>
> 그림 1-6 | 사용할 수 있는 사용자 이름을 입력한 경우

05 비밀번호는 특수 기호를 포함하여 8자 이상 입력해야 합니다. 8자리가 되지 않으면 붉은색 경고 문구가 보입니다. 비밀번호를 <u>딱 한 번</u>만 입력하기 때문에 입력한 비밀번호를 확인하기 위해서 입력란의 오른쪽 눈 모양 아이콘(👁)을 눌러줍니다. 비밀번호를 입력할 때 특수 기호를 섞어서 입력해야 정상적으로 만들 수 있습니다.

그림 1-7 | 비밀번호 최소 글자 수 조건

그림 1-8 | 특수 기호를 포함하여 비밀번호를 입력한 경우

> **잠깐만요** **회원가입 시 입력한 비밀번호를 메모지에 적어 두세요!**
> 로블록스는 회원가입이 매우 까다롭습니다. 특히 회원가입 시에 입력하는 비밀번호는 단 한 번만 입력하기 때문에 가입 후 비밀번호를 잊어버리면 로그인을 못 할 수도 있습니다. 그러므로 회원가입을 할 때 내가 입력한 아이디와 비밀번호를 메모지에 적어 놓고 잊어버리지 않도록 주의합니다.

06 다음은 '성별' 선택 항목입니다. 왼쪽이 여성, 오른쪽이 남성입니다. 여기서 선택한 성별에 따라 로블록스의 아바타 모양이 결정됩니다. '성별'은 나중에 변경할 수도 있습니다.

그림 1-9 | '성별' 선택 항목

07 아래 그림은 회원가입에 필요한 정보를 모두 입력한 그림입니다. 입력이 완료되었으면 [회원가입] 버튼을 클릭합니다.

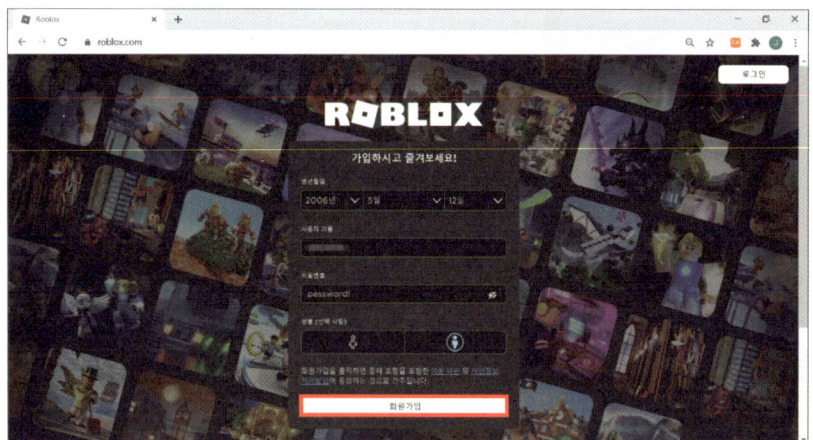

그림 1-10 | 정보를 알맞게 입력한 모습

> **TIP** 책에서 입력한 비밀번호는 예시이므로 특수 기호가 포함된 나만의 비밀번호를 만들어 입력하세요.

> **잠깐만요**
>
> **회원가입 시 간단한 문제를 풀어 '사람'임을 확인시켜 주세요!**
>
> 종종 웹사이트에 회원가입 시 '사람'만 풀 수 있는 간단한 문제를 맞혀야 가입이 가능한 사이트가 있습니다. 로블록스도 예외가 아닌데, 나오는 문제는 간단한 그림 맞히기 정도로 매우 쉽습니다.
>
>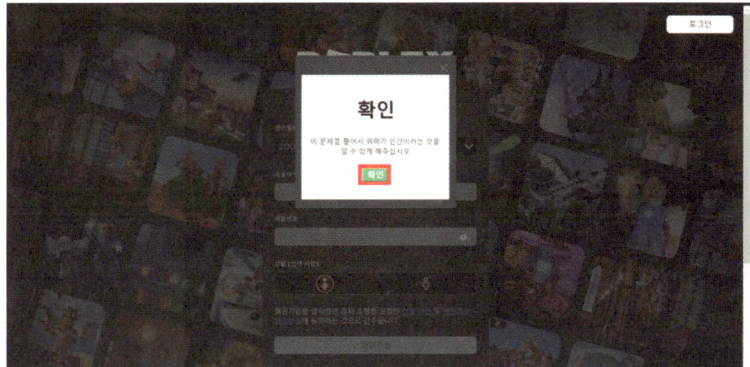
>
> 그림 1-11 | 신규 회원이 사람인지 확인하는 문제
>
>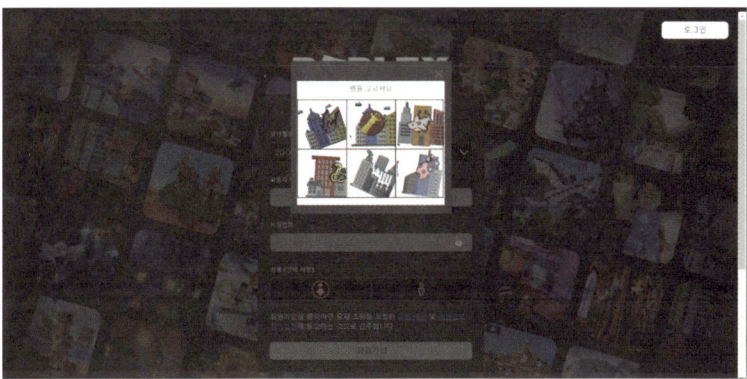
>
> 그림 1-12 | 문제에 대한 답 선택

08 회원가입을 마치면 아래와 같이 자동으로 로그인됩니다. 정상적으로 로그인이 되었다면 회원가입은 성공입니다!

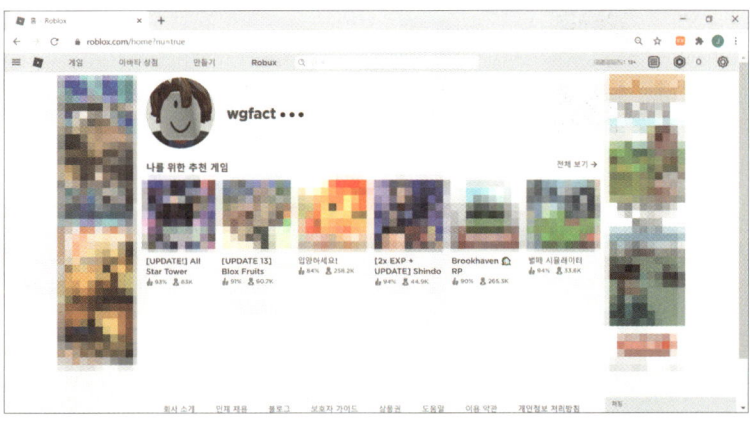

그림 1-13 | 로그인된 화면

2 로블록스 메뉴와 기능 살펴보기

로블록스에 로그인하면 화면에 다양한 메뉴가 있습니다. 각각의 메뉴와 기능을 살펴보겠습니다.

1. 게임

상단 메뉴에서 [둘러보기]를 클릭하면 로블록스 게임을 할 수 있는 페이지로 이동합니다. 맨 윗줄에는 여러 가지 게임이 인기 순으로 보입니다. 스크롤을 아래로 내리면 더 많은 게임 목록이 보입니다. 마음에 드는 게임이 있으면 클릭합니다.

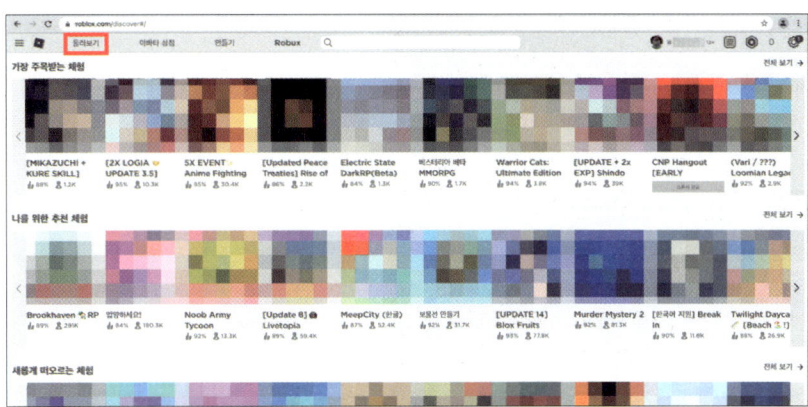

그림 1-14 | '게임' 메뉴 화면

버튼을 클릭하면 선택한 게임을 플레이할 수 있습니다.

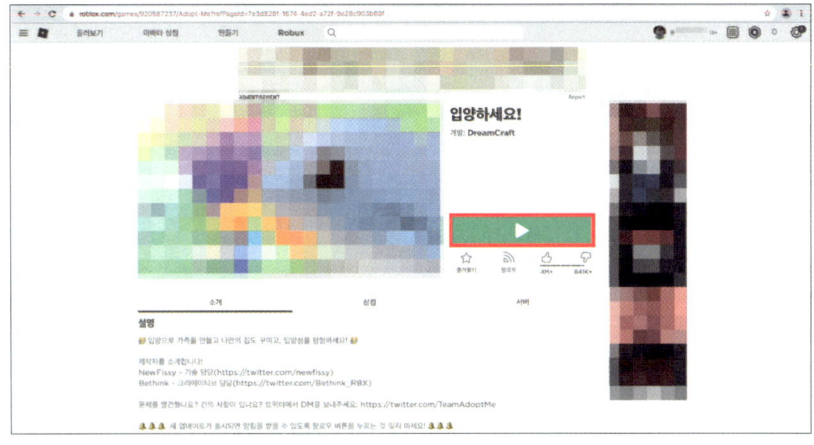

그림 1-15 | 선택한 게임 플레이

2. 아바타 상점

아바타를 꾸미는 아이템을 구입할 수 있는 메뉴입니다. 화면 왼쪽의 '카테고리'에서 원하는 카테고리를 클릭해 아이템 목록을 볼 수 있습니다.

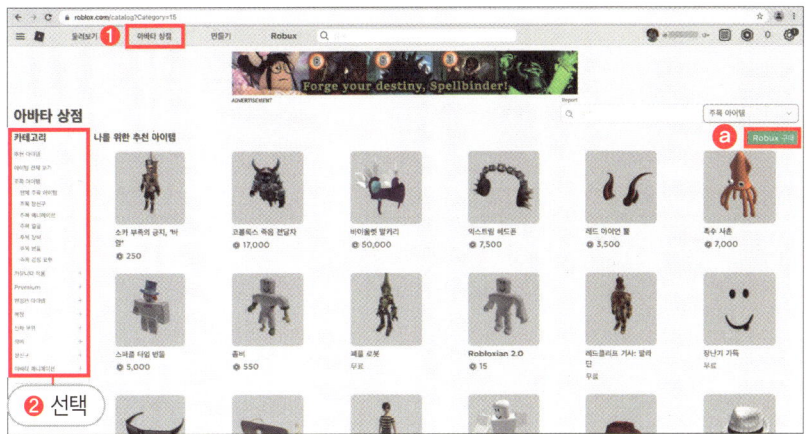

그림 1-16 | '아이템 상점' 메뉴 화면

TIP 아바타 아이템은 [무료] 또는 [Robux 구매]로 얻을 수 있습니다. 아이템 목록 아래 '무료'라고 적힌 아이템은 무료로 다운로드할 수 있으며, 로벅스(Robux) 금액이 적힌 아이템은 화면 오른쪽 상단의 ⓐ [Robux 구매] 버튼을 클릭하여 해당 금액만큼 결제한 후 다운로드할 수 있습니다. 로벅스에 대한 자세한 내용은 아래 '잠깐만요'를 참고하세요.

> **잠깐만요**
>
> **로벅스(Robux) 알아보기**
>
> 유료 아이템을 구매하려면 로벅스(Robux)라는 게임 전용 머니가 있어야 합니다. 로벅스 구매는 정해진 양만 구입하는 방법과 매월 결제하는 방법이 있습니다. 미성년자는 로벅스 결제 시 부모님의 도움을 받도록 합니다.
>
> ⓐ 'Robux 구매'는 딱 한 번만 로벅스를 구매하는 방법입니다. ⓑ '가입'은 로블록스 프리미엄(Roblox Premium) 서비스에 가입하는 방법으로, 매월 자동 결제되는 구독 형식이며 매달 초록색 버튼에 표시된 액수만큼 로벅스가 자동 충전됩니다.
>
>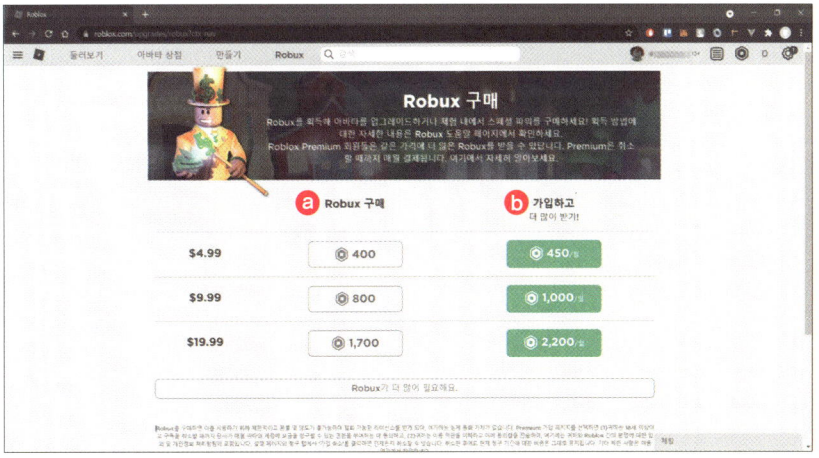
>
> 그림 1-17 | 로벅스를 구매하는 두 가지 방법

3. 만들기

'만들기'는 로블록스 스튜디오를 통해 게임을 제작할 수 있는 메뉴입니다. 상단 메뉴에서 [만들기]를 클릭하면 다음과 같은 화면이 나옵니다. 자세한 내용은 30쪽 Chapter 02의 '로블록스 플레이어와 스튜디오 설치하고 환경 익히기'에서 다룹니다.

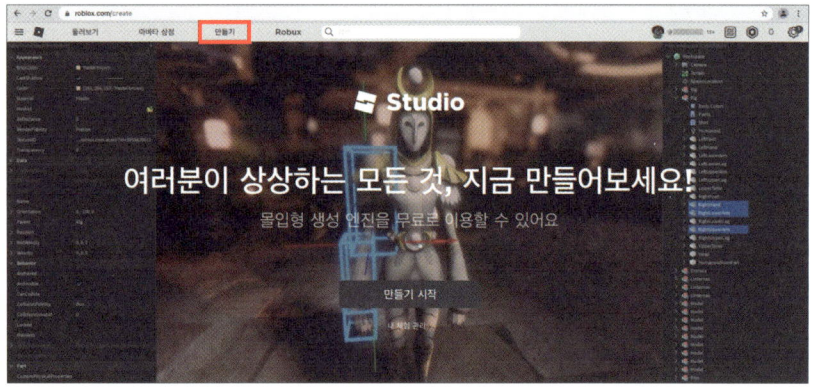

그림 1-18 | '만들기' 메뉴 화면

> **TIP** '만들기'를 클릭했을 때 그림 1-18과 화면이 다를 수 있습니다.
> 그런 경우 현재 웹 사이트의 주소를 확인해 보면 https://www.roblox.com/develop라고 표시되어 있을 것입니다. 여기서 develop를 crete로 변경하면 그림 1-18과 같은 화면이 나옵니다.

4. 검색 창

로블록스에서 검색 창에 단어를 입력하면 다음과 같은 조건이 나오며, 원하는 검색 결과를 클릭하면 선택한 조건에서 검색합니다.

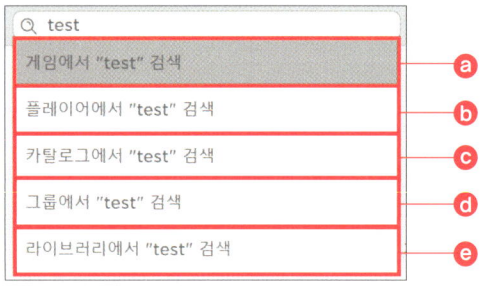

그림 1-19 | 검색 창에서 'test'를 검색한 경우

- ⓐ **게임에서 검색** : 입력한 단어를 가진 게임을 검색합니다.
- ⓑ **플레이어에서 검색** : 사용자 이름에서 검색합니다. 다른 사용자를 검색하거나 함께 플레이할 친구의 사용자 이름을 검색할 때 사용합니다.
- ⓒ **카탈로그에서 검색** : 로벅스로 구입 가능한 아이템을 검색할 때 사용합니다.
- ⓓ **그룹에서 검색** : 그룹을 검색할 때 사용합니다. 그룹은 직접 만들거나 기존에 있는 그룹에 가입할 수 있습니다.
- ⓔ **라이브러리에서 검색** : 게임을 만들 때 사용하는 다양한 재료인 루아(Lua) 코드, 효과음, 아이템 등을 검색할 때 사용합니다.

5. 알림

화면 오른쪽 상단 메뉴의 '알림' 아이콘(📋)을 클릭하면 알림 내용을 확인할 수 있습니다.

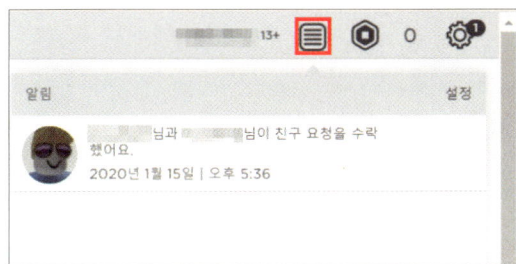

그림 1-20 | '알림' 아이콘을 클릭한 경우

6. 로벅스

'로벅스' 아이콘(⬢)을 누르면 보유한 로벅스를 확인하거나 구매할 수 있습니다.

그림 1-21 | '로벅스' 아이콘을 클릭한 경우

7. 설정

'설정' 아이콘(⚙)을 클릭하면 사용자 설정을 할 수 있습니다.

그림 1-22 | '설정' 아이콘을 클릭한 경우

ⓐ **설정** : 비밀번호 변경, 보안, 개인 정보, 결제, 알림 등 계정에 관한 모든 사항을 설정할 수 있습니다.

ⓑ **도움말** : 로블록스에 관한 도움말 페이지로 이동합니다. 자주 묻는 질문 또는 로블록스 사이트 서비스 관련하여 도움을 얻을 수 있습니다.

ⓒ **로그아웃** : 계정에서 로그아웃할 수 있습니다. 로블록스는 로그아웃을 하지 않으면 계속 로그인 상태로 유지되므로 공용 컴퓨터에서 로블록스에 로그인했다면 나중에 반드시 로그아웃을 해서 계정 보호에 주의를 기울여야 합니다.

8. 사이드바 메뉴

'사이드바' 아이콘(☰)을 클릭하면 숨겨져 있던 사이드바 메뉴가 나타납니다. 사이드바 메뉴에서 아래에 설명한 기능들을 한눈에 볼 수 있습니다.

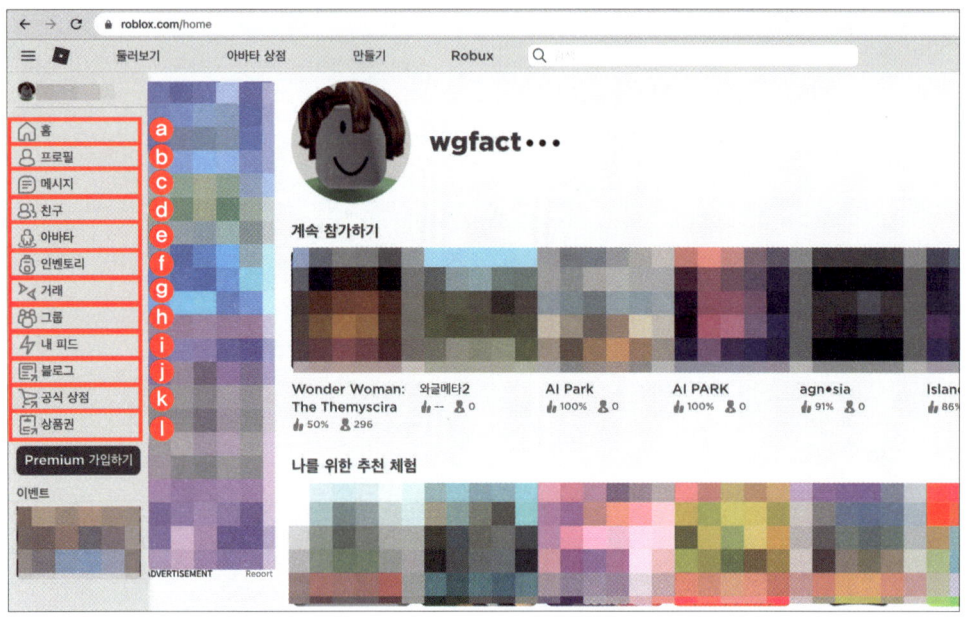

그림 1-23 | 사이드바 메뉴 화면

- **ⓐ 홈** : 기본 화면으로 돌아갑니다.
- **ⓑ 프로필** : 내 아바타의 프로필을 확인하고 편집할 수 있습니다.
- **ⓒ 메시지** : 로블록스를 통해 나에게 온 메시지를 확인할 수 있습니다.
- **ⓓ 친구** : 로블록스 친구를 확인할 수 있습니다.
- **ⓔ 아바타** : 내 아바타를 꾸밀 수 있습니다.
- **ⓕ 인벤토리** : 내가 가지고 있는 아바타 꾸미기 아이템을 확인할 수 있습니다.
- **ⓖ 거래** : 로블록스를 통해 구입 또는 판매한 내역을 확인할 수 있습니다.
- **ⓗ 그룹** : 그룹에 관련된 화면이 나타납니다. 그룹은 국내 포털 사이트 네이버(NAVER)의 '카페'와 비슷한 역할을 합니다.
- **ⓘ 내 피드** : 활동한 내역이 나타납니다. '게임 플레이', '아바타 꾸미기', '만들어 보기', '친구 사귀기' 메뉴가 있습니다.
- **ⓙ 블로그** : 로블록스에서 운영하는 블로그로 이동할 수 있으며, 로블록스에서 제공하는 최신 정보를 확인할 수 있습니다. 다만, 모든 문서는 영어로 되어 있습니다.
- **ⓚ 공식 상점** : 로블록스와 관련된 캐릭터 상품을 판매하는 아마존(Amazon) 사이트로 이동합니다. 이동하기 전에 간단한 경고 문구가 나오며, [계속] 버튼을 클릭하면 아마존 사이트로 이동합니다. 온라인에서 상품을 구입하려면 만 18세 이상이어야 하며, 몇몇 상품은 한국으로 배송이 되지 않아 구매가 불가능한 경우도 있습니다.

❶ **상품권** : 로블록스에서 사용 가능한 기프트 카드를 판매하는 사이트로 이동합니다. 아직 원화(₩) 결제는 할 수 없습니다. 기프트 카드는 로벅스를 사거나 구독을 할 때 사용할 수 있습니다.

메뉴에 대한 설명이 끝났습니다. 이제 내 컴퓨터에 로블록스 스튜디오를 설치하고 기본 구성에 대해 알아보겠습니다.

> **잠깐만요** **로블록스 스튜디오와 재미있는 게임 만들기**
>
> 로블록스 스튜디오는 로블록스 게임을 제작할 수 있는 '도구'입니다. 로블록스 스튜디오를 사용할 줄 안다고 해서 반드시 많은 사람들이 좋아하는 게임을 만들 수 있는 것은 아닙니다. 좋은 게임을 만들기 위해서 게임 플레이어에게 어떤 경험을 줄 수 있는지 끊임없이 연구해야 합니다. '다른 플레이어에게 재미있는 경험을 주는 방법 연구하기'라는 주제가 너무 어렵게 느껴진다면 좋아하는 게임이 왜 재미있었는지 차근차근 생각해 보는 것도 많은 도움이 됩니다.

CHAPTER 02 로블록스 플레이어와 스튜디오 설치하고 환경 익히기

1 로블록스 게임 실행을 위한 플레이어 설치하기

로블록스 게임을 실행하려면 로블록스 전용 프로그램인 '로블록스 플레이어(RobloxPlayer)'가 설치되어 있어야 합니다. 컴퓨터에 로블록스 플레이어가 설치되어 있지 않다면 다음 내용을 따라 하여 프로그램을 설치하세요.

01 로블록스 실행 프로그램 설치는 매우 간단합니다. 만약 로블록스 게임 실행 프로그램이 설치되어 있지 않은 상태에서 게임 [플레이]를 실행하면 자동으로 팝업 창이 나타나면서 설치를 진행합니다. 로블록스와 DC 코믹스가 함께 만든 게임인 로블록스 원더우먼(https://www.roblox.com/games/4927429832) 게임을 예로 들어 설명하겠습니다. 게임을 찾은 후 [Roblox 다운로드 및 설치] 버튼을 클릭합니다.

> **TIP** 예시에 나온 원더우먼 게임을 한 번에 찾으려면 인터넷 주소 창에 링크 주소를 입력하세요.

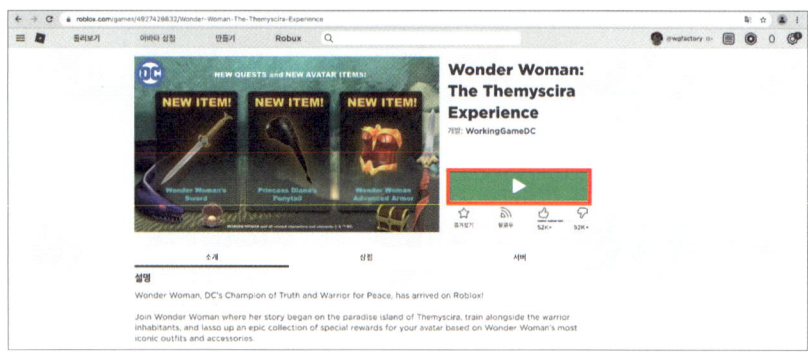

그림 1-24 | 초록색 플레이 버튼 클릭

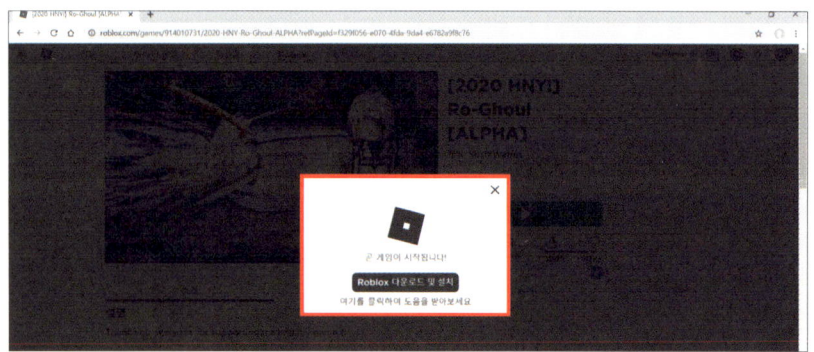

그림 1-25 | 다운로드 및 설치 팝업 창의 모습

02 다운받은 파일을 실행하면 설치가 완료됩니다. [확인] 버튼을 클릭합니다.

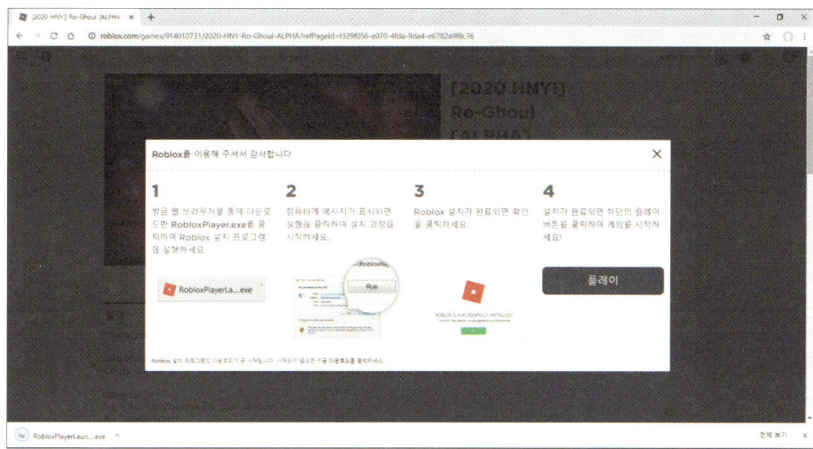

그림 1-26 | 프로그램 설치 설명 화면

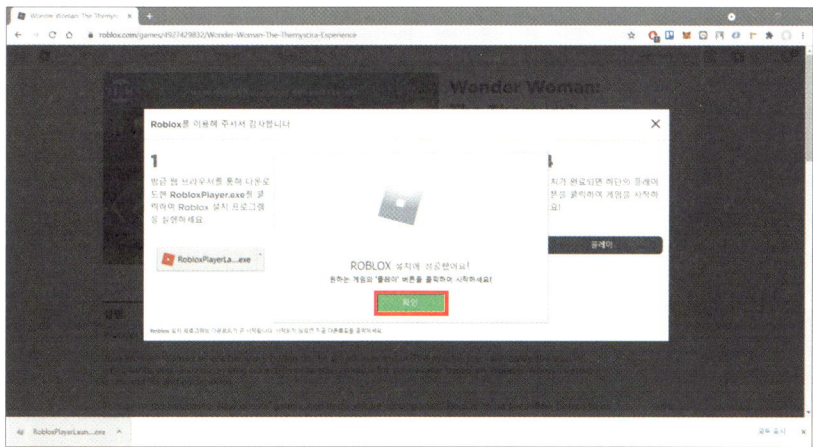

그림 1-27 | 프로그램 설치 완료

03 설치가 완료된 컴퓨터에서 [Roblox 열기] 버튼을 클릭하면 게임이 실행됩니다.

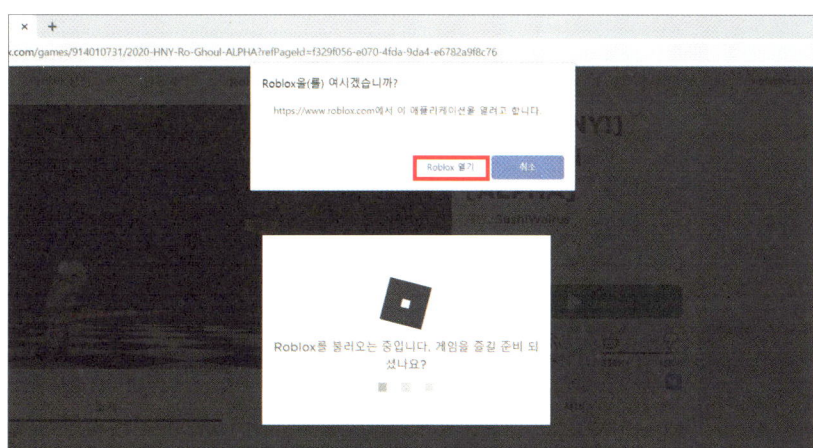

그림 1-28 | [Roblox 열기] 버튼 클릭

그림 1-29 | 게임 실행

2 로블록스 게임 제작을 위한 스튜디오 설치하기

로블록스 게임을 제작하기 위해서는 '로블록스 스튜디오(Studio)'라는 프로그램이 있어야 합니다. 로블록스 스튜디오에는 플레이어 캐릭터, 좀비, 집, 나무 등 게임을 만들기 위한 기본 재료와 도구들이 포함되어 있습니다.

1. 로블록스 스튜디오 설치 최소 사양

로블록스 공식 사이트에는 로블록스 스튜디오 설치에 필요한 최소 컴퓨터 요구 사양이 나와 있습니다. 2000년대 초반에 만들어진 컴퓨터가 아니라면 대부분 아래 최소 사양은 충분히 만족하니 한번 읽어 보고 넘어가도 됩니다.

운영 체제 요구 사양	Windows	Windows 7, Windows 8/8.1 또는 Windows 10
	Mac	로블록스 게임 실행 프로그램 : OSX 10.7 이상 로블록스 스튜디오 : OSX 10.10 이상
	Linux	지원하지 않음
시스템 하드웨어 요구 사항	그래픽 카드	DirectX 9 또는 Shader Model 2.0을 지원하는 그래픽 카드
	프로세서(CPU)	1.6GHz 이상의 프로세서
	OS 및 메모리	Windows 7, Windows 8 또는 Windows 10 컴퓨터에 메모리 1GB 이상
	저장 공간(HDD 또는 SSD)	20Mb 이상의 공간
	인터넷 요구 사항	4~8Mb/s 이상의 속도

표 1-1 | 로블록스 스튜디오 설치 최소 사양

2. 로블록스 스튜디오 설치 방법

01 앞서 만든 계정으로 로블록스에 로그인합니다. 화면 상단 메뉴에서 [만들기]를 클릭하여 아래와 같은 화면으로 이동합니다. [만들기 시작] 버튼을 클릭합니다.

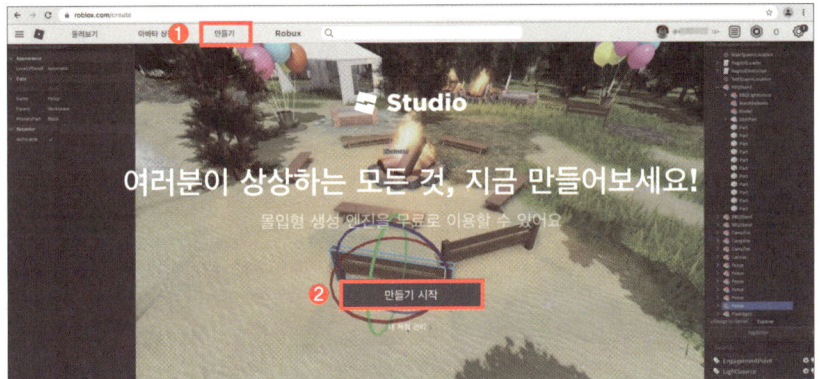

그림 1-30 | [만들기 시작] 버튼 클릭

02 이때 컴퓨터에 로블록스 스튜디오가 설치되어 있으면 자동으로 만들기 화면이 나타나지만 만약 설치되어 있지 않으면 '스튜디오 다운로드' 안내창이 나타납니다.

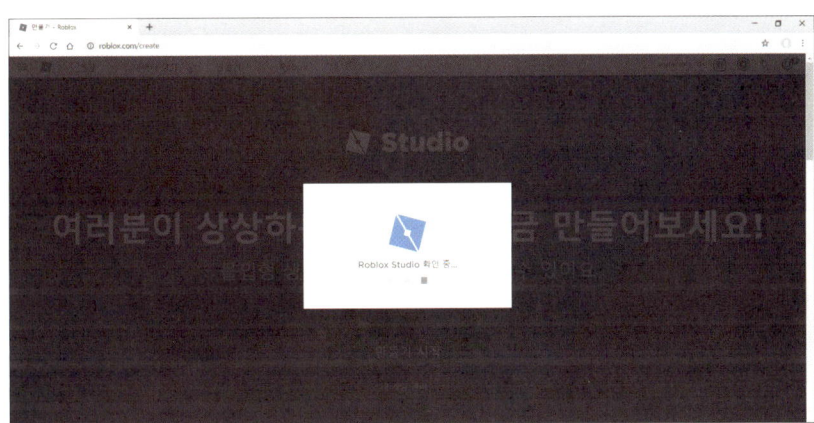

그림 1-31 | 로블록스 스튜디오 설치 여부를 자동 확인

03 [Studio 다운로드] 버튼을 클릭하면 설치 파일 다운로드가 시작됩니다.

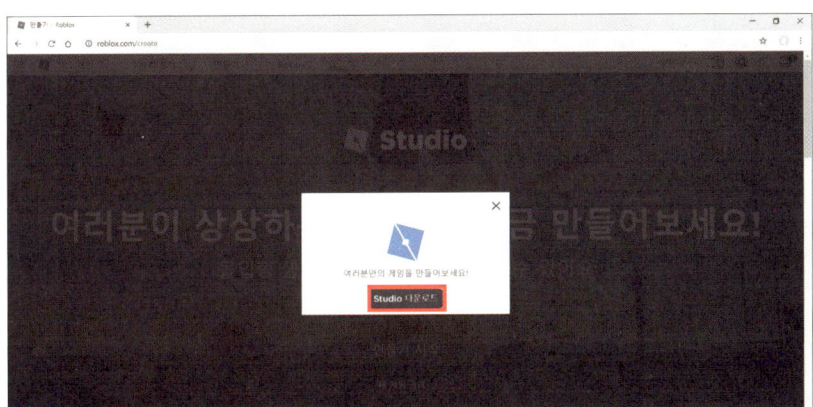

그림 1-32 | [Studio 다운로드] 버튼 클릭

04 다운로드한 설치 파일을 실행합니다.

그림 1-33 | 설치 파일 실행

05 설치 파일을 실행하면 로블록스 스튜디오 설치를 시작합니다. 설치가 끝날 때까지 기다리면 됩니다.

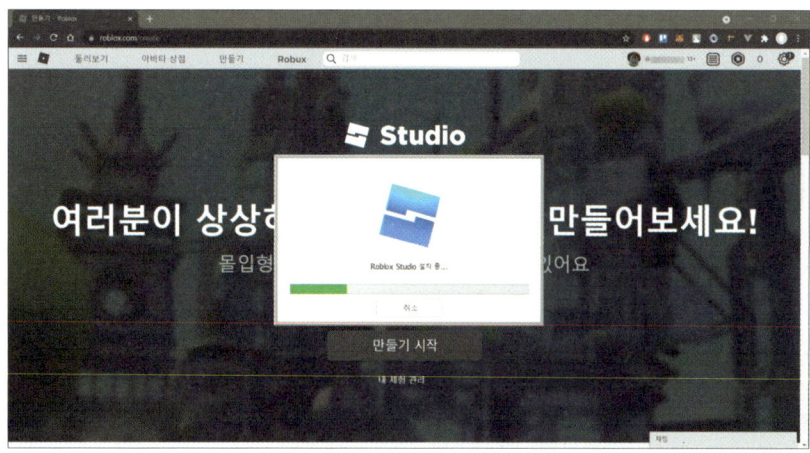

그림 1-34 | 설치 중인 화면

06 설치가 완료되면 자동으로 로블록스 스튜디오가 실행되며 로그인됩니다.

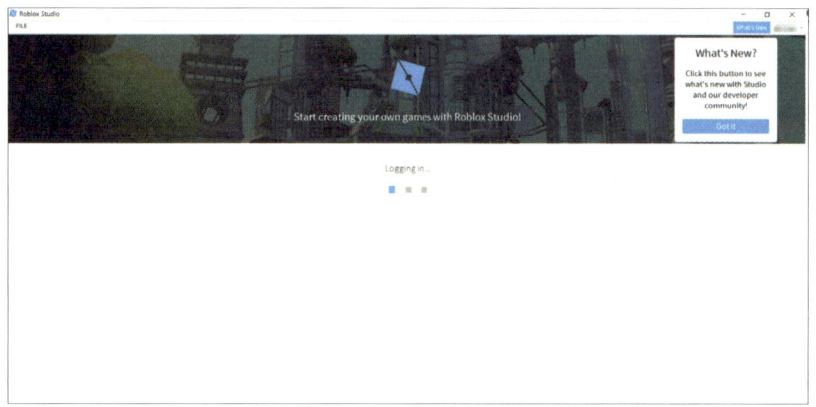

그림 1-35 | 로블록스 스튜디오가 실행 및 자동 로그인

> **잠깐만요** **공용 컴퓨터에서 작업할 때는 반드시 주의하세요!**
> 공용 컴퓨터에서 로블록스를 실행했다면 웹과 로블록스 스튜디오를 끌 때 계정 보호를 위해서 반드시 로그아웃을 해야 합니다. 로블록스 스튜디오의 로그아웃 메뉴는 사용자 이름 옆에 작은 내림 단추를 클릭하면 보입니다.
>
>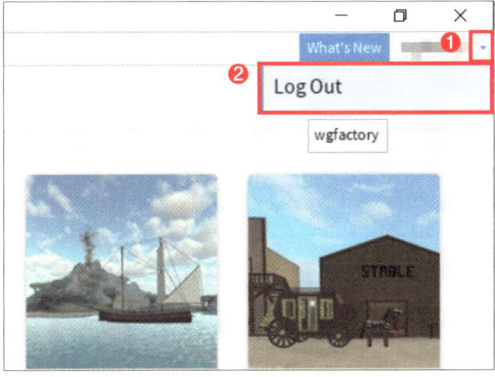
>
> 그림 1-36 | 로블록스 로그아웃

3 로블록스 스튜디오 화면 구성 살펴보기

1. 메뉴를 한글로 설정

01 로블록스 스튜디오가 처음 실행되면 아래 그림과 같이 메뉴가 영어로 나타납니다.

> **TIP** 메뉴가 이미 한글로 보이면 언어 설정 변경 내용은 건너뛰어도 됩니다.

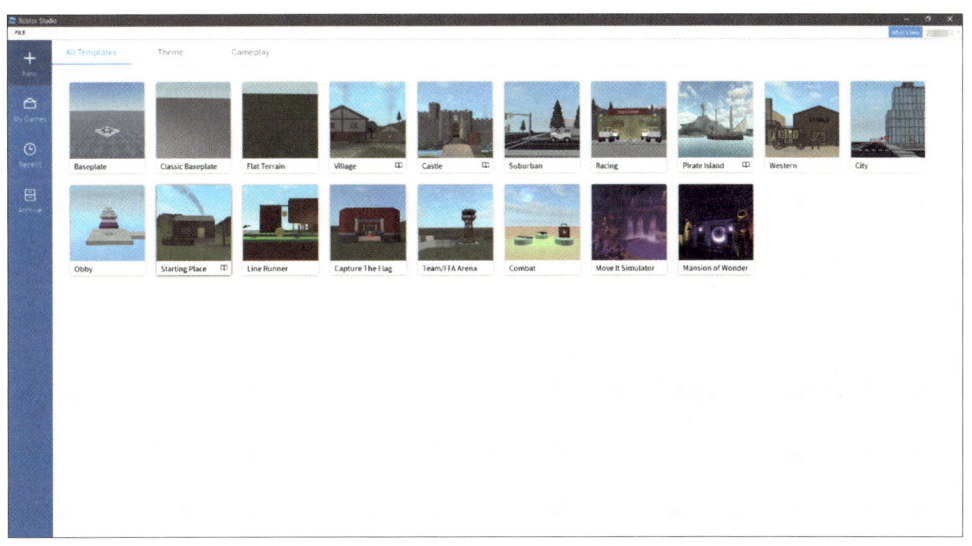

그림 1-37 | 메뉴가 영어로 표시된 화면

02 다행히 로블록스 스튜디오의 메뉴는 한글로 변경할 수 있습니다. 로블록스 스튜디오 화면 왼쪽 위에 있는 [FILE] 메뉴를 클릭하고 [Studio Settings]를 클릭합니다.

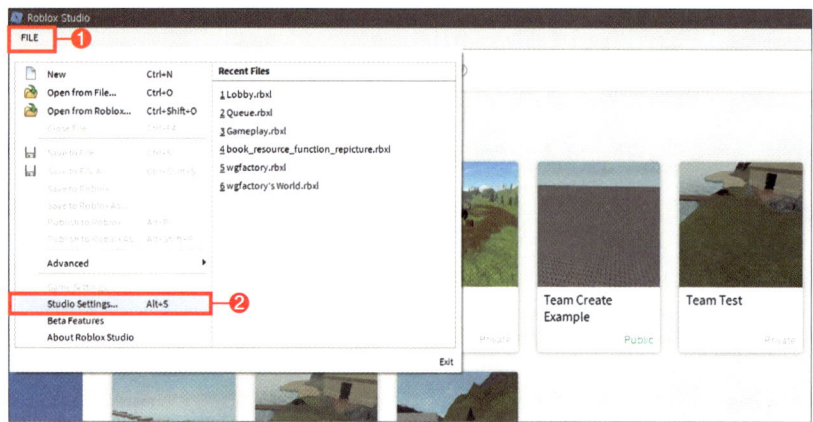

그림 1-38 | [FILE] – [Studio Settings]를 클릭

03 로블록스 스튜디오의 설정을 변경할 수 있는 메뉴들이 나타납니다. [Studio] 메뉴에서 화면 오른쪽의 스크롤을 조금 내리면 'Language' 항목이 나타납니다. 내림 단추를 클릭하고 [한국어]를 선택한 후 [Close] 버튼을 클릭합니다.

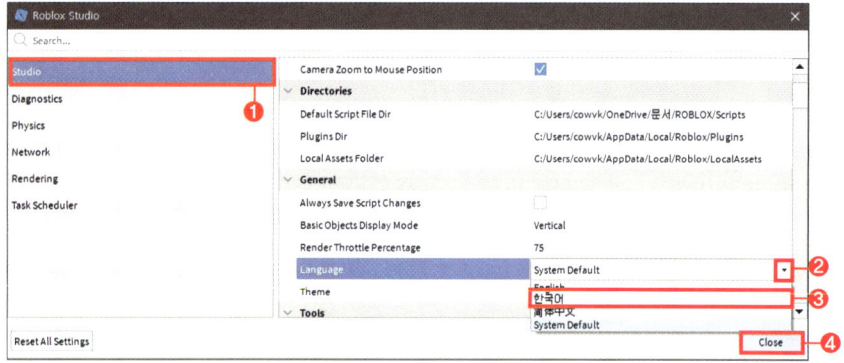

그림 1-39 | 'Language' 항목에서 '한국어'로 선택

04 로블록스를 다시 시작하겠는지 묻는 메시지 창이 나타나면 [Restart] 버튼을 클릭합니다.

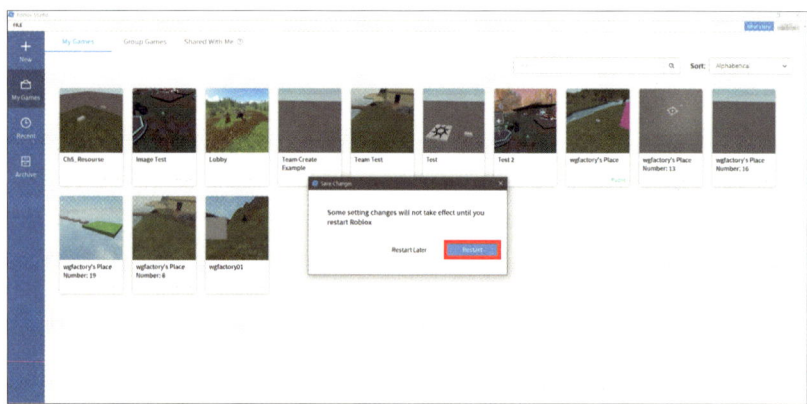

그림 1-40 | [Restart] 버튼을 클릭하여 로블록스 스튜디오 다시 시작

05 메뉴가 한글로 변경된 것을 확인할 수 있습니다.

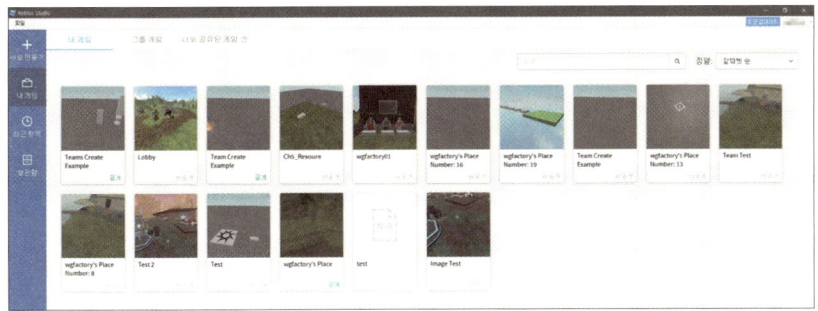

그림 1-41 | 한글로 변경된 메뉴

2. 로블록스 스튜디오 메뉴

이제 로블록스 스튜디오의 메뉴를 알아봅시다.

그림 1-42 | 로블록스 스튜디오의 다양한 템플릿

> **TIP** 메뉴에 대한 설명은 한글과 영어를 동시에 적겠습니다. 왜냐하면 로블록스 게임을 제작하다가 정보를 검색할 경우 대부분의 웹 문서가 영어로 되어 있어 한글 메뉴로만 알고 있으면 찾아보기 어렵기 때문입니다.

ⓐ **새로 만들기(New)** : 새로운 게임을 만들 때 쓰는 메뉴입니다. [새로 만들기] 메뉴를 클릭하고 목록에서 템플릿(Template)을 더블 클릭하면 선택한 템플릿에 해당하는 게임 제작 환경이 만들어집니다.

> **잠깐만요**
> **템플릿이란?**
> 로블록스 스튜디오는 기본적인 게임 제작 환경을 제공합니다. 각 특성에 맞게 여러 가지 환경을 제공하는데, 이 환경을 '템플릿(Template)'이라고 부릅니다.
>
> ⓐ **모든 템플릿(All Template)** : 로블록스 스튜디오가 제공하는 모든 템플릿을 보여줍니다.
>
> ⓑ **테마(Theme)** : 특정 주제를 가진 템플릿입니다. 마을(Village), 성(Castle), 도시 주변(Suburban), 해적섬(Pirate Island), 서부 개척 시대(Western), 도시(City), 시작의 마을(Starting Place) 등의 환경이 주제에 맞게 구성되어 있습니다.

ⓒ 게임 플레이(Gameplay) : 바로 실행이 가능한 템플릿입니다. 스폰로케이션(SpawnLocation)과 매우 간단한 몇 가지 아이템을 함께 제공합니다. 총 4가지 템플릿이 있으며, 레이싱(Racing), 장애물 달리기 3종류(Obby, Line Runner, Infinite Runner), 깃발 뺏기(Capture the Flag), 3인칭 슈팅(Team/FFA Arena), 컴뱃(Combat)이 있습니다. 플레이는 가능하지만 완성된 게임이 아니기 때문에 가장 기본적인 기능만 구현되어 있습니다.

ⓑ **내 게임(My Games)** : 내가 만들고 있는 게임들의 '공개(Public)/비공개(Private)' 상태를 확인할 수 있습니다. 게임의 이름은 [파일]-[게임 설정]에서 변경할 수 있습니다.

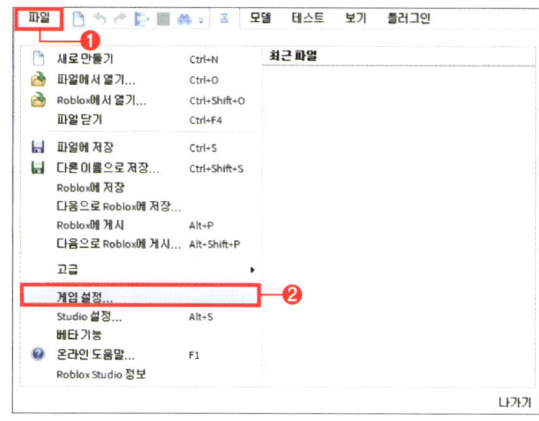

그림 1-43 | [파일] - [게임 설정] 클릭

기본적으로 게임 이름에는 '사용자 이름's Place'라고 표시되며 이름을 변경할 수도 있습니다.

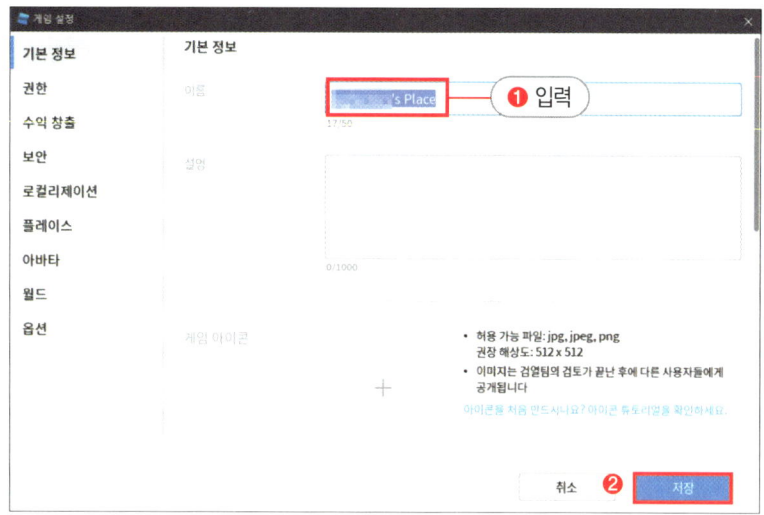

그림 1-44 | 이름 변경

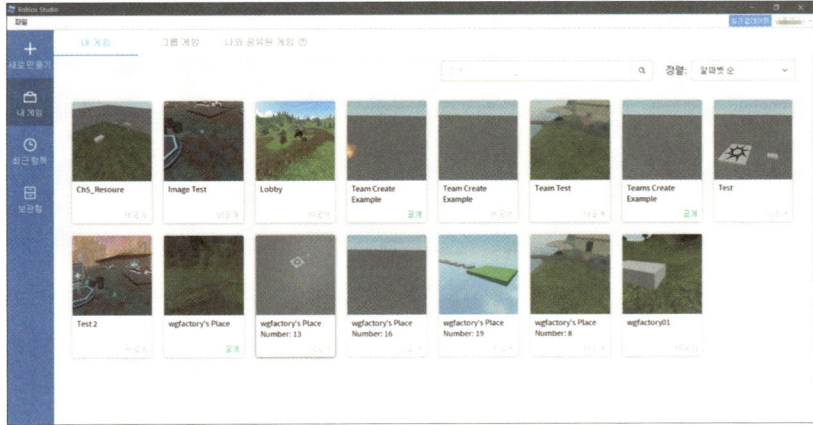

그림 1-45 | '내 게임' 메뉴를 선택한 화면

'내 게임'에서 작업하는 게임 중에서 더 이상 작업하지 않는 게임을 '보관함(Archive)'으로 보낼 수 있습니다. '보관함'에 보관한 게임은 나중에 복구할 수 있습니다. 목록에 있는 내 게임을 '보관함'으로 이동하려면 게임의 [더보기](⋯) 아이콘을 클릭합니다. 목록에서 [보관]을 클릭하면 내 게임이 '보관함' 메뉴로 이동합니다.

그림 1-46 | 선택한 게임을 '보관' 메뉴로 이동

ⓒ **최근 항목(Recent)** : 시간 순으로 최근에 작업한 게임이 정렬됩니다. '내 게임(My Games)' 메뉴와 다른 점은 최근 작업한 순서로 보인다는 것입니다.

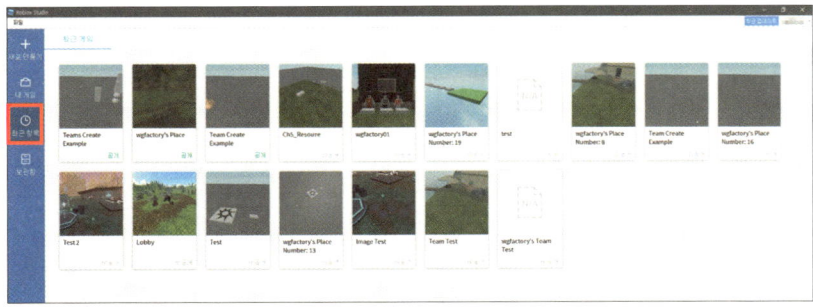

그림 1-47 | '최근(Recent)' 메뉴를 선택한 화면

> **잠깐만요** **로블록스 스튜디오에서 저장하는 방법**
>
> 로블록스 스튜디오는 두 가지의 저장 방식을 제공합니다. 화면 상단의 [파일]을 클릭하여 메뉴를 엽니다.
>
>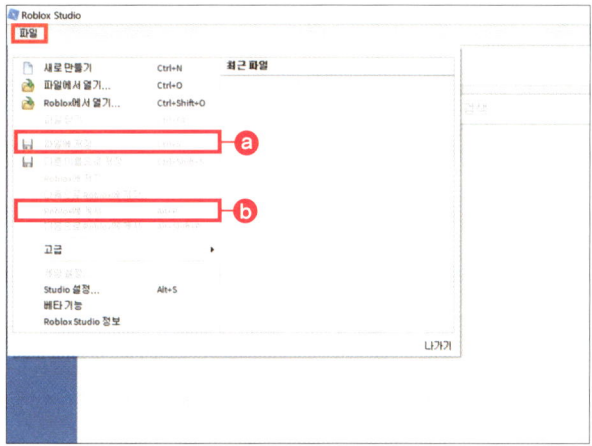
>
> 그림 1-48 | [파일] 메뉴 클릭
>
> ⓐ **파일에 저장(Save to File)** : 작업한 내용을 내 컴퓨터에 저장합니다. '게임 이름.rblx' 형식의 파일이 생성됩니다.
>
> ⓑ **Roblox에 게시(Publish to Roblox)** : 로블록스의 서버에 저장합니다. 그러면 인터넷이 연결된 다른 컴퓨터에서도 작업한 내용을 불러올 수 있습니다. 하지만 로그아웃 시 계정 보호에 주의해야 합니다.

ⓓ **보관함(Archive)** : '내 게임' 메뉴에서 [보관함]을 선택한 경우 '보관함(Archive)' 메뉴에 저장됩니다. 다시 '내 게임'으로 복구하려면 [더보기](⋯) 아이콘을 클릭하고 [복원]을 클릭하면 됩니다.

그림 1-49 | '보관' 메뉴에서 '내 게임' 메뉴로 이동

ⓔ **최근 업데이트(What's New)** : 로블록스 스튜디오 업데이트 정보를 확인할 수 있습니다.

ⓕ **사용자 이름** : 로블록스 스튜디오에 로그인된 사용자 이름을 확인할 수 있습니다. 사용자 이름의 내림 단추를 누르면 로블록스 스튜디오에서 로그아웃할 수 있습니다.

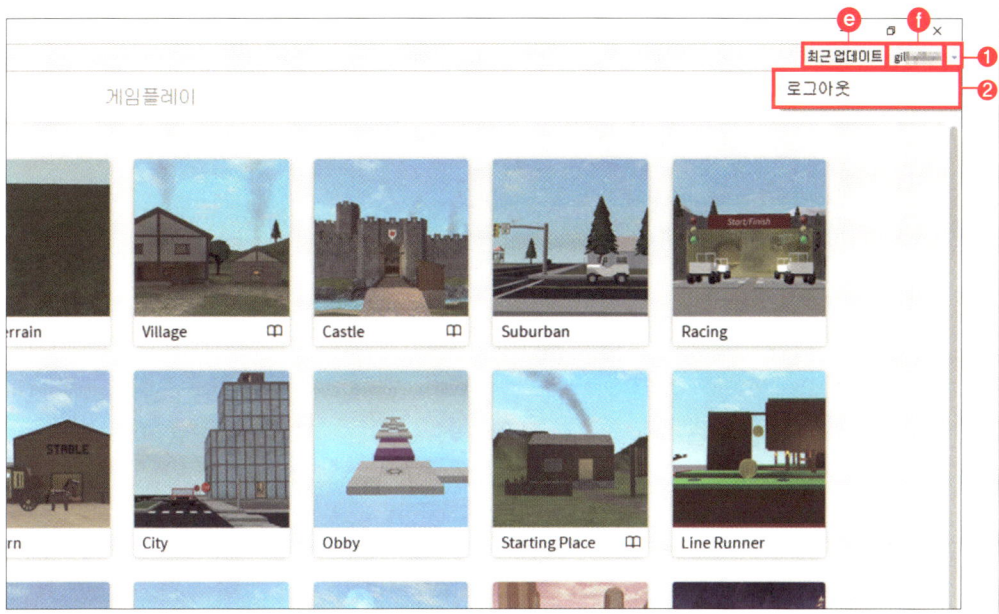

그림 1-50 | 계정 로그아웃

4 베이스플레이트로 게임 제작 환경 만들기

로블록스 스튜디오에서 [새로 만들기] 메뉴를 클릭한 후 [모든 템플릿]을 선택하여 게임 제작에 사용하는 메뉴를 알아봅시다. 우선 아래 그림과 같이 [Classic BasePlate(클래식 베이스플레이트)]를 클릭하여 새로운 게임 제작 환경을 만듭니다.

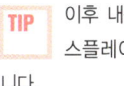 TIP 이후 내용부터는 '베이스플레이트'로 설명합니다.

그림 1-51 | Classic Baseplate(클래식 베이스플레이트)를 클릭

제작 환경이 실행되면서 다음과 같은 화면이 나타납니다.

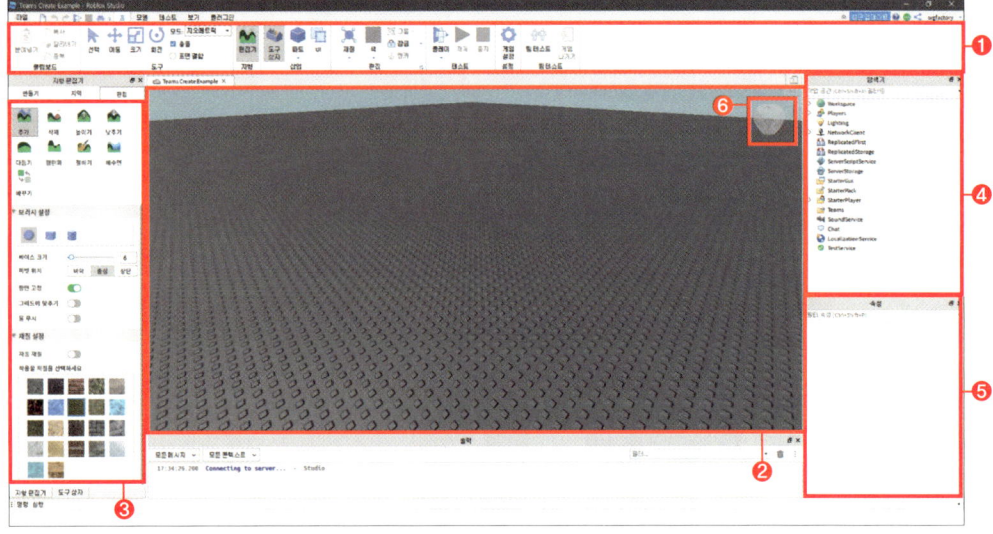

그림 1-52 | 클래식 베이스플레이트 제작 환경

❶ **상단 메뉴 바** : 게임 제작에 사용되는 명령 아이콘과 각종 메뉴 목록이 있습니다.

❷ **주 화면** : 게임 환경을 볼 수 있는 화면입니다. 지형을 만들거나 주인공이 생성되는 위치, 적 및 아이템을 배치할 수 있습니다.

❸ **지형 편집기(Terrain Editor)** : 지형을 편집할 수 있습니다. 만드는 게임에 적합한 지형을 만드는 데 사용합니다.

❹ **탐색기(Explorer)** : 게임에 사용되는 각종 재료들이 전부 표시됩니다. 조명, 괴물, 아이템, 루아 스크립트, 소리 파일 등 게임에 사용되는 모든 재료들을 볼 수 있습니다.

❺ **속성(Properties)** : 게임 제작에 사용되는 재료들의 특성을 확인하고 수정할 수 있습니다. 색상을 바꾸거나 크기를 크게 하고 위치도 바꿀 수 있습니다.

❻ **보기 선택기(View Selector)** : 주사위처럼 생긴 보기 선택기에서 원하는 방향의 면을 클릭하면 3D 가상 공간에서 해당하는 방향에서 공간을 바라보도록 시점이 이동합니다.

5 로블록스 스튜디오 기본 조작법 알아보기

로블록스 스튜디오는 가상의 입체 공간에서 지형을 만들고 게임을 위한 다양한 물체를 배치할 수 있습니다. 우리가 모니터로 보는 화면은 로블록스 스튜디오 공간을 '카메라'로 비추는 모습입니다. 로블록스 스튜디오는 3D 가상 공간을 제공하기 때문에 지형을 만들거나 물체를 배치할 때 화면 조작을 많이 해야 합니다. 화면을 돌리거나 확대(Zoom In) 또는 축소(Zoom Out)를 수시로 합니다. 카메라를 조작할 때는 마우스를 이용합니다.

제일 먼저 로블록스 스튜디오의 공간을 잘 설명하고 있고 카메라를 조작할 수 있는 '보기 선택기(View Selector)'에 대해서 알아봅시다.

보기 선택기는 로블록스 스튜디오를 이용하여 게임 환경을 만들었을 때 오른쪽 위에 있는 작은 주사위입니다. 주사위의 6개의 면에는 각각 앞(Front), 뒤(Back), 오른쪽(Right), 왼쪽(Left), 위(Top), 아래(Bottom)의 방향이 써 있습니다. 각 면을 누르면 면에 해당되는 쪽을 볼 수 있습니다.

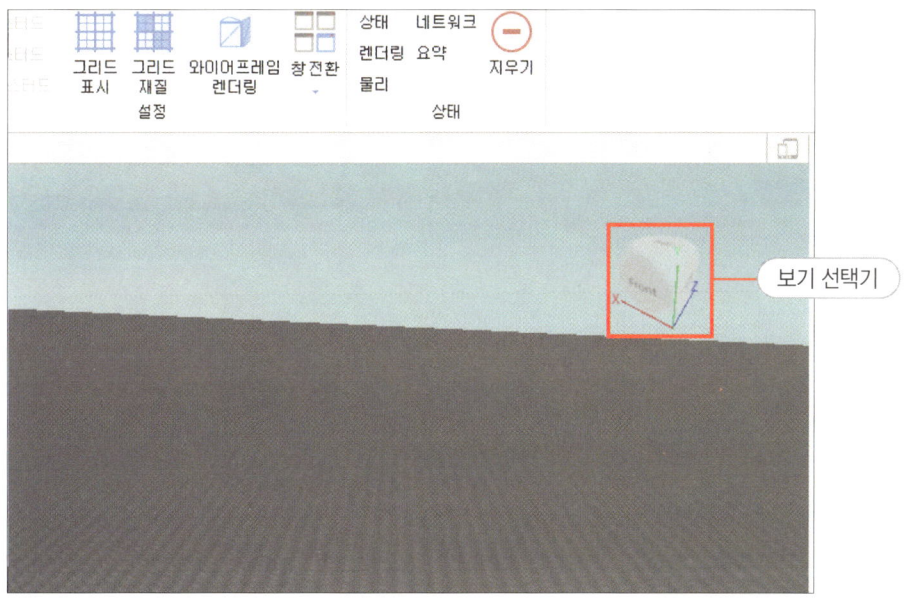

그림 1-53 | 보기 선택기를 실행한 화면

보기 선택기에 마우스 포인터를 가져다 대면 선택된 면이 파란색으로 바뀝니다. 이 상태에서 마우스 왼쪽을 클릭하면 보기 선택기에서 선택한 면이 보이면서 회전하며 모니터 화면도 같이 회전합니다. 예를 들어 보기 선택기에서 윗면(Top)을 클릭하면 위에서 바닥을 내려다보는 화면으로 시점이 이동합니다.

TIP 게임 제작 초기에 지형을 만들고 파트 배치 시 시점을 윗면 보기(Top View)로 변경하면 정확한 위치에 배치할 수 있어 편리합니다.

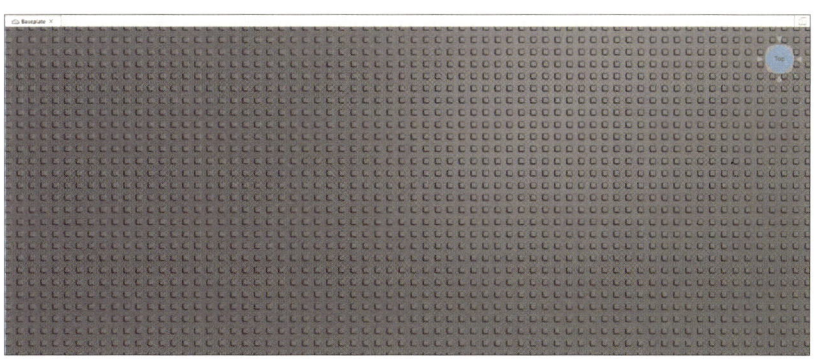

그림 1-54 | 윗면 보기(Top View)

보기 선택기를 자세히 보면 주사위 꼭짓점이 살짝 깎여서 면으로 되어 있습니다. 이 면도 선택이 가능하며 마우스 왼쪽 버튼으로 클릭하면 해당 면의 위치와 동일한 시점으로 볼 수 있습니다.

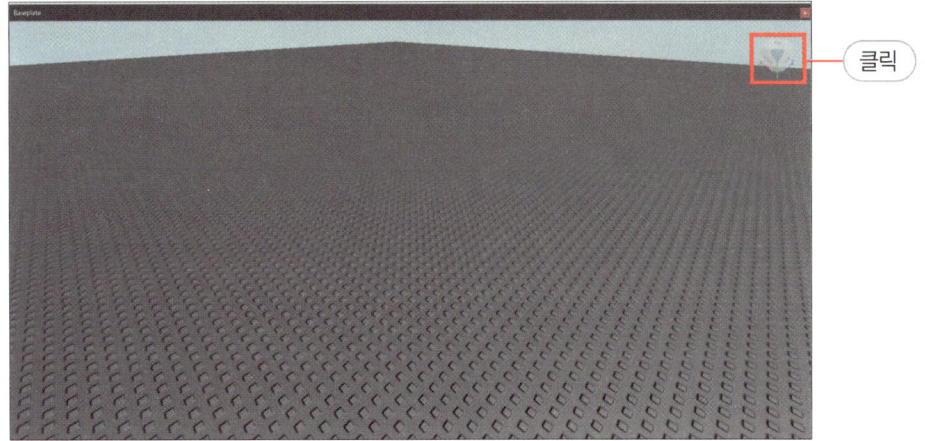

그림 1-55 | 다른 면 보기

보기 선택기의 한 면을 마우스 왼쪽 버튼을 클릭한 채 드래그를 하면 보기 선택기의 위치를 옮길 수 있습니다.

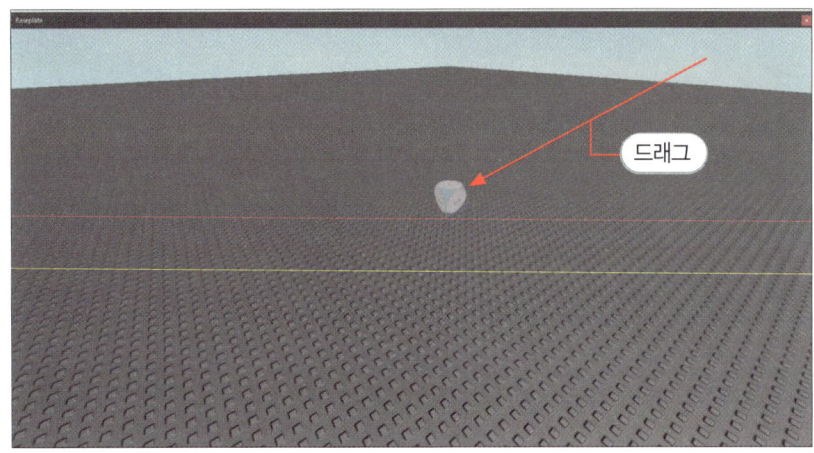

그림 1-56 | 보기 선택기 위치 이동

기본적으로 마우스 왼쪽 버튼을 클릭하면 파트를 선택할 수 있습니다. 파트나 캐릭터에 마우스 포인터를 옮겨 놓으면 마우스 포인터가 손 모양으로 변경됩니다. 이해하기 쉽도록 예를 들어보겠습니다. 그림과 같이 파트와 NPC 캐릭터 그리고 나무 모델을 배치하겠습니다. 상단 메뉴의 [홈] 탭에서 [파트]를 클릭하면 직육면체 블록의 파트를 배치할 수 있습니다.

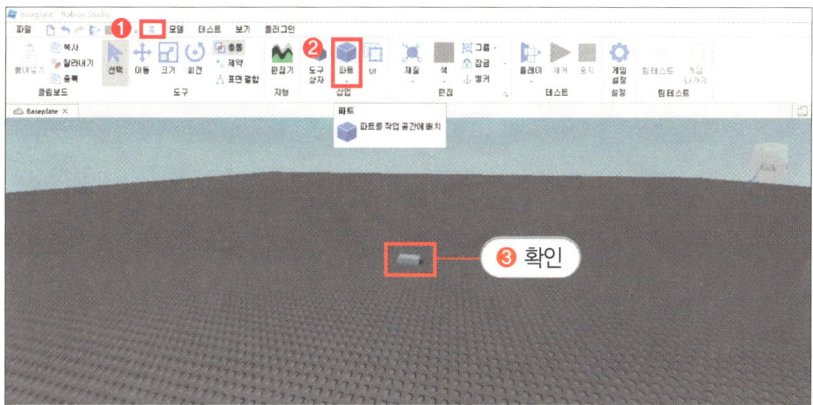

그림 1-57 | 파트 배치

> **TIP** 새로 배치한 파트를 가까이 보고 싶을 때 F 키를 누르면 크게 볼 수 있습니다. 'F'는 Focus를 의미합니다.

도구 상자는 보통 로블록스 스튜디오의 왼쪽에서 볼 수 있으나 만약 안 보인다면 상단 메뉴 [보기] 탭으로 이동한 후 [도구 상자]를 클릭하여 보이게 합니다.

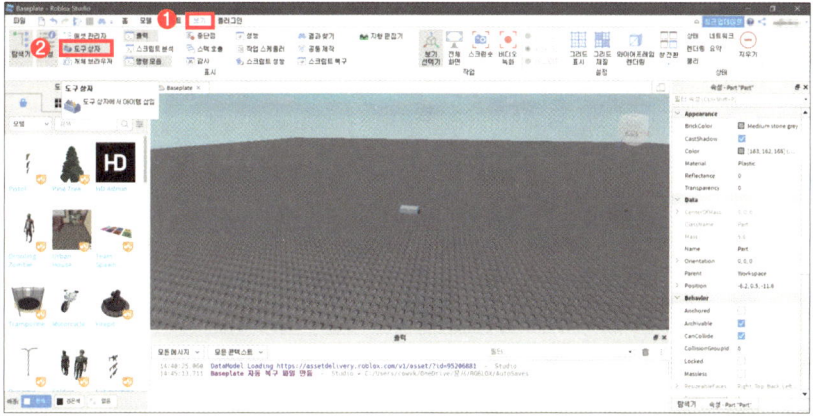

그림 1-58 | 도구 상자

도구 상자에서 나무와 군인을 배치합니다. 자세한 위치는 고려하지 않고 배치하였습니다.

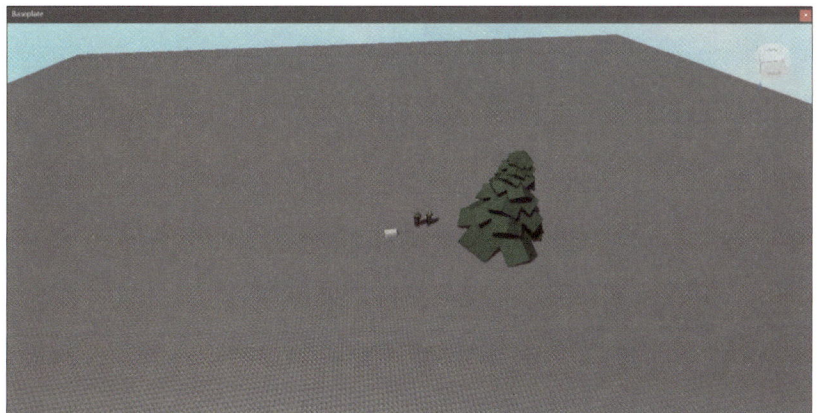

그림 1-59 | 나무와 군인 배치

마우스 포인터를 나무에 가져다 놓으면 나무 크기만큼 큰 파란색 육면체가 보입니다. 이때 클릭을 하면 나무가 선택됩니다. 탐색기 창의 Workspace(작업공간)에도 나무가 선택된 것을 확인할 수 있습니다.

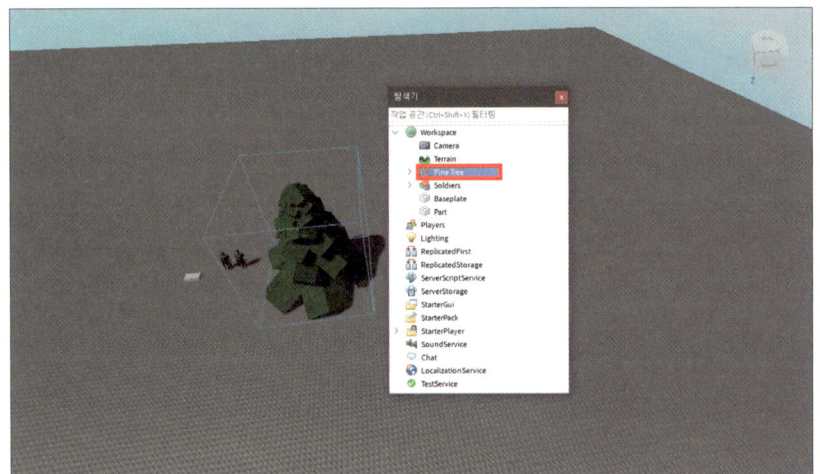

그림 1-60 | 나무 선택

선택을 해제하려면 마우스 포인터를 빈 곳에 옮긴 후 클릭하면 됩니다. 여러 개의 파트를 선택하려면 마우스 왼쪽 버튼을 누른 채 드래그하여 흰색 박스로 선택할 영역을 표시합니다. 흰색 박스 안에 들어오는 파트는 전부 선택됩니다.

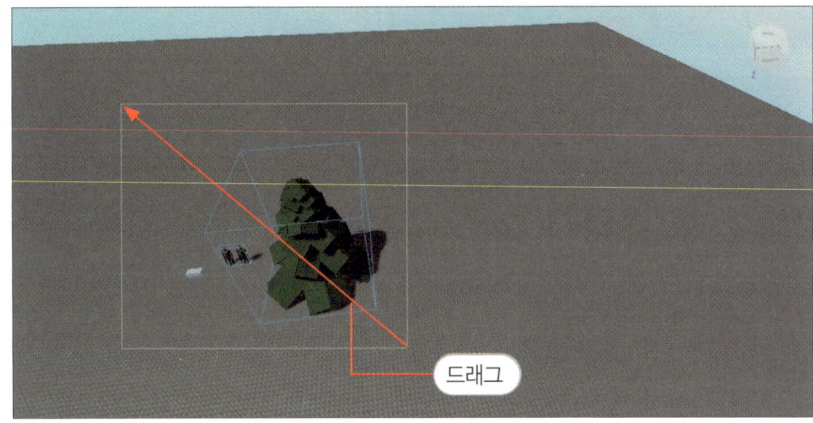

그림 1-61 | 여러 개 파트를 한번에 선택

확대와 축소는 마우스 휠로 할 수 있습니다. 확대(Zoom In)는 카메라 마우스 포인터 쪽으로 이동하는 것, 축소(Zoom Out)는 반대로 마우스 포인터 위치를 기준으로 멀어지는 것입니다. 이때 확대의 기준은 마우스 포인터의 위치입니다. 마우스 휠을 위로 굴리면 카메라가 마우스 포인터 위치로 다가가 화면이 확대됩니다. 축소는 확대와 반대입니다.

마지막으로 수평/수직 이동은 휠 버튼을 누른 채 드래그합니다. 현재 시점에서 모니터의 수직/수평 방향으로 움직입니다.

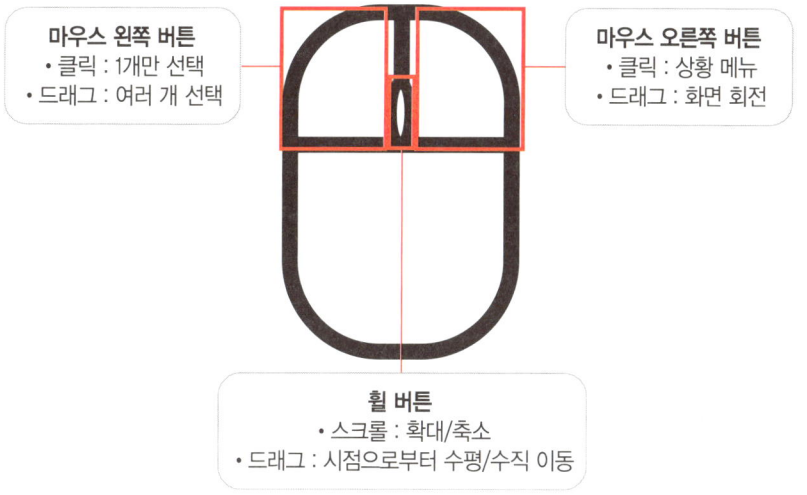

그림 1-62 | 마우스 조작 방법

> **잠깐만요**
>
> **상황 메뉴란?**
>
> 상황 메뉴(Context Menu)란 마우스 오른쪽 버튼을 클릭할 때 나타나는 팝업(Pop Up) 메뉴로, 자주 쓰는 기능을 모아 놓은 메뉴입니다. 윈도우에서는 보통 복사/붙여넣기, 폴더 만들기 같은 명령들이 보입니다. 로블록스에도 비슷한 내용의 메뉴를 확인할 수 있습니다. 단축키도 같이 표시되어 있으므로 자주 쓰는 메뉴의 경우 단축키를 외워 사용하면 편리합니다.
>
>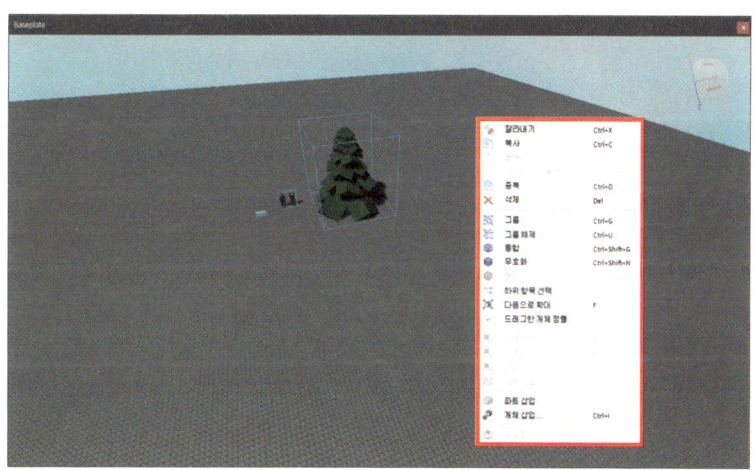
>
> 그림 1-63 | 로블록스의 상황 메뉴

지금까지 로블록스가 무엇인지 알아보고 로블록스 스튜디오 기본 환경 및 조작법을 알아보았습니다. 이제 직접 로블록스 스튜디오에서 차근차근 하나씩 실습을 하면서 로블록스 게임을 제작하는 방법을 알아보도록 합시다.

PART 02 기본 파트(Part) 사용하기

게임 속에는 다양한 물체들이 있습니다. 나무, 벽돌, 나무 상자 등 여러 가지 사물들이 캐릭터와 상호 작용을 하면서 게임을 진행합니다. 로블록스 스튜디오에서 게임 속에 존재하는 다양한 물체를 '파트(Part)'라고 합니다. **PART 02**에서는 기본 파트(Part)를 사용하는 방법에 대해 알아봅시다.

CHAPTER 01 파트 만들기

로블록스 스튜디오에서 제공하는 파트는 총 4가지이며 이들을 조합하여 게임에서 다양한 효과를 줄 수 있습니다. 예를 들어 건물이나 장애물을 만들고 숨겨진 다리를 만들어 게임에서 중요한 요소로 활용할 수 있습니다. 지금부터 이 기본 파트를 하나하나 살펴보면서 파트에 대한 특성을 알아봅시다.

1 베이스플레이트 템플릿으로 시작하기

파트에 대해 특성을 알아보기 위해서 가장 간단한 클래식 베이스플레이트 환경을 만들어 줍니다.

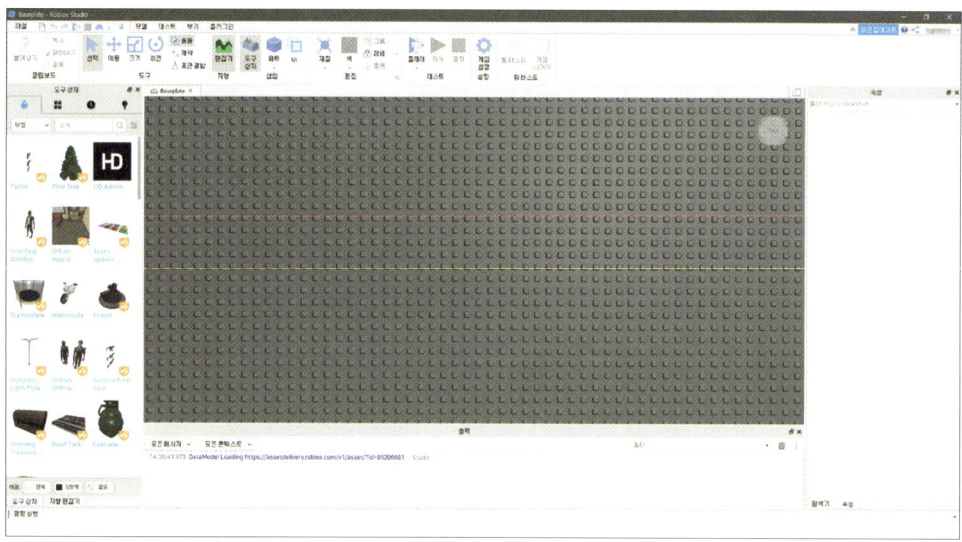

그림 2-1 | 클래식 베이스플레이트 화면

베이스플레이트 템플릿이란 로블록스의 가장 기본적인 템플릿이며 거대한 로블록스 공간에 매우 큰 베이스플레이트(Baseplate) 파트 단 하나만 있습니다. 간단한 기능 테스트나 게임 제작을 시작할 때 기본 틀로 사용할 수 있습니다.

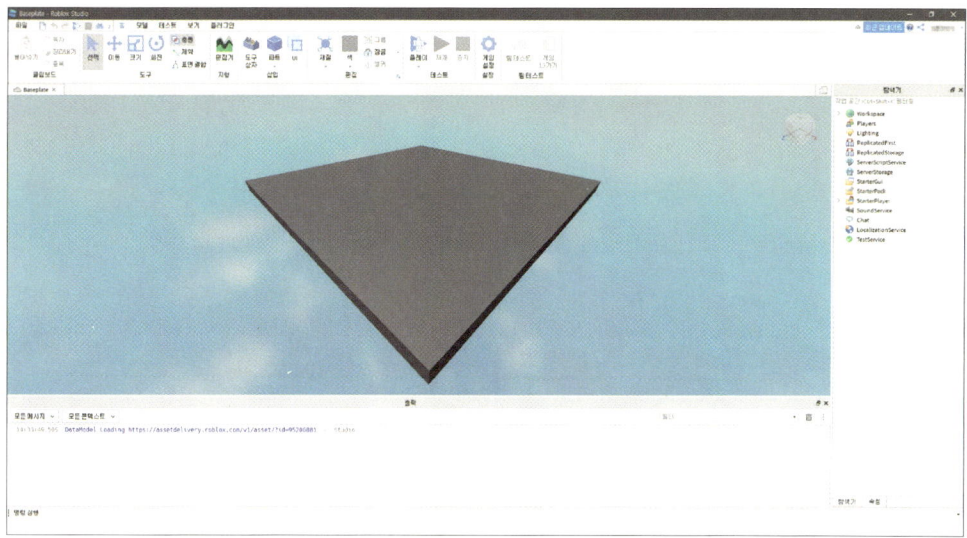

그림 2-2 | 클래식 베이스플레이트 템플릿 공간

2 파트의 종류

파트를 만드는 가장 기초적인 방법은 상단 메뉴의 [홈] 탭-[파트]를 클릭해 기본 형태의 파트를 불러오는 것입니다. 블록(Block), 구형(Sphere), 쐐기형(Wedge), 원통(Cylinder)으로 총 4가지가 있습니다.

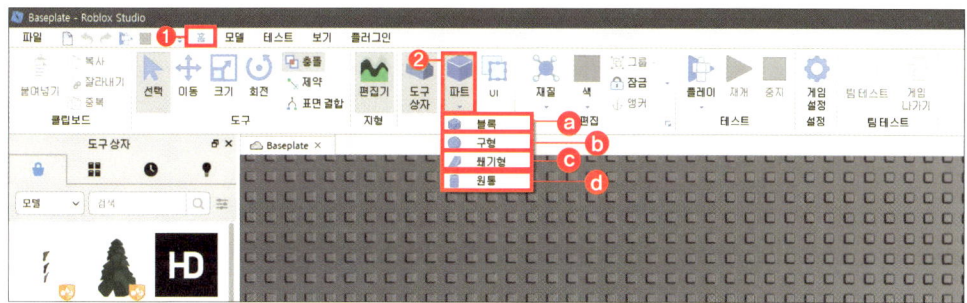

그림 2-3 | 파트의 종류

- **ⓐ 블록(Block)** : 직육면체 형태의 파트입니다.
- **ⓑ 구형(Sphere)** : 구 형태의 파트입니다.
- **ⓒ 쐐기형(Wedge)** : 쐐기 형태의 파트입니다. 양쪽 면이 삼각형인 오면체입니다.
- **ⓓ 원통(Cylinder)** : 원기둥 형태의 파트입니다.

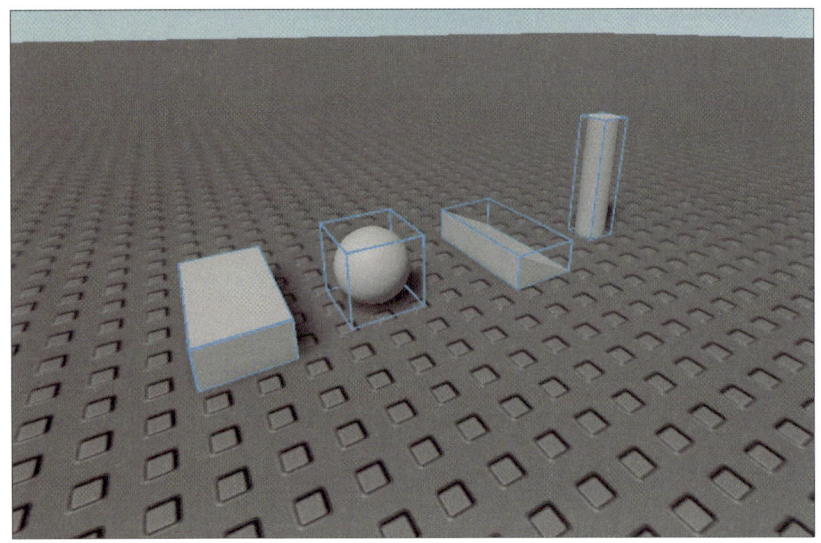

그림 2-4 | 왼쪽부터 블록, 구형, 쐐기형, 원통 파트

3 파트 만들기

이번에는 파트를 추가하는 방법과 파트에 있는 속성에 대해 알아봅시다. 로블록스 스튜디오에서 파트의 기본 형태는 블록 파트입니다. 다른 모양을 선택하고 싶으면 [파트]의 내림단추를 클릭하고 원하는 파트 모양을 선택하세요. 여기서는 [블록]을 클릭했습니다.

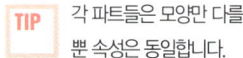

TIP 각 파트들은 모양만 다를 뿐 속성은 동일합니다.

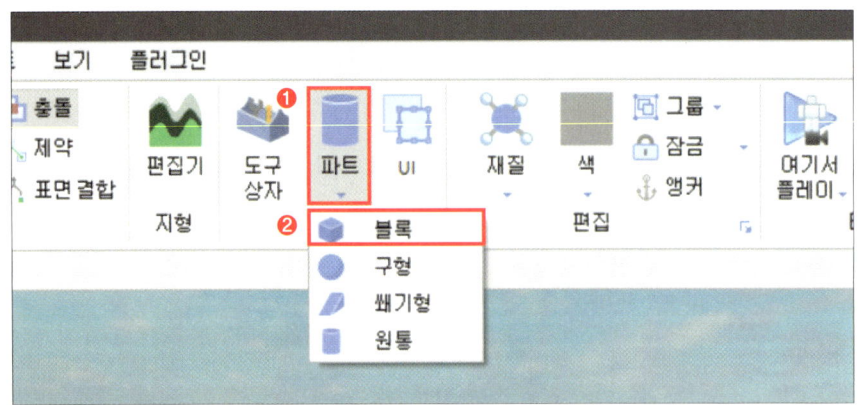

그림 2-5 | 메뉴 막대에서 [파트]를 클릭

화면에 블록 모양의 직육면체가 추가됩니다.

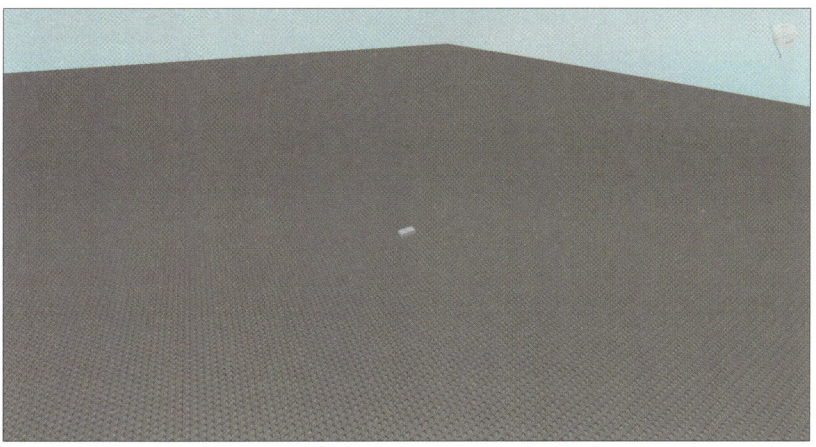

그림 2-6 | 블록 파트가 추가된 모습

너무 멀리 떨어져 있으면 F 키를 눌러 블록 파트를 크게 보이게 합니다.

그림 2-7 | F 키를 눌러 화면을 확대한 모습

1. 블록 파트의 크기 바꾸기

모든 요소들은 속성을 가지고 있습니다. 속성에는 모양, 색상, 이름, 위치, 크기 등이 있으며 속성 창에서 직접 값을 조정하거나 루아 스크립트로 값을 변경할 수 있습니다. 이번에는 블록 파트의 크기를 변경하는 두 가지 방법을 알아보겠습니다.

먼저 로블록스 스튜디오의 GUI(Graphic User Interface)를 이용하여 블록의 크기를 변경해 보도록 합시다. GUI를 이용하기 위해서 실행 화면에서 블록 파트를 선택한 후 화면 상단의 메뉴 막대에서 [크기(Scale)]를 클릭합니다. 그러면 실행 화면에 초록색, 파란색, 빨간색 풍선 모양이 보입니다. 이는 각각 Y축, Z축, X축을 의미합니다.

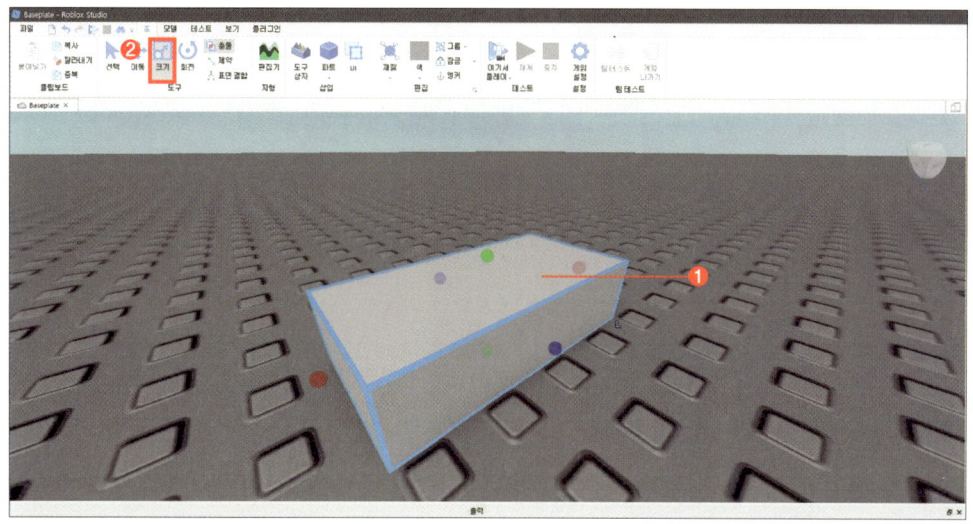

그림 2-8 | 메뉴 막대에서 [크기]를 선택한 모습

> **잠깐 만요**
>
> **로블록스의 좌표 공간**
>
> 로블록스는 Y축을 높이로 사용합니다. 이는 로블록스 스튜디오의 '보기 선택기(View Cube)'의 색상으로 확인이 가능합니다. Y축이 위쪽 방향을 의미한다는 것을 잊지 마세요!
>
>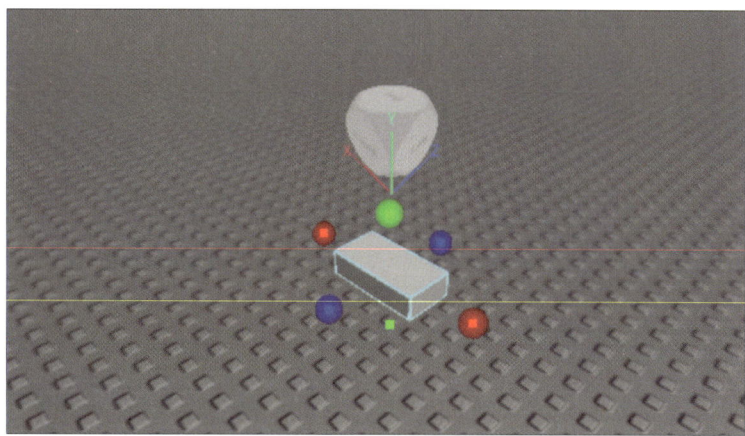
>
> 그림 2-9 | 보기 선택기 공간의 X, Y, Z축 모습

먼저 Z축 파란색 풍선을 클릭한 상태에서 드래그하면 Z축 방향으로 블록의 크기가 변하는 것을 확인할 수 있습니다.

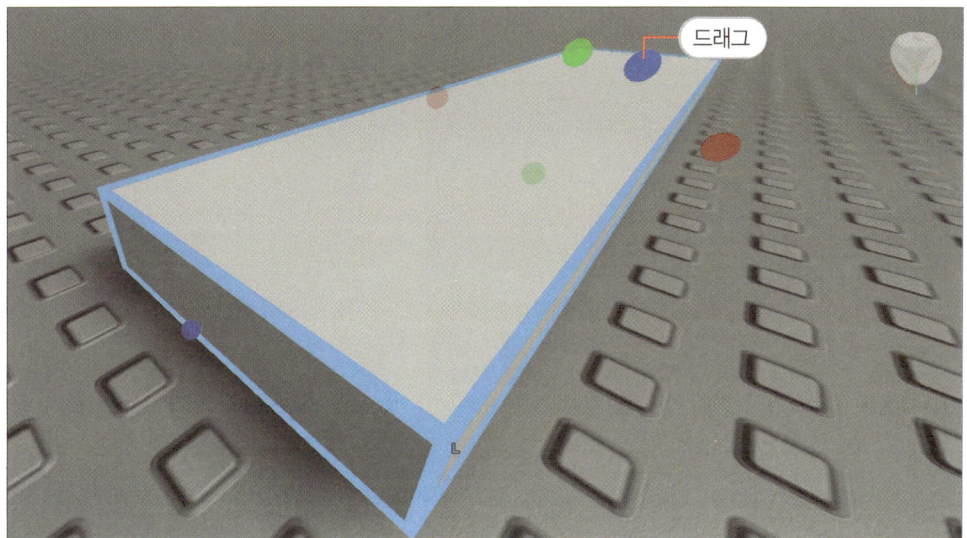

그림 2-10 | 파란색 풍선(Z축)을 드래그하여 크기를 변경한 모습

나머지 X, Y축도 같은 방법으로 크기를 변경할 수 있습니다.

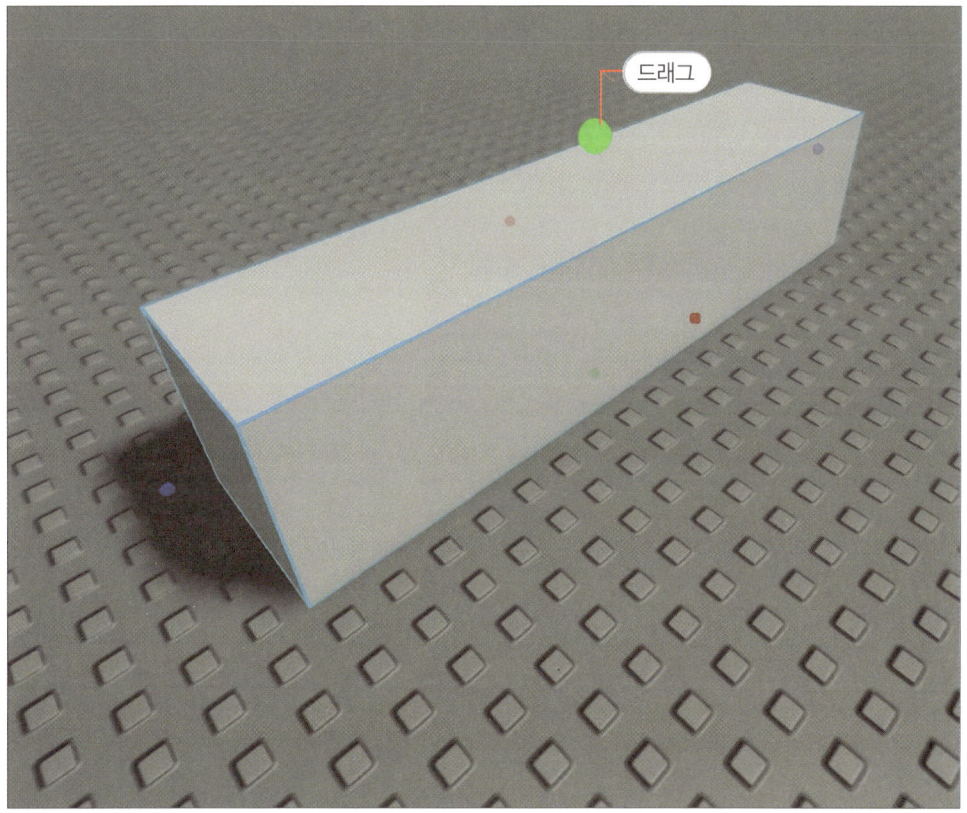

그림 2-11 | 초록색 풍선(Y축)을 드래그하여 크기를 변경한 모습

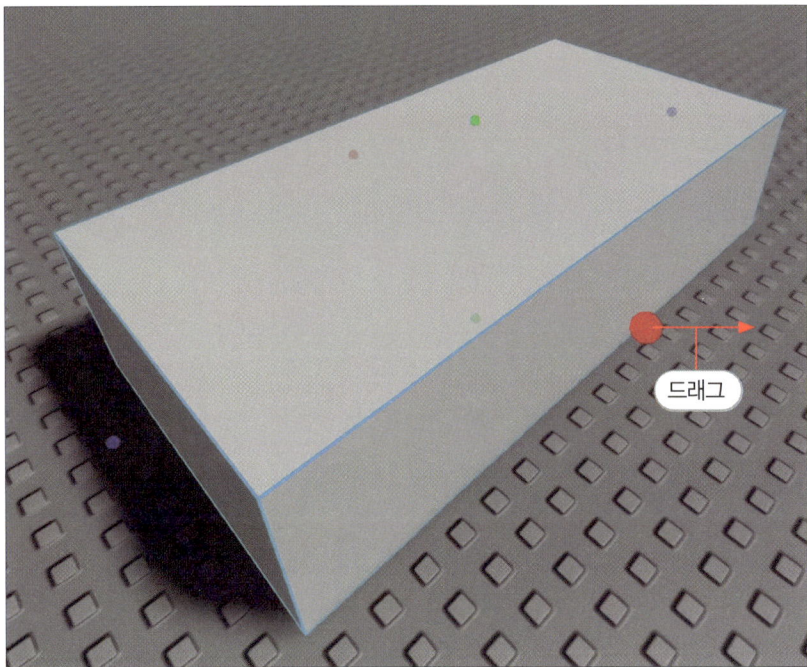

> TIP Ctrl 키를 누른 채로 풍선을 드래그하여 움직이면 대칭으로 크기가 변합니다.

그림 2-12 | 빨간색 풍선(X축)을 드래그하여 크기를 변경한 모습

크기를 변경하는 두 번째 방법은 블록 파트의 속성(Properties) 값을 바꾸어 변경하는 것입니다. 새로운 블록 파트를 불러서 크기에 관련된 값이 어떻게 바뀌는지 확인해 봅시다.

상단 메뉴의 [보기] - [속성]을 차례로 클릭해서 속성 창을 열어도 되고 화면 오른쪽에서 확인할 수도 있습니다. 크기에 관련된 속성은 'Size(크기)' 항목에서 확인합니다. 크기는 3개의 공간 좌표 형식(X, Y, Z)으로 표현이 되며 각각 폭, 높이, 너비를 의미합니다.

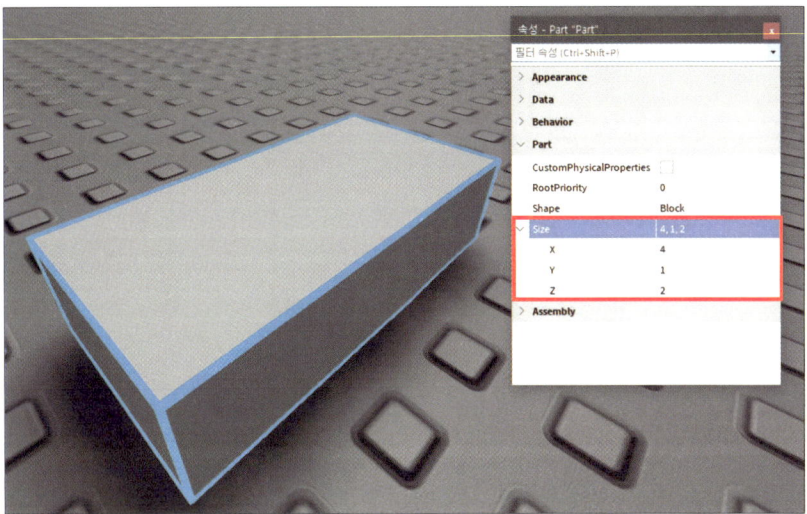

그림 2-13 | [Part] - [Size]에서 크기 값 확인

'Size(크기)'에서 마우스를 클릭하고 X, Y, Z축의 3개 값을 콤마(,)로 구분하여 입력하면 크기가 변경됩니다. [5,5,5]를 입력하고 Enter 키를 누르면 바로 블록 크기가 변경됩니다.

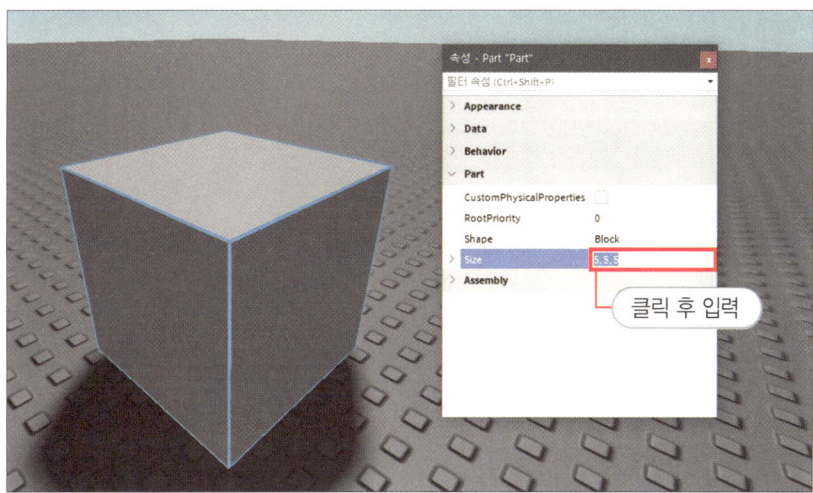

그림 2-14 | [5,5,5]를 입력하여 크기가 변경된 모습

원래 블록 크기와 비교하기 위해 화면 상단의 메뉴 막대에서 [파트]-[블록]을 차례로 클릭하여 새로운 블록 파트를 만들고 앞서 만든 블록과 크기, 모양을 비교해 보세요.

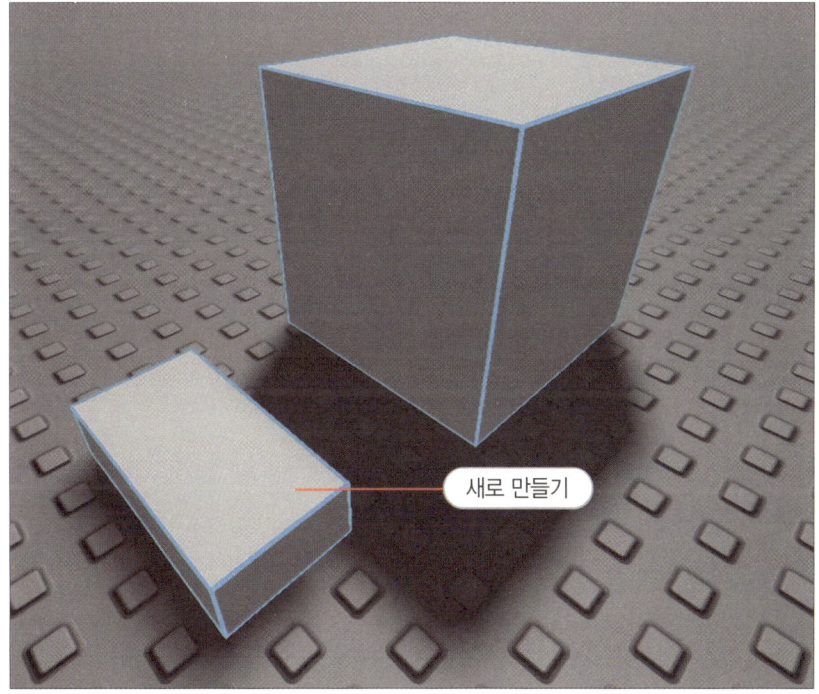

그림 2-15 | 새로운 블록 파트를 만들고 이전에 만든 것과 크기, 모양 비교

2. 블록 파트의 색상 바꾸기

색상을 변경하려면 속성 창에서 'Appearance(모양)' 항목의 'BrickColor(브릭 컬러)' 속성 또는 'Color(컬러)' 속성을 변경하면 됩니다. 브릭 컬러는 색상표를 사용하고 컬러는 RGB(Red, Green, Blue) 값을 입력하여 색상을 변경합니다.

먼저, 브릭 컬러 속성을 변경하는 방법을 알아봅시다. 블록 파트의 속성 창에서 [BrickColor]

를 클릭하면 아래 그림과 같이 색상표가 나타납니다. 원하는 클릭하면 블록 파트의 색상이 변경됩니다.

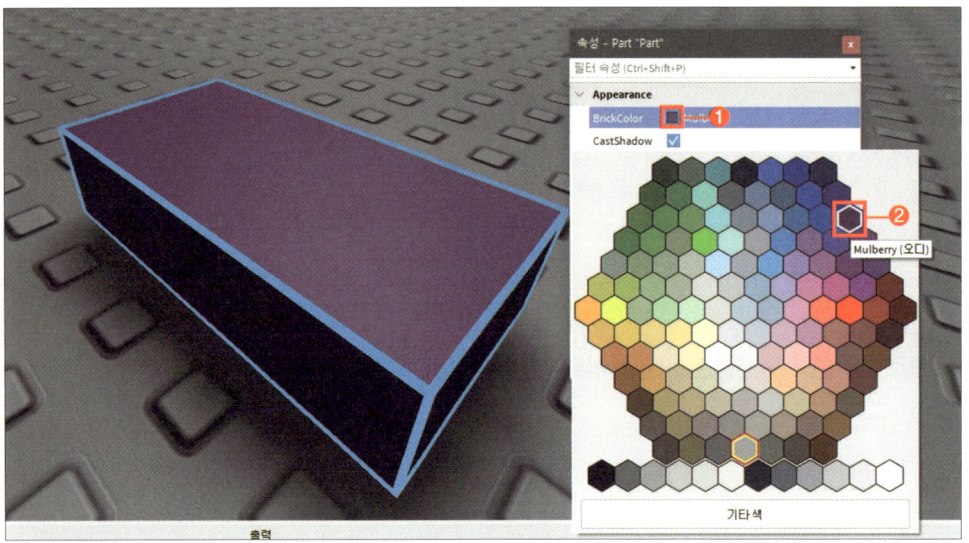

그림 2-16 | 브릭 컬러의 색상표

'컬러(Color)' 속성은 RGB 3개의 값을 변경하여 색상을 바꿀 수 있는 속성입니다. 각각의 값의 범위는 0~255까지이며 빛의 삼원색 원리를 이용하여 색상을 나타냅니다.

> **잠깐만요** **RGB란?**
> RGB는 Red, Green, Blue의 약자로 로블록스뿐만 아니라 다른 그래픽 작업에서도 많이 쓰이는 색상 조합법입니다. 빛의 삼원색 원리를 이용합니다.
>
>
>
> 그림 2-17 | RGB 벤 다이어그램
>
> 또한 로블록스 스튜디오는 다양한 색상 코드를 지원합니다. '컬러' 속성에서 사각형 버튼을 클릭하면 색상을 더욱 세밀하게 설정할 수 있습니다.

그림 2-18 | '컬러' 속성 화면

'컬러' 속성 입력란을 클릭하여 RGB 값을 입력합니다. 여기서는 [0,255,255]를 입력하였습니다. 내가 입력한 RGB 값으로 색상이 변경된 것을 확인할 수 있습니다.

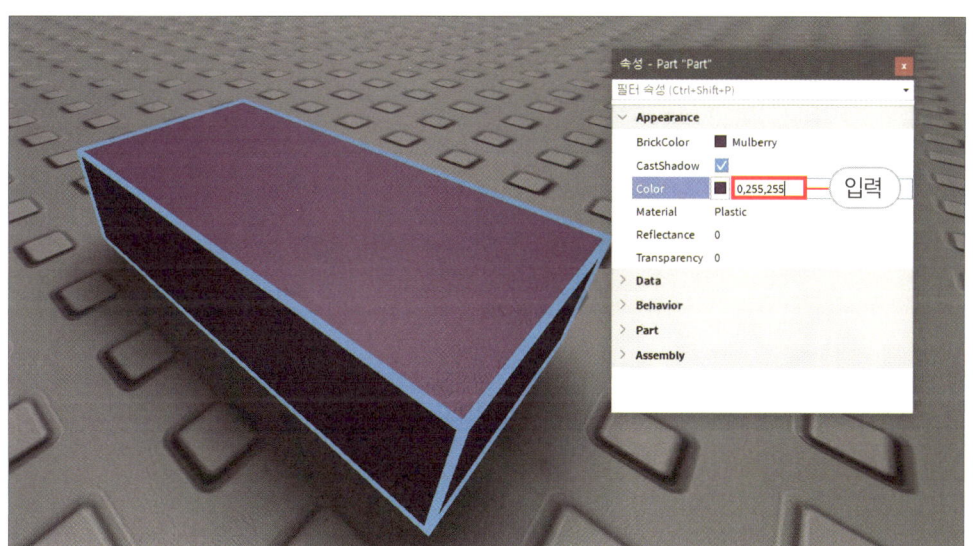

그림 2-19 | '컬러' 속성에 [0, 255, 255] 입력

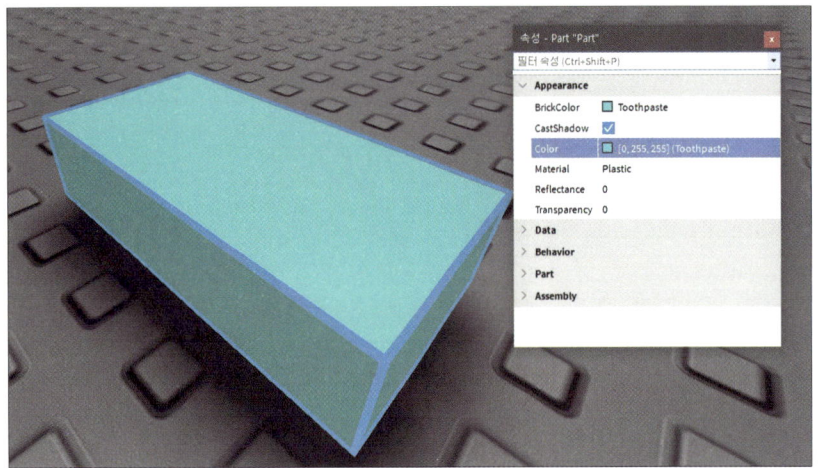

그림 2-20 | 색상이 변경된 모습

4 스폰로케이션 파트 알아보기

블록, 구형, 쐐기형, 원통 파트는 게임 제작자가 다른 기능을 추가하지 않는 이상 아무런 기능이 없습니다. 하지만 스폰로케이션(SpawnLocation)은 특수한 기능을 가지고 있습니다. 바로 캐릭터의 처음 시작 위치를 고정해 주는 기능입니다. 스폰로케이션이 없으면 게임 캐릭터는 좌표(0, 0, 0) 장소에서 시작을 하며 죽은 후에 다시 시작할 때도 초기 장소에서 시작합니다. 하지만 스폰로케이션이 있으면 캐릭터는 항상 스폰로케이션에서 시작합니다.

> TIP 스폰(Spawn)의 사전적인 의미는 '알을 낳다'입니다. 하지만 게임에서는 캐릭터나 몬스터들이 저절로 생성되는 것을 의미합니다.

1. 스폰로케이션 추가

스폰로케이션을 추가하려면 탐색기 창에서 [워크스페이스(Workspace)]를 클릭하여 오른쪽에 나타나는 [추가](+) 아이콘을 클릭합니다. 개체 검색란에 [spawn]을 입력하면 검색 결과 목록에 'SpawnLocation'이 나타납니다. 이를 클릭하여 스폰로케이션(SpawnLocation)을 추가할 수 있습니다.

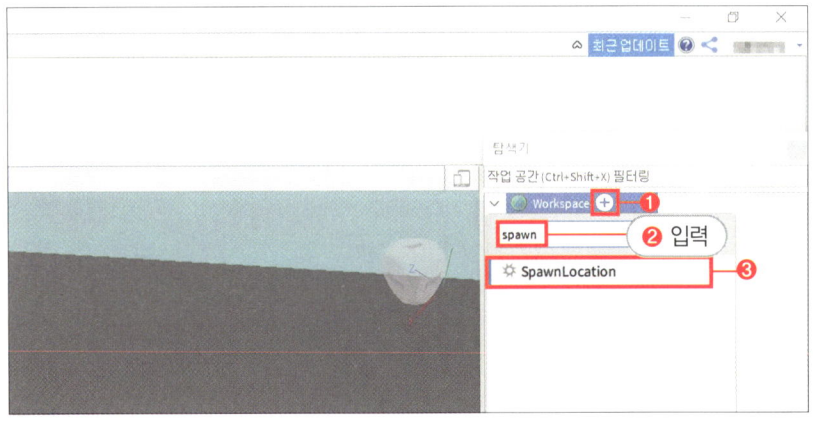

그림 2-21 | 스폰로케이션 추가

실행 화면에 스폰로케이션이 추가된 것을 확인할 수 있습니다.

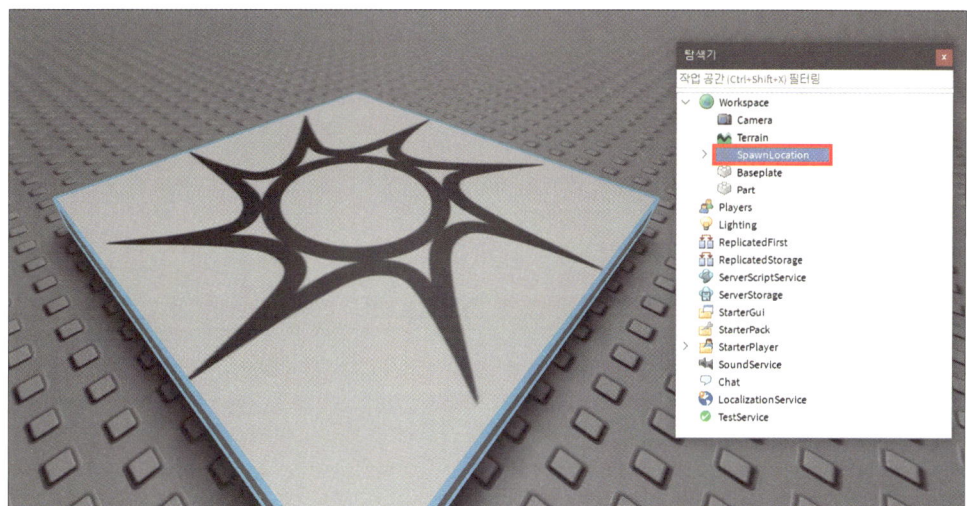

그림 2-22 | 새로 추가한 스폰로케이션이 배치된 모습

스폰로케이션 파트를 추가하면 아래 그림과 같이 나중에 게임 캐릭터가 스폰로케이션에서 시작합니다.

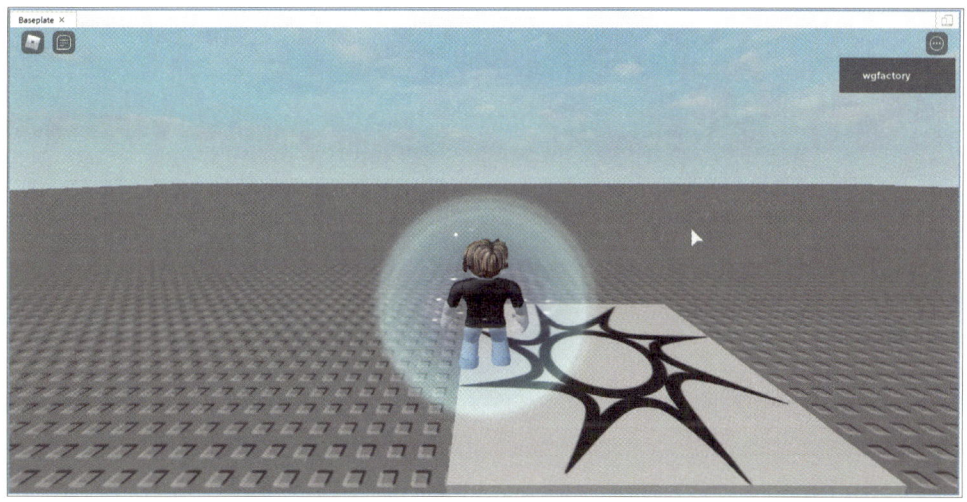

그림 2-23 | 게임 캐릭터의 시작 위치가 스폰로케이션으로 고정

3. 스폰로케이션의 속성

스폰로케이션의 모양을 변경할 수 있는 방법은 파트에서 살펴본 것과 동일합니다. 다만 한 가지 다른 점은 '팀(Teams)' 속성이 있는 것입니다. 팀에는 아래와 같이 3가지 속성이 있습니다.

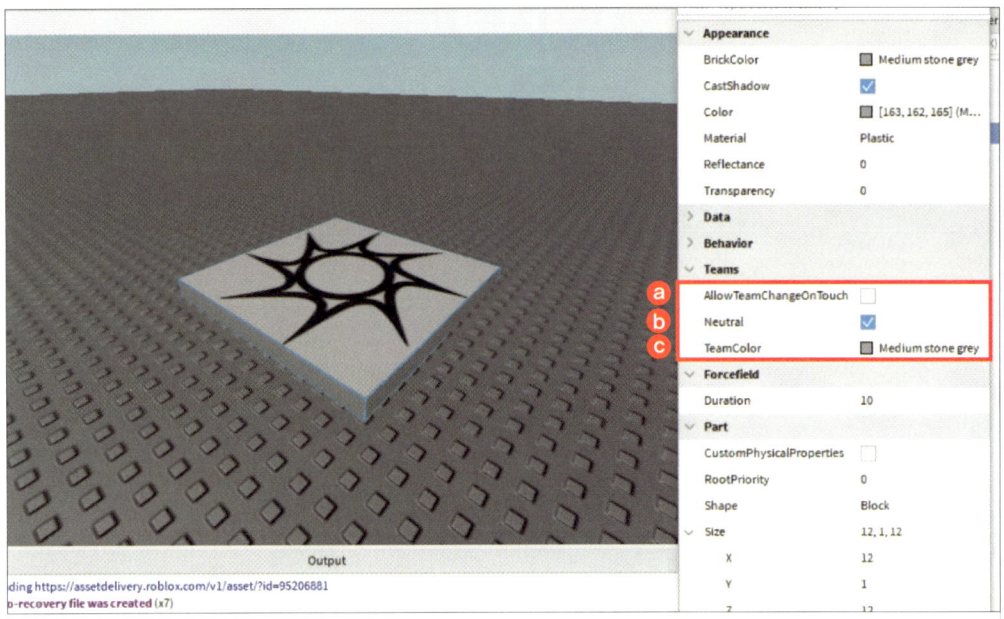

그림 2-24 | 스폰로케이션만 가지고 있는 '팀' 속성

ⓐ **팀 변경하기(AllowTeamChangeOnTouch)** : 스폰로케이션의 '팀 변경하기'를 활성화시키면 플레이어가 스폰로케이션에 닿는 순간 팀이 선택됩니다. 이때 각 팀은 팀 색상(TeamColor)에 따라 나뉩니다. 팀이 결정되면 스폰로케이션의 팀 색상에 따라 부활 위치가 바뀝니다.

ⓑ **중립(Neutral)** : 중립을 의미합니다. 아직 팀이 정해지지 않거나 팀끼리 경쟁을 하지 않는 경우에 많이 사용합니다. 중립을 활성화하면 모든 플레이어가 중립 스폰로케이션에서 부활합니다.

ⓒ **팀 색상(TeamColor)** : 색상으로 팀을 구분합니다.

CHAPTER 02 파트에 적용하는 효과 알아보기

파트에 다양한 효과를 적용할 수 있습니다. 대표적인 효과로 불(Fire), 입자(ParticleEmitter), 연기 효과(Smoke), 반짝(Sparkles) 효과가 있습니다. 각 효과마다 속성(Properties)의 세부 설정이 다르지만 색상, 크기 등을 조정할 수 있다는 점은 동일합니다. 효과를 적용할 때는 탐색기에서 효과를 적용할 파트 옆에 [추가](+) 아이콘으로 효과를 검색하여 선택할 수 있습니다.

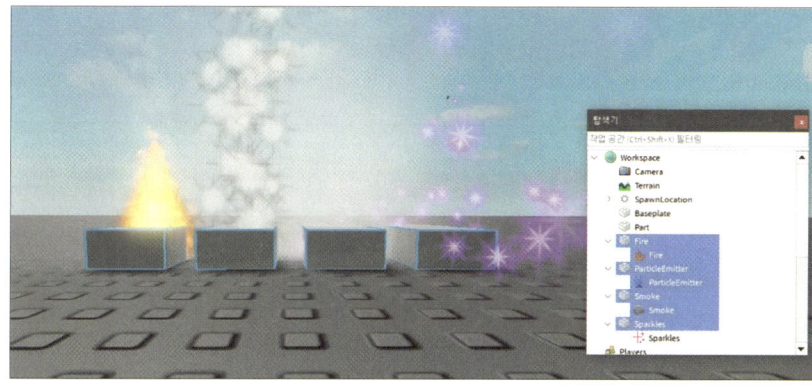

그림 2-25 | 왼쪽부터 불, 입자, 연기, 반짝 효과의 예

1 불 효과 알아보기

불(Fire) 효과는 파트에 불을 붙여 주는 효과입니다. 현재는 루아 스크립트로 아무 기능도 추가하지 않았기 때문에 그냥 '불'이라는 시각 효과만 나타납니다. 불 효과가 가지고 있는 속성은 다음과 같습니다.

ⓐ **색상(Color)** : 불의 바깥쪽 색상을 나타냅니다. RGB 값으로 색상을 변경할 수 있습니다.

ⓑ **불 켜짐(Enabled)** : 불 켜짐이 '참(True, 체크된 상태)'이면 불이 켜집니다. 반대의 경우 불은 꺼집니다.

ⓒ **히트(Heat)** : 값의 범위는 -25~25입니다. Y축 방향으로 불 입자가 방출되는 속도를 의미합니다.

ⓓ **이름(Name)** : 불 효과에 이름을 변경할 수 있습니다. 기본값은 'Fire'입니다.

ⓔ **부모(Parent)** : 불 효과의 부모 이름을 볼 수 있습니다.

> **잠깐만요**
>
> **부모(Parent)와 자식(Child) 관계**
>
> 영어 'Parent'의 사전적 의미는 어머니와 아버지를 뜻하는 '부모'입니다. 이는 다양한 분야에서 비슷한 개념으로 사용됩니다. A파트 밑에 또 다른 B파트가 있으면 A와 B는 부모(Parent) 자식(Child) 관계입니다. 이때 A파트는 B파트의 부모(Partent) 파트이고, B파트는 A파트의 자식(Child)입니다. 이해를 돕기 위해 예를 들면, 우리가 많이 사용하는 윈도우 폴더의 구조를 생각해 보세요. C드라이브에 '부모'라는 폴더를 하나 만들고 그 안에 '자식1' 폴더, '자식2' 폴더, '자식3.txt.'라는 파일을 만들었다고 가정하면, '부모' 폴더 안에 들어있는 폴더들과 파일은 모두 부모 폴더의 자식(Child)이고 '자식1' 폴더와 '자식2' 폴더 그리고 '자식3.txt'는 전부 '부모' 폴더를 부모(Parent)로 가지게 됩니다.
>
>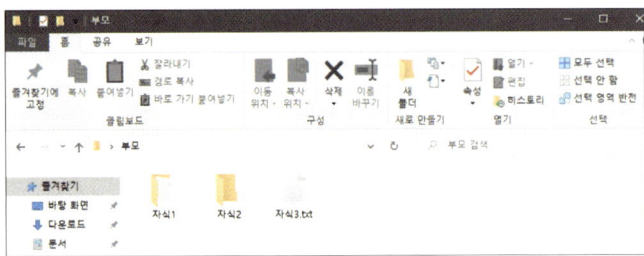
>
> 그림 2-26 | '부모' 폴더 안에 있는 자식 폴더와 파일
>
> 만약 이때 '자식1' 폴더 안에 '자식4.txt'라는 파일이 들어 있으면 '자식4.txt'파일의 부모는 '자식1' 폴더가 되는 것입니다.
>
>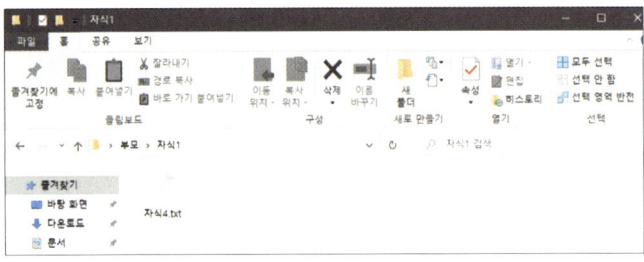
>
> 그림 2-27 | '자식4.txt' 파일의 부모는 '자식1' 폴더
>
> 이 개념은 상당히 중요합니다. 로블록스 게임을 제작할 때 사용하는 스크립트에서 많이 사용하게 될 코드인 `local` 변수 = `script.Parent`가 바로 이 개념에서 나온 것입니다.

❻ **두 번째 색상(Secondary Color)** : 불 안쪽 색상을 변경할 수 있습니다. 예를 들어 색상(Color)은 검은색으로 하고 두 번째 색상을 하얀색으로 하면 안쪽은 하얀색인데 바깥쪽은 검은색인 불을 확인할 수 있습니다.

그림 2-28 | 안쪽은 하얀색, 바깥쪽은 검은색으로 색상 변경

ⓖ **크기(Size)** : 불의 크기를 조정할 수 있습니다. 2~30까지의 크기를 가질 수 있으며 초깃값은 5입니다. 크기(Size)를 키우면 블록 파트가 안 보일 수 있습니다.

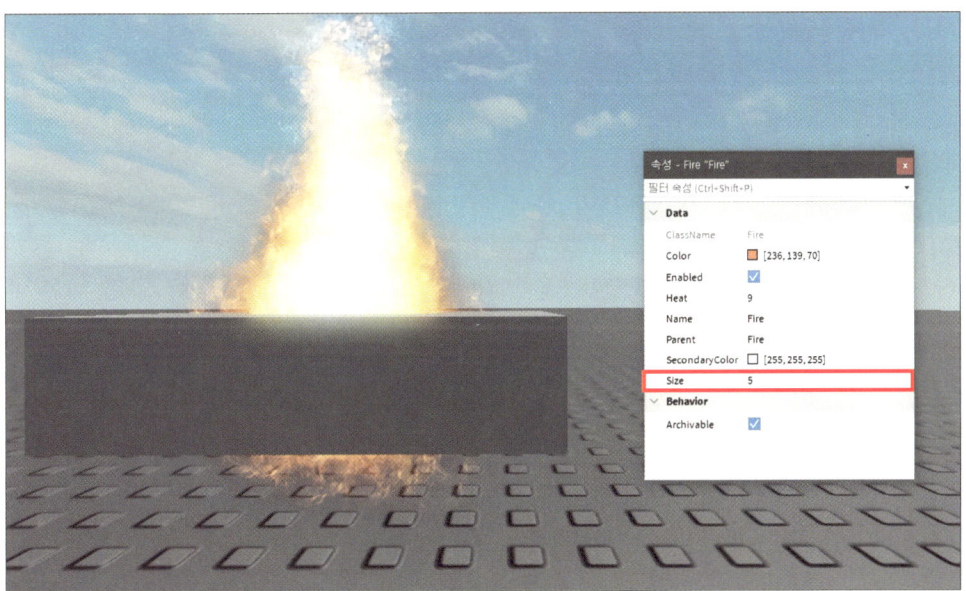

그림 2-29 | 크기가 5일 때 불의 크기

Part 02 기본 파트(Part) 사용하기

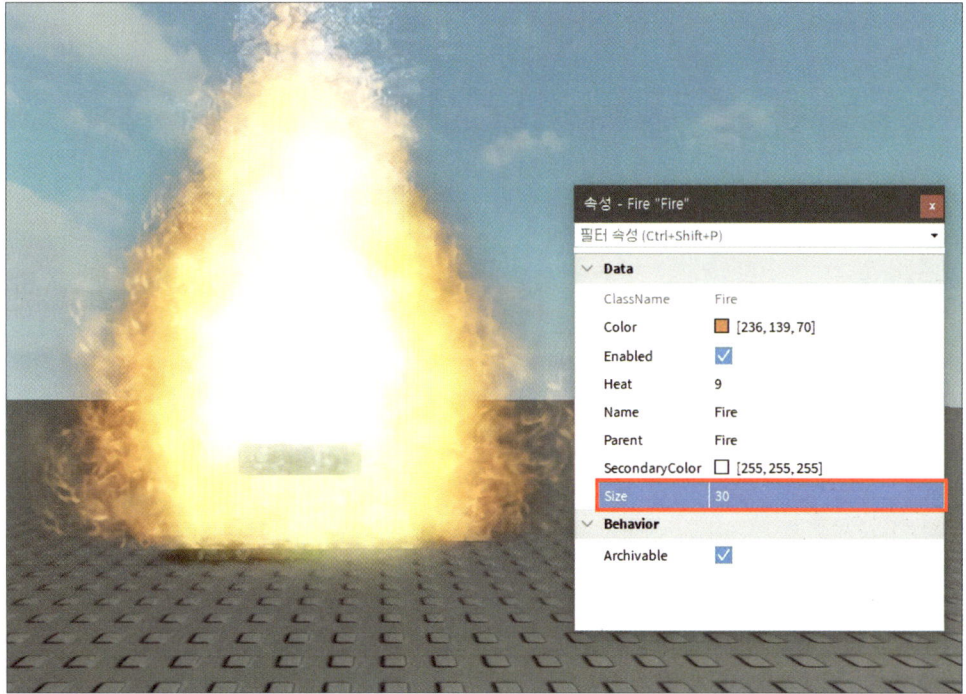

그림 2-30 | 크기가 30일 때 불의 크기

다른 효과도 속성 창에서 다양한 값을 조정할 수 있습니다. 색상, 크기 등을 변경할 수 있습니다. 다른 효과의 속성도 변경하면 각 속성 값에 맞추어 어떻게 변하는지 확인해 보도록 합시다.

2 입자 효과 알아보기

입자(ParticleEmitter) 효과는 파트에 입자(Particle)를 방출(Emitter)하는 효과입니다. 입자 효과를 추가하는 방법은 불 효과를 추가하는 방법과 동일합니다. 파트(Part)에 마우스 커서를 대면 나타나는 [추가](+) 아이콘을 클릭한 다음 개체 검색란에 [par]를 입력하여 나타나는 하위 목록에서 [입자 효과(ParttcileEmitter)]를 클릭합니다.

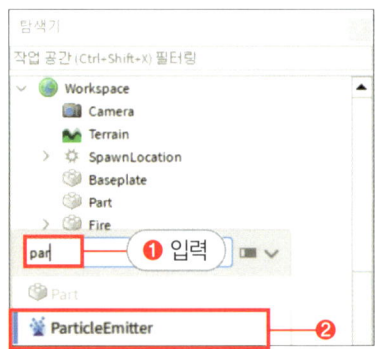

그림 2-31 | 입자 효과 검색

입자 효과가 추가되면 파트에서 하얀 입자들이 방출되는 모습을 확인할 수 있습니다.

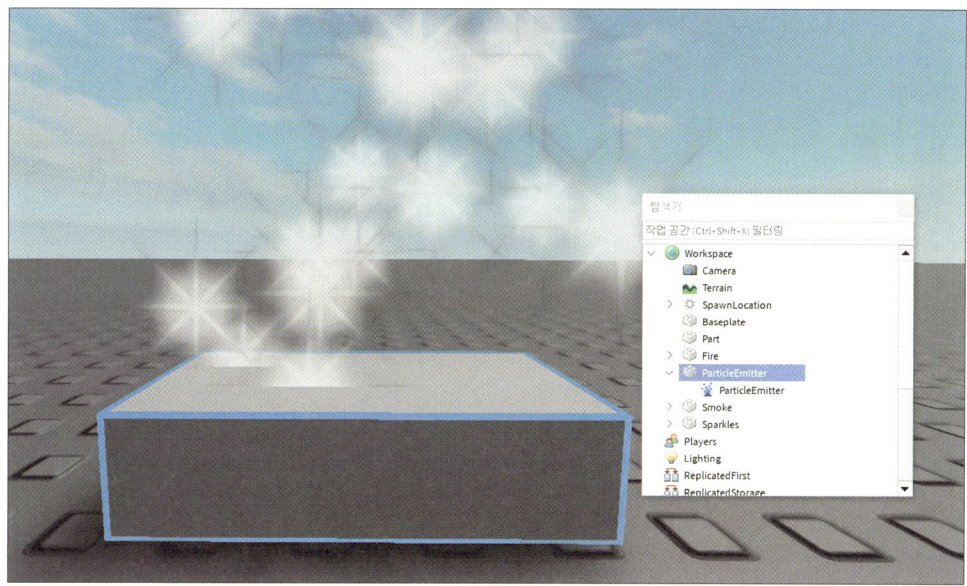

그림 2-32 | 파트에서 입자가 방출되는 모습

입자 효과의 모양을 설정하는 속성은 다음과 같습니다.

ⓐ **색상(Color)** : RGB 값을 직접 입력하여 입자의 색상을 변경할 수 있습니다. 기본색은 하얀색(255,255,255)입니다.

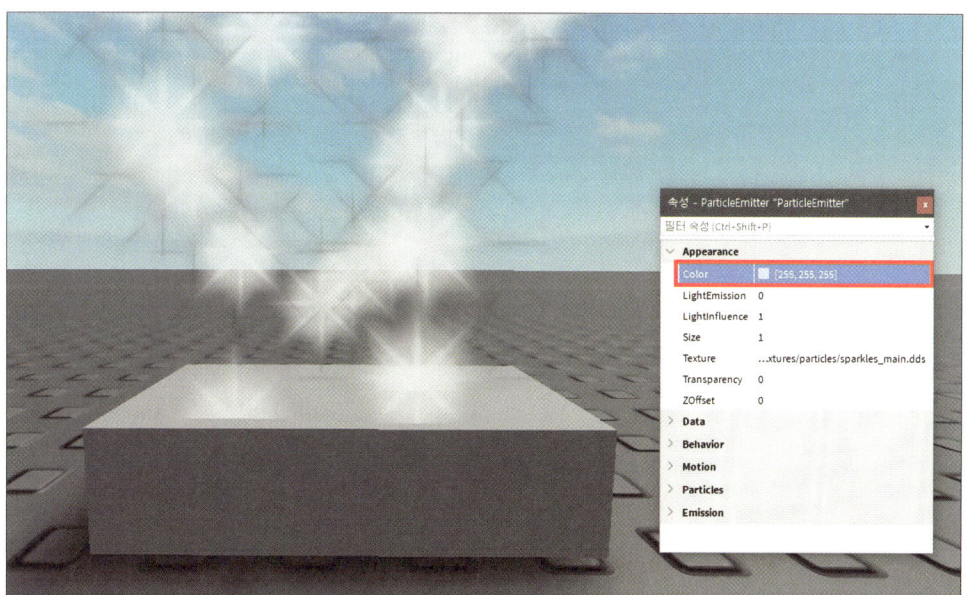

그림 2-33 | RGB 값을 직접 입력하는 모습

속성 창의 'Color' 항목의 [색 선택] 아이콘을 클릭하여 나타나는 색상표에서 원하는 색상을 선택하여 입자의 색을 변경할 수 있습니다.

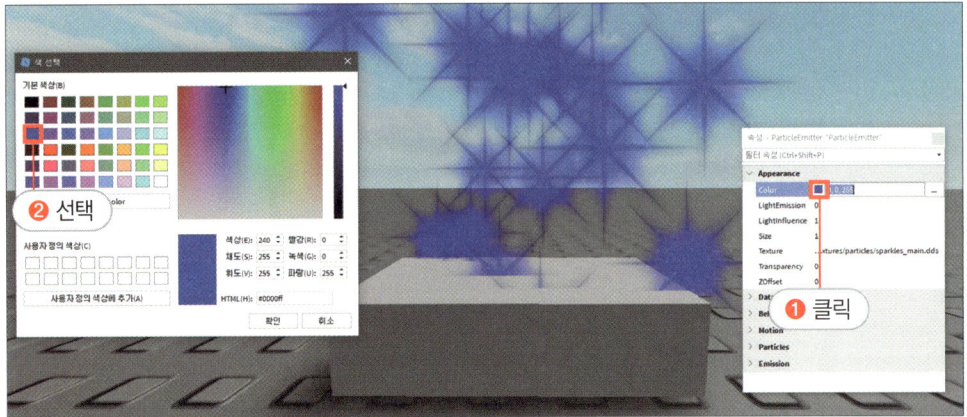

그림 2-34 | 입자 효과의 색상표

ⓑ 발광 효과(LightEmission) : 0~1 사이 값을 가지며 입자가 방출하는 빛을 조절할 수 있습니다. 1에 가까운 숫자를 넣을수록 반짝이는 입자를 확인할 수 있습니다. 기본값은 0입니다. 값을 1로 변경하면 입자가 빛으로 변하는 것을 확인할 수 있습니다.

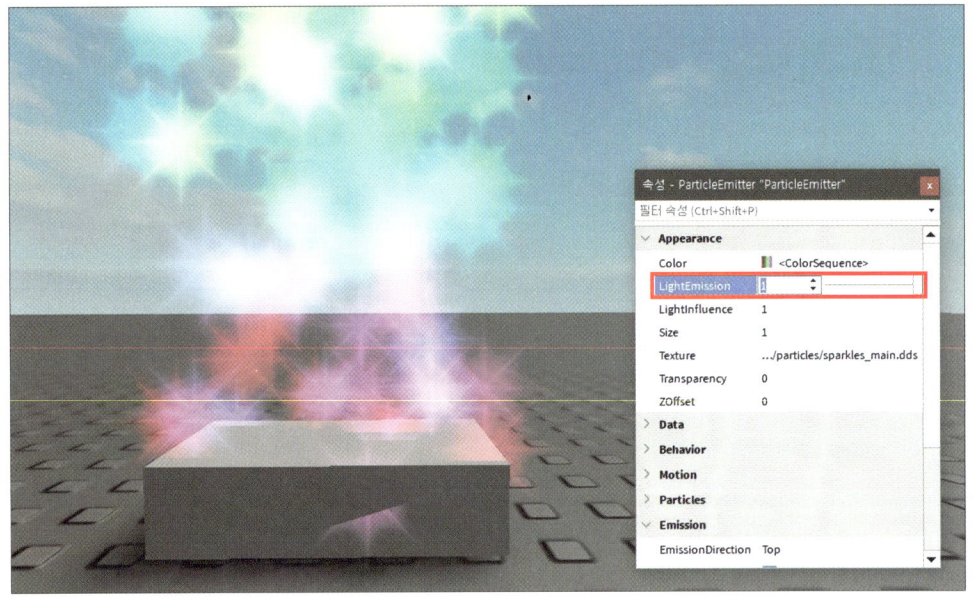

그림 2-35 | 발광 효과가 1일 때 모습

ⓒ 영향력(LightInfluence) : 0~1 사이 값을 가지며 게임 환경 안에 빛의 영향을 받는 정도를 의미합니다. 기본값은 1이며 이때는 주변 빛의 영향을 제일 많이 받습니다. 0일 때는 영향을 전혀 받지 않습니다. 이것을 확인하려면 환경을 밤으로 바꾸어 주어야 합니다. 환경을 밤으로 변경하려면 '조명(Lighting)'에서 '시간(TimeOfDay)'을 밤 시간에 맞게 변경해 주면 됩니다.

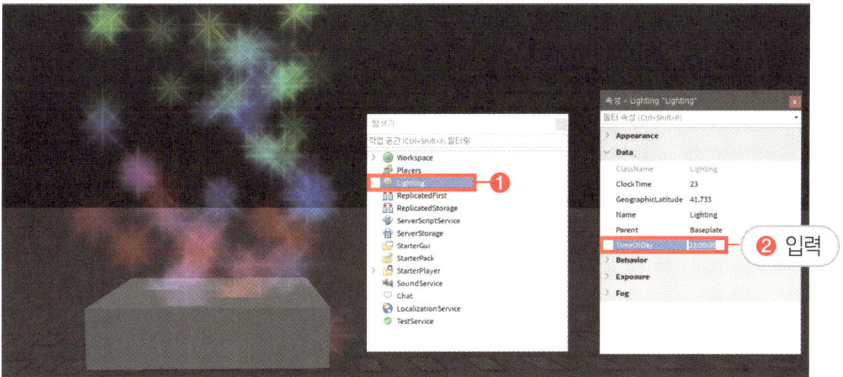

그림 2-36 | 현재 시간을 변경한 후

이렇게 환경을 밤으로 변경한 후 영향력을 0으로 변경하면 어두운 밤에 영향을 받지 않고 본래의 색을 선명하게 표현해 줍니다.

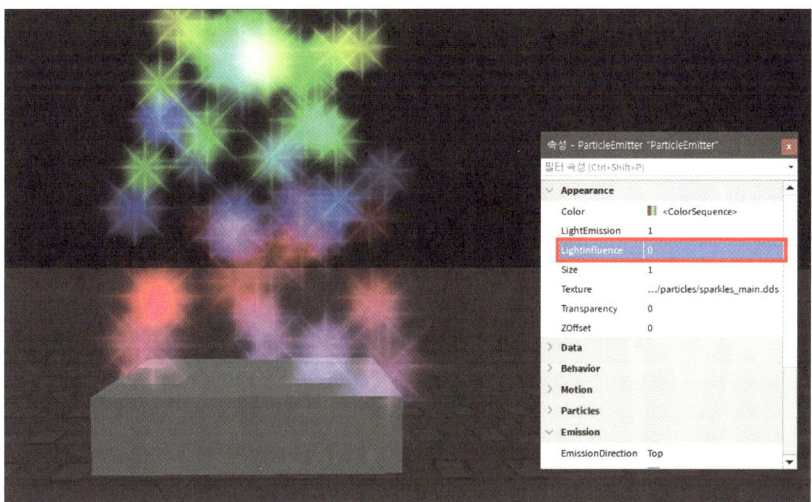

그림 2-37 | 영향력을 0으로 변경한 모습

ⓓ **크기(Size)** : 크기는 0부터 시작하며 매우 큰 숫자도 입력할 수 있습니다. 하지만 숫자가 너무 크면 입자라기보다 하나의 큰 덩어리처럼 보입니다. 예를 들어 '크기(Size)'에 '100'을 입력하면 아래 그림처럼 너무 커져 버린 입자를 확인할 수 있습니다.

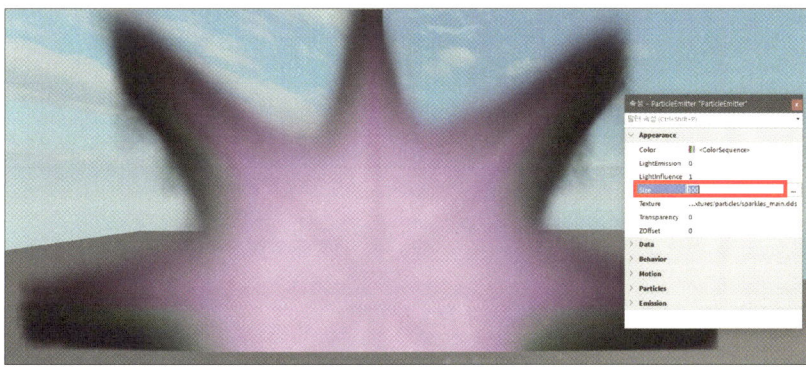

그림 2-38 | 크기를 100으로 변경한 모습

3 연기 효과 알아보기

연기(Smoke)는 말 그대로 연기가 피어 오르는 효과입니다. 파트(Part)에 마우스 커서를 위치하면 나타나는 [추가](+) 아이콘을 클릭한 후 개체 검색란에 [smo]를 입력하여 하위 목록에서 'Smoke'를 클릭해 추가합니다.

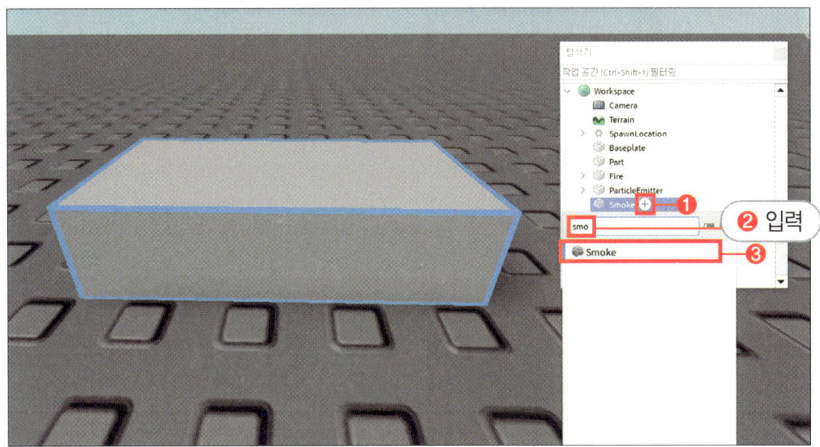

그림 2-39 | 연기 효과 추가

연기 효과는 아래와 같은 속성이 있습니다.

ⓐ **색상(Color)** : 연기의 색상을 변경합니다. RGB 값을 가지며 변경 방법과 다른 효과는 동일합니다.

ⓑ **연기 켜짐(Enabled)** : 기본값은 체크 표시가 된 '켜짐(True)' 상태입니다. 체크 표시를 해제하면 '꺼짐(False)' 상태가 되면서 서서히 연기가 사라집니다.

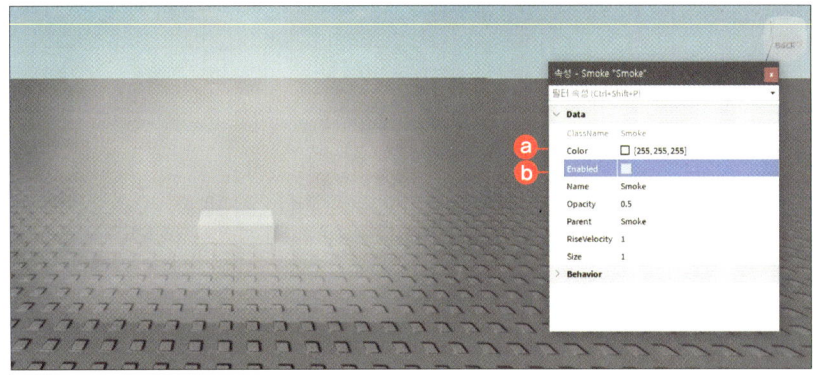

그림 2-40 | 연기가 서서히 사라지는 모습

ⓒ **이름(Name)** : 연기 효과에 이름을 변경할 수 있습니다. 기본값은 'Smoke'입니다.

ⓓ **불투명도(Opacity)** : 불투명도는 사전적으로 불투명함을 의미합니다 0~1의 값을 가집니다. 초깃값은 0.5입니다.

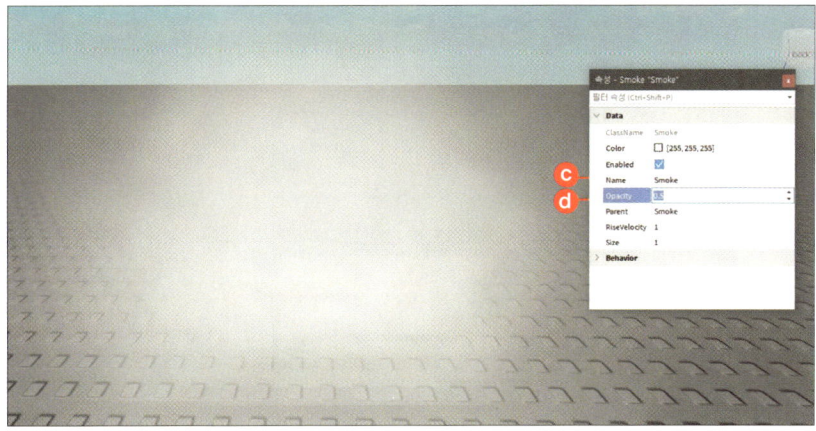

그림 2-41 | 불투명도 초깃값 0.5로 설정한 모습

이때 0이면 눈에 보이지 않으며 1이면 연기가 진해집니다.

그림 2-42 | 불투명도를 1로 변경한 모습

e **상승 속도(RiseVelocity) :** 초깃값은 1입니다. −25~25 사이의 값을 가지며 연기가 피어 오르는 속도를 정하게 됩니다. 25인 경우 속도가 매우 빠르게 피어오릅니다.

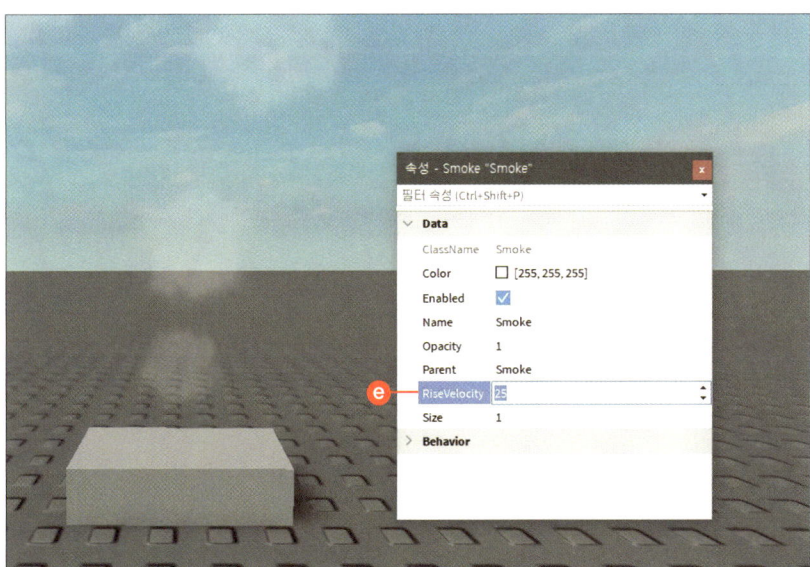

그림 2-43 | 상승 속도를 25로 변경한 모습

만약 상승 속도를 0으로 할 경우 구의 형태로 연기가 파트 주변에 머무르게 됩니다.

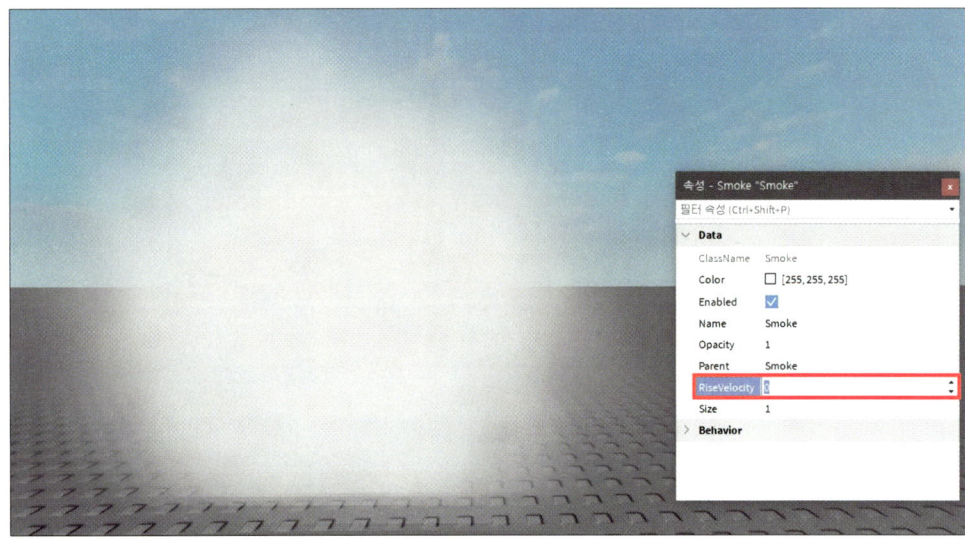

그림 2-44 | 상승 속도가 0일 때 모습

값이 0보다 작으면 파트의 아래 방향으로 연기가 퍼집니다. [-3]으로 변경해 보겠습니다.

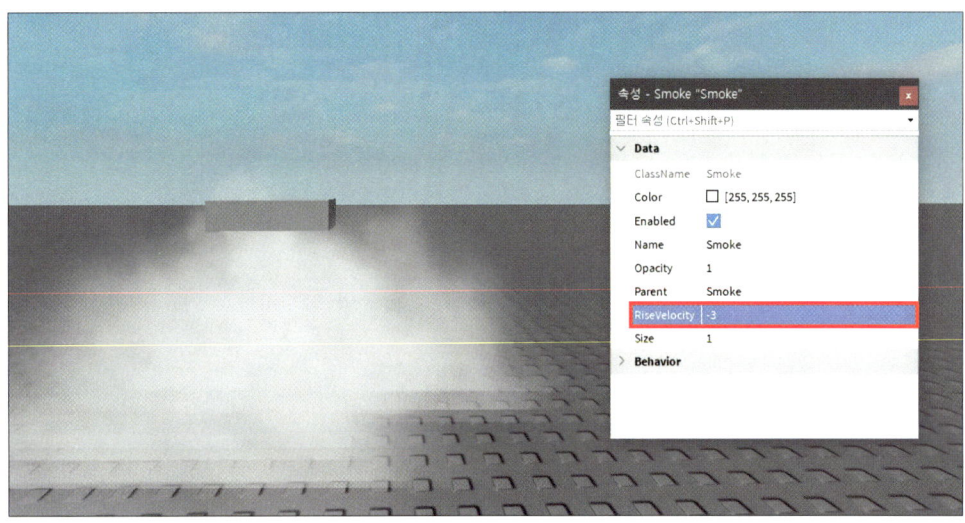

그림 2-45 | 상승 속도가 -3일 때 모습

🅕 **크기(Size) :** 크기를 변경하는 속성입니다. 초깃값은 1입니다. 0.1~100의 값을 가집니다. 0.1로 크기를 변경하면 맨 처음보다 매우 작아집니다.

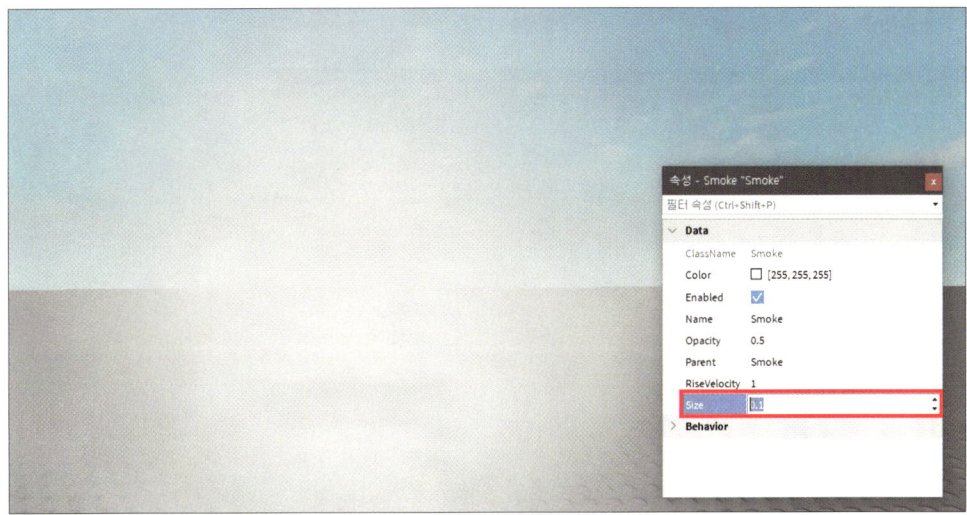

그림 2-46 | 크기가 0.1일 때 모습

[100]으로 변경하면 너무 커져서 멀리서 봐야 전체 크기를 확인할 수 있습니다.

그림 2-47 | 크기가 100일 때 모습

게임 제작 환경에서 보면 내가 만든 효과의 크기가 얼마나 큰지 알 수가 없습니다. 상단 메뉴 막대에서 [플레이]를 클릭하여 확인합니다.

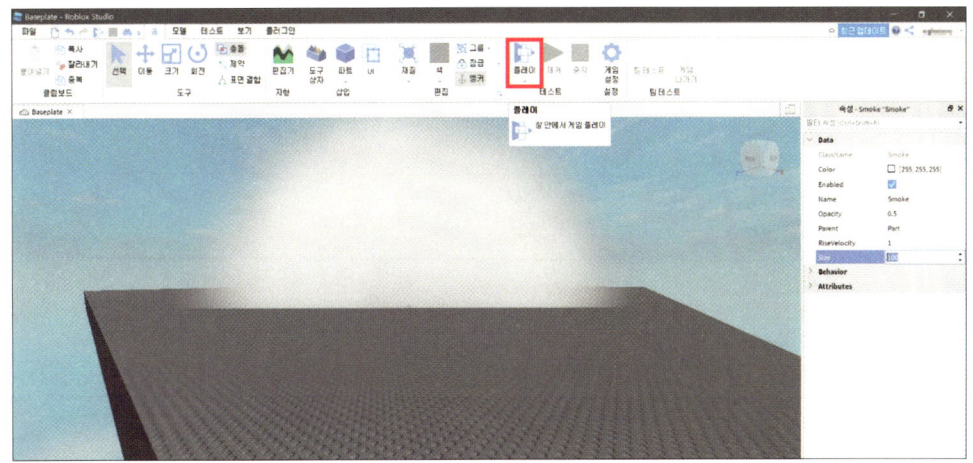

그림 2-48 | [플레이]를 클릭하여 확인

시험 환경에서는 캐릭터와 비교해서 연기의 크기를 확인할 수 있습니다.

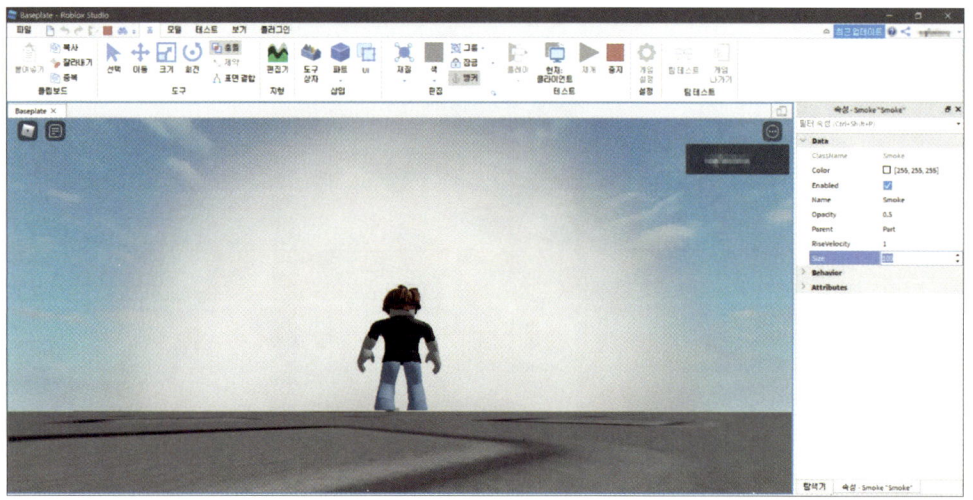

그림 2-49 | 시험 환경에서 연기 크기 확인

4 반짝 효과 알아보기

반짝(Sparkles) 효과는 반짝거리는 입자들을 방출하는 효과입니다. 다른 효과를 추가하는 방법과 마찬가지로 파트(Part)에 마우스 커서를 위치하면 나타나는 [추가](+) 아이콘을 클릭한 후 개체 검색란에서 'Sparkles'를 검색하여 추가하면 됩니다.

그림 2-50 | 반짝(Sparkles) 효과 검색

반짝 효과는 다른 효과와는 다르게 조절할 수 있는 속성이 매우 적습니다.

- ⓐ **켜짐(Enable)** : 반짝 효과를 켜고 끌 수 있습니다.
- ⓑ **이름(Name)** : 반짝 효과의 이름을 변경할 수 있습니다.
- ⓒ **부모(Parent)** : 반짝 효과의 부모(Parent)를 알려 줍니다.
- ⓓ **반짝 효과 색상(SparklesColor)** : 입자의 색상을 변경합니다. RGB 값을 가지며 다른 효과

의 색상을 변경하는 방법과 동일합니다.

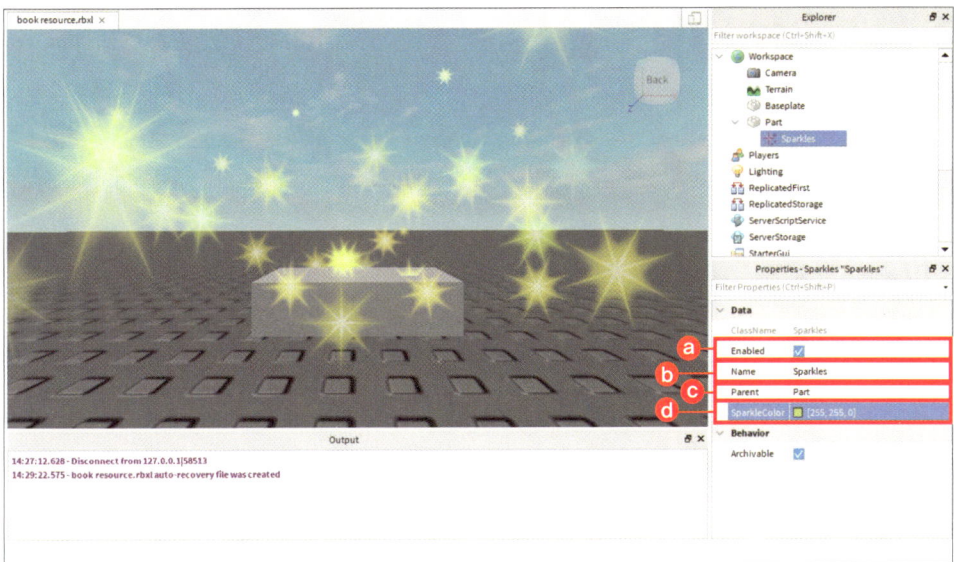

그림 2-51 | 반짝 효과의 색상을 변경한 모습

지금까지 자주 사용하는 4가지 효과에 대해서 알아보았습니다. 위 4가지 효과를 적절히 적용하면 게임을 보다 역동적으로 만들 수 있습니다.

CHAPTER 03 파트로 디자인하기

로블록스 스튜디오에서 기본 파트를 더하거나 빼는 방식으로 조합하여 새로운 형태의 모양으로 디자인할 수 있습니다.

1 파트 더하기

01 기본 파트는 블록, 구형, 쐐기형, 원통 총 4가지입니다. 먼저 블록과 구형 파트를 붙여서 새로운 모양의 파트를 만들어 봅시다. 메뉴에서 [삽입]-[파트]를 클릭하여 [블록]과 [구형]을 선택하여 불러옵니다.

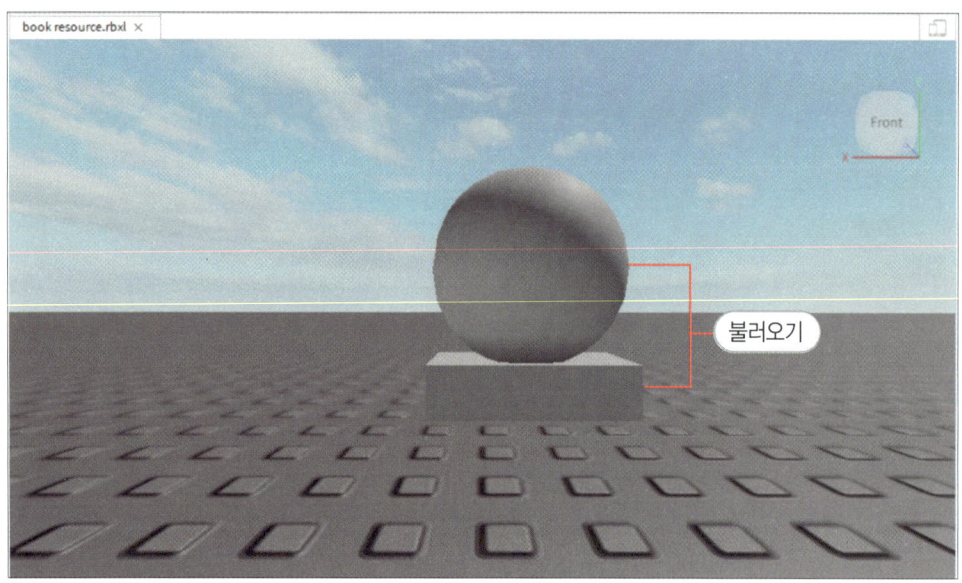

그림 2-52 | 블록 파트와 구형 파트를 불러온 모습

02 블록 파트와 구형 파트를 배치하면 기본 설정으로 인해 두 파트 이름이 모두 'Part'로 되어 있습니다. 혼동되는 걸 방지하고자 파트의 이름을 바꾸어 줍니다. 이름과 색상을 아래 그림과 같이 블록 파트는 'Block'으로, 구형 파트는 'Sphere'로 변경하였습니다.

TIP 파트의 이름을 변경하려면 탐색기 창에서 해당 파트의 이름 부분에 마우스 오른쪽 버튼으로 클릭한 후 [이름 변경]을 선택하거나 파트를 선택 후 F2 키를 눌러 이름을 변경할 수 있습니다.

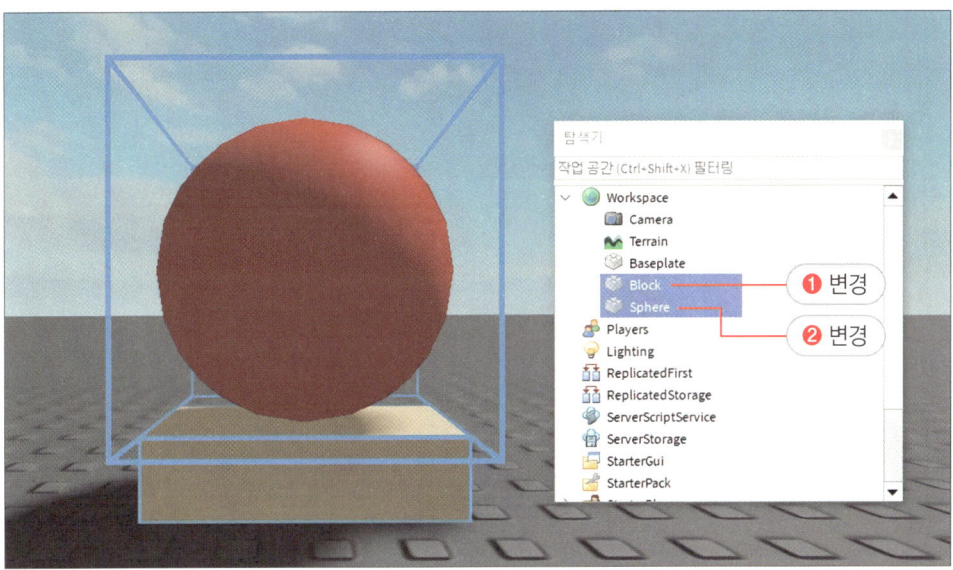

그림 2-53 | 각 파트의 색상과 이름을 변경

03 블록 파트를 선택하고 상단 메뉴에서 [이동(Move)]을 클릭하고 블록 파트를 옆으로 드래그하여 약간 이동시킵니다. [크기(Scale)]를 클릭하여 블록(Block)의 모양을 아래 그림과 같이 조절합니다.

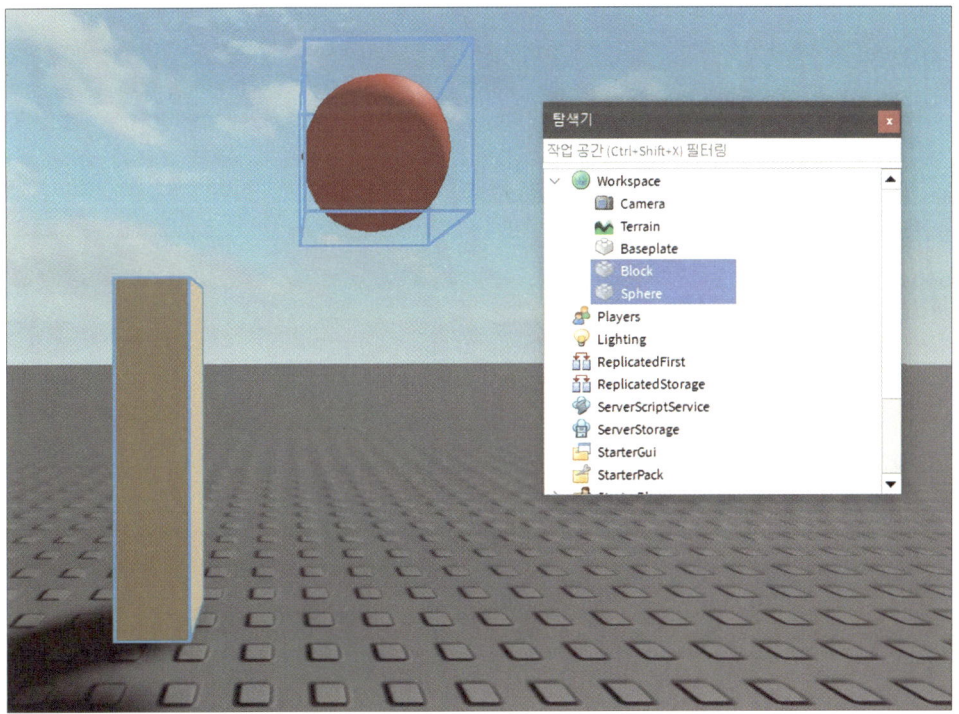

그림 2-54 | 블록 파트의 위치와 크기를 조정한 모습

04 구형 파트를 클릭하고 상단 메뉴에서 [이동]을 클릭해 위치를 블록 파트 끝부분과 겹치게 드래그합니다. 이때 구형 파트의 속성 창에서 '충돌 가능(CanCollide)'의 체크를 해제하여 기능을 꺼야 합니다. 만약 충돌 가능 기능이 켜져 있으면 그림처럼 구형 파트를 배치할 수 없습니다.

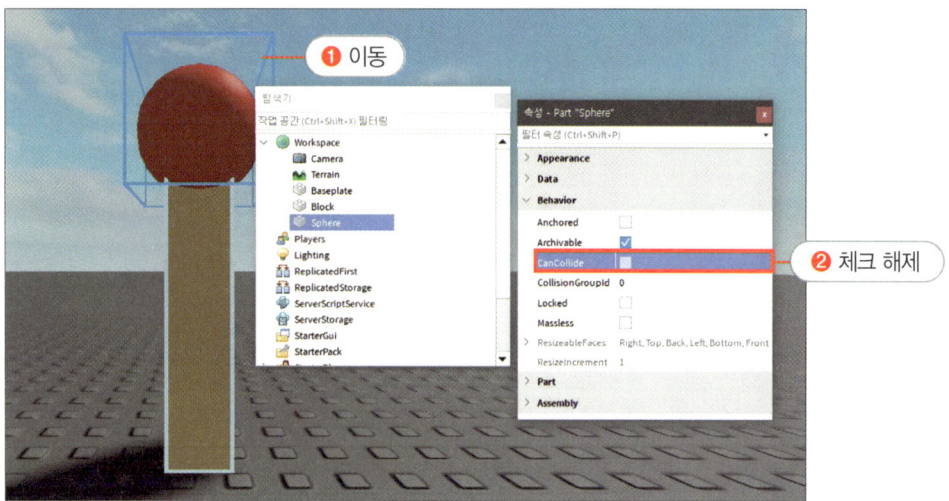

그림 2-55 | 구형 파트의 위치를 조정하고 '충돌 가능' 기능의 체크 표시를 해제

05 오른쪽 탐색기의 '워크스페이스(Workspace)'를 보면 블록 파트와 구형 파트가 분리되어 있습니다. Ctrl 키를 누른 상태에서 두 개의 파트를 클릭해 모두 선택합니다. 그리고 상단 메뉴에서 [모델] 탭을 클릭한 후 [통합]을 클릭합니다.

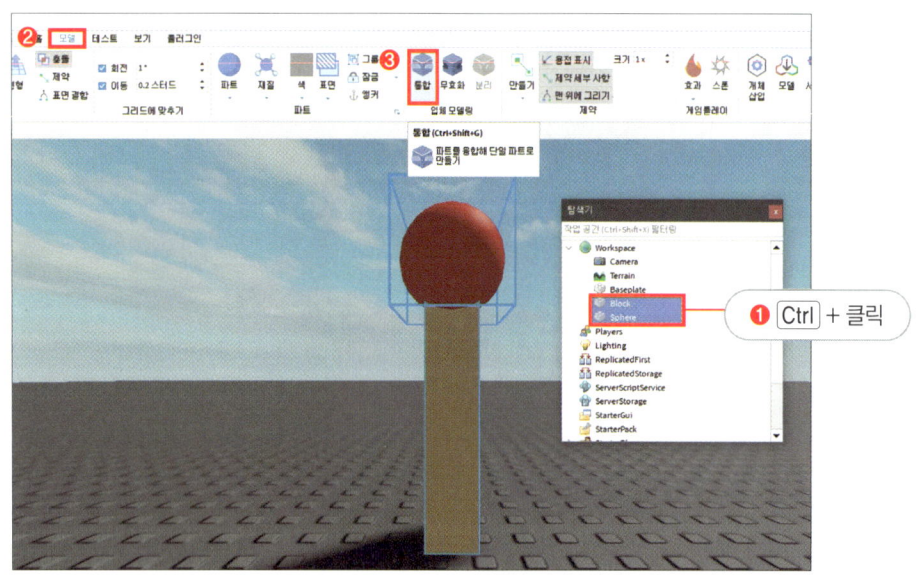

그림 2-56 | 두개의 파트를 선택하여 [모델] 탭-[통합]을 클릭

06 두 개의 파트가 하나로 합쳐지고 'Union'이라는 이름으로 변경됩니다.

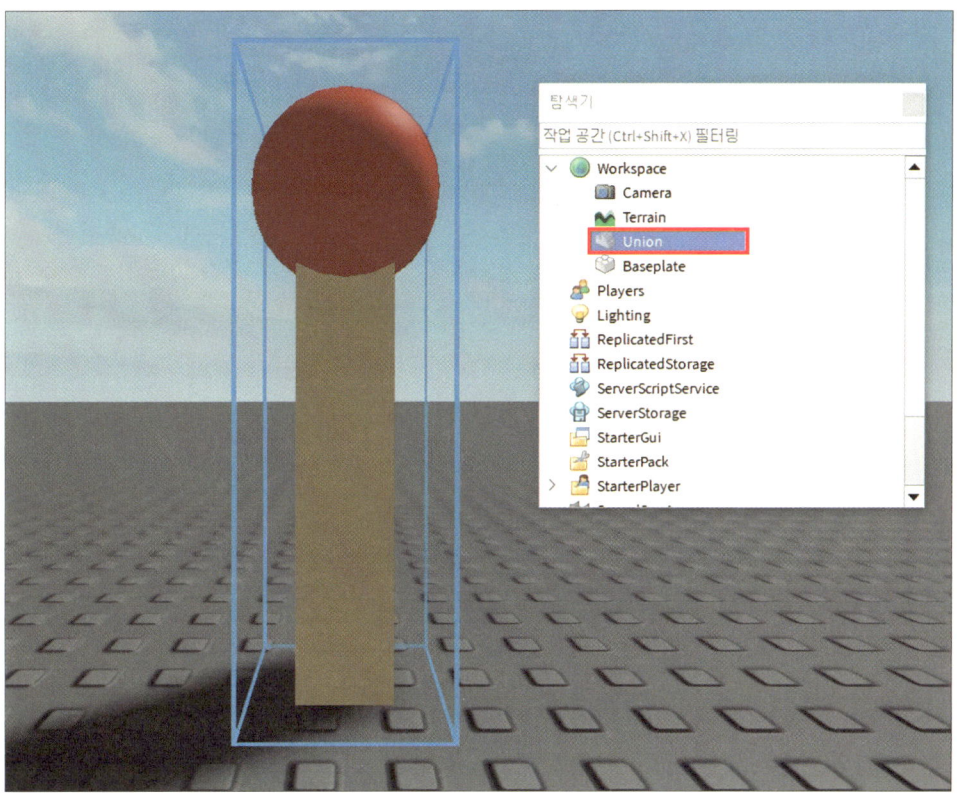

그림 2-57 | 두 개의 파트를 합쳐지면서 이름 변경

2 파트 빼기

파트 빼기는 파트의 모양에서 겹치는 부분을 자르는 기능입니다. 파트를 자르는 용도로 사용하는 파트는 무효화(Negate) 상태로 만들어 주어야 합니다. '무효화 상태'란 두 파트를 합칠 때(유니온, Union) 특별하게 작동을 합니다. 보통 상태에서 두 파트를 합치면 각각의 파트 모양이 유지가 되는데 만약 무효화 상태의 파트와 보통 상태의 파트가 서로 겹쳐 있고 이때 합치면(Union) 무효화 파트 부분이 보통 파트를 잘라내게 됩니다. 글로 된 설명이 어려울 수 있지만 아래 실습을 한번 해보면 쉽게 이해할 수 있습니다.

01 구형(Sphere) 파트와 쐐기형(Wedge) 파트를 불러옵니다. 76쪽에서 배운 파트 더하기와 마찬가지로 파트의 이름과 색상을 변경합니다. 이 책에서는 구형 파트는 'Sphere', 쐐기형 파트는 'Wedge'로 이름을 변경하였습니다. 색상은 원하는 색으로 변경해도 됩니다.

> **TIP** 파트를 다른 모양으로 선택하면 파트 모양이 고정됩니다. 블록 파트를 다시 선택하려면 파트 모양을 블록으로 바꾸면 됩니다.

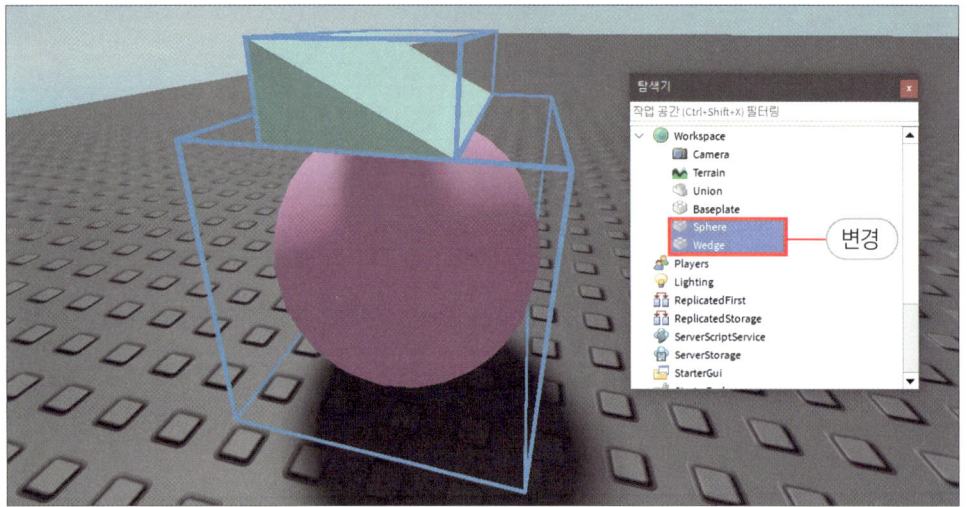

그림 2-58 | 구형 파트와 쐐기형 파트를 불러오고 이름과 색상 변경

02 쐐기형 파트의 뾰족한 부분을 구형 파트에 겹치게 위치를 조정합니다. 파트 더하기에서 배웠던 것처럼 쐐기형 파트의 속성 창에서 '충돌 가능(Cancollide)'의 체크 표시를 해제하여 기능을 끕니다.

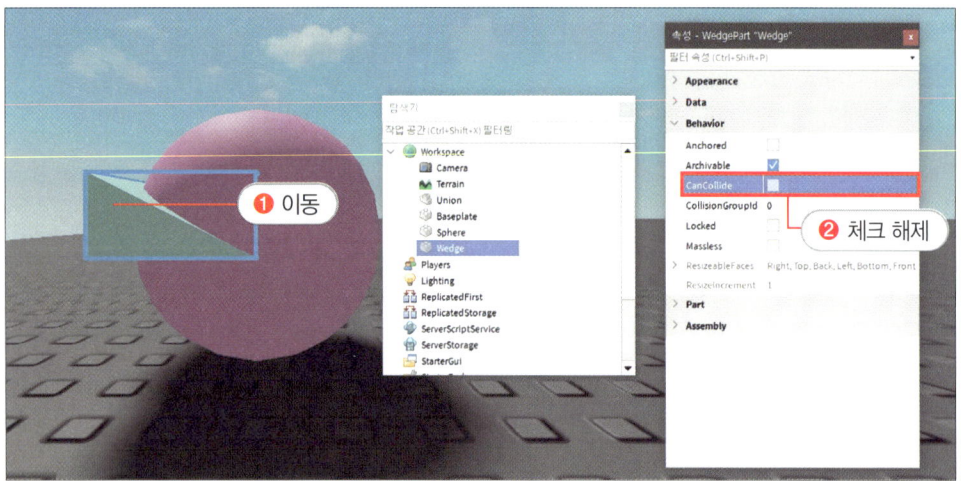

그림 2-59 | 구형 파트와 쐐기형 파트 겹치기

03 구형 파트와 쐐기형 파트에서 겹쳐진 부분을 잘라내기 위해 쐐기형 파트를 무효화 (Negate) 상태로 만들어야 합니다. 먼저 쐐기형 파트를 클릭하여 선택한 후 상단 메뉴의 [모델] 탭-[무효화]를 클릭합니다. 그러면 쐐기형 파트는 반투명 상태가 됩니다.

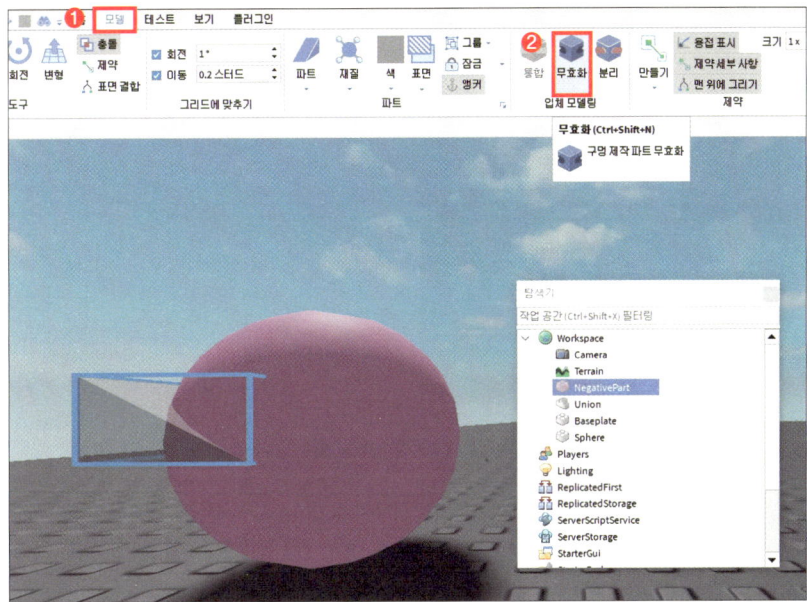

그림 2-60 | 쐐기형 파트가 무효화(Negate) 상태가 된 모습

04 Ctrl 키를 누른 상태에서 두 파트를 모두 선택하고 상단 메뉴에서 [통합]을 클릭합니다. 구형 파트의 일부가 쐐기형 모양으로 잘려 나간 것을 확인할 수 있습니다.

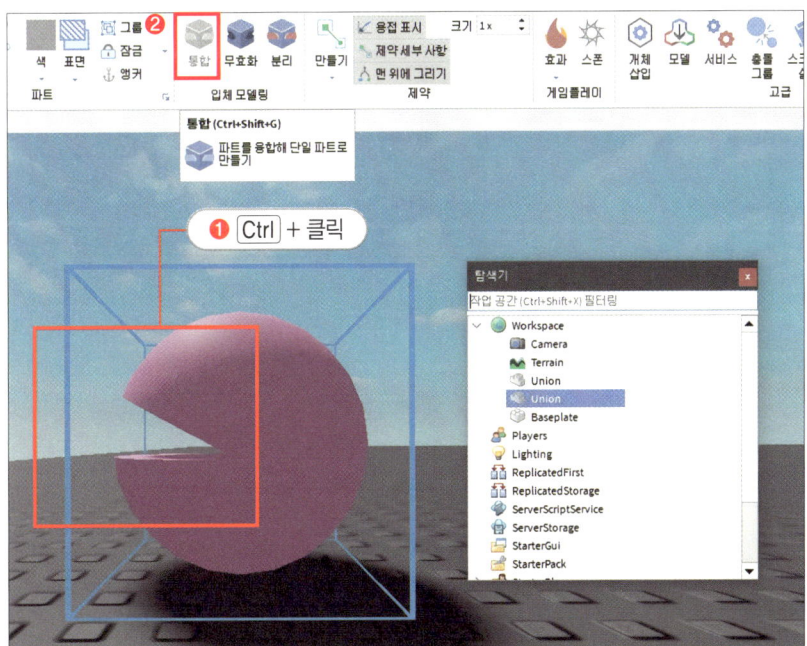

그림 2-61 | 구형 파트에서 쐐기형 파트 부분이 잘린 모습

3 마법의 의자 만들기

기본 파트를 조합하여 마법의 의자를 만들어 봅시다.

01 먼저 의자의 블록 파트로 다리 4개를 만들어 봅시다. 상단 메뉴에서 [파트]-[블록]을 차례로 클릭하여 블록 파트를 한 개 만들고 아래 그림과 같이 적당한 크기로 조정합니다. 만든 블록 파트의 이름을 탐색기 창에서 'Chair_Leg'로 바꿉니다.

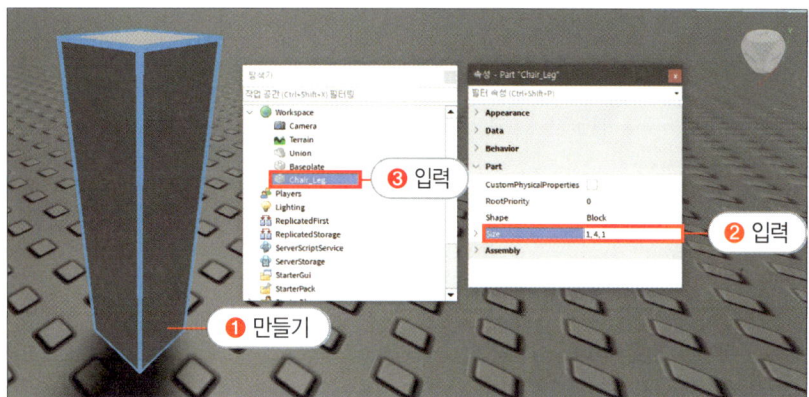

그림 2-62 | 블록 파트로 의자 다리 만들기

02 01에서 만든 의자 다리를 Ctrl + C 키를 눌러 복사한 후 Ctrl + V 키를 3번 눌러 총 4개로 만듭니다.

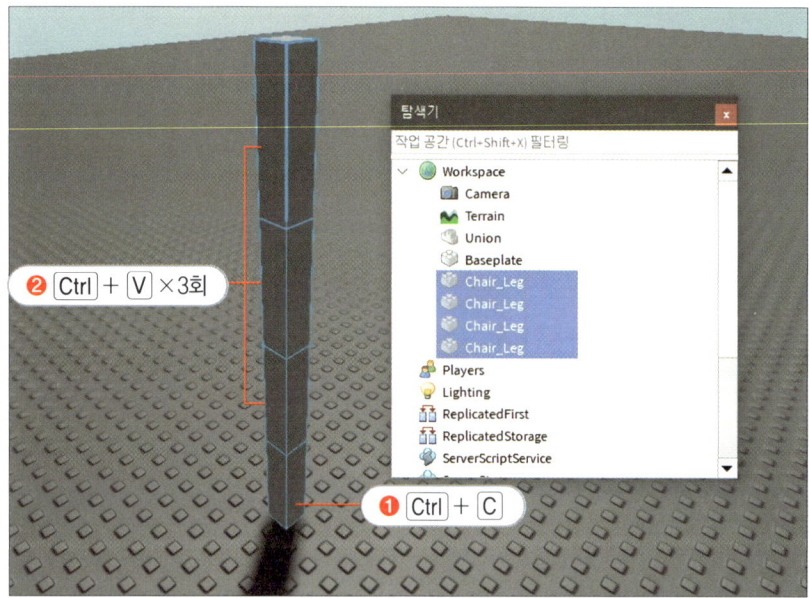

그림 2-63 | 의자 다리 복사하여 4개로 만들기

03 상단 메뉴의 주사위를 닮은 보기 선택기에서 'Top'이라고 쓰여진 면을 클릭하여 [탑 뷰(Top View)]로 변경하고 상단 메뉴에서 [이동]을 클릭한 후 4개의 블록 파트를 움직여 위치를 조정합니다. 4개의 블록 파트의 이름을 탐색기 창에서 'Chair_Leg'로 모두 변경합니다.

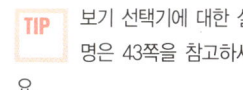

TIP 보기 선택기에 대한 설명은 43쪽을 참고하세요.

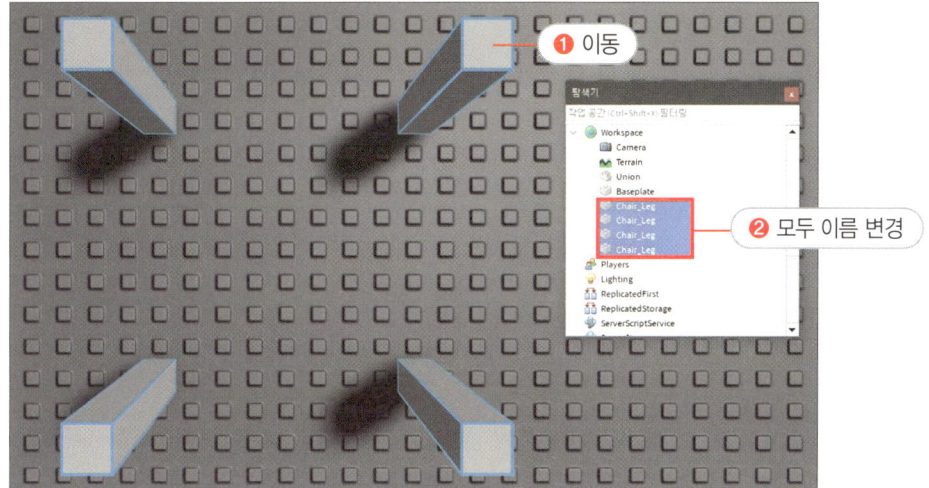

그림 2-64 | 의자 다리를 배치하고 이름을 변경

04 탑 뷰에서 배치를 마치고 마우스 오른쪽 버튼을 클릭한 상태에서 움직이면 시점이 회전됩니다. 이때 시점을 적당히 돌려 아래 그림처럼 뷰를 변경하고 상단 메뉴에서 [이동]을 클릭하여 의자 다리의 높이를 똑같이 맞추어 줍니다. 의자 다리를 고정하는 중간 지지대를 만들겠습니다. 블록 파트를 불러온 뒤 의자에서 앉는 부분을 만들기 위해 크기를 조절합니다. 가로(X축, 빨간색) 크기, 세로(Z축, 파란색) 크기는 각각 드래그하여 먼저 배치한 의자 다리 보다 약간 작게 조절하고 두께(Y축, 초록색)는 속성 창에서 'Size'의 Y값을 [0.5]로 입력해 조정합니다.

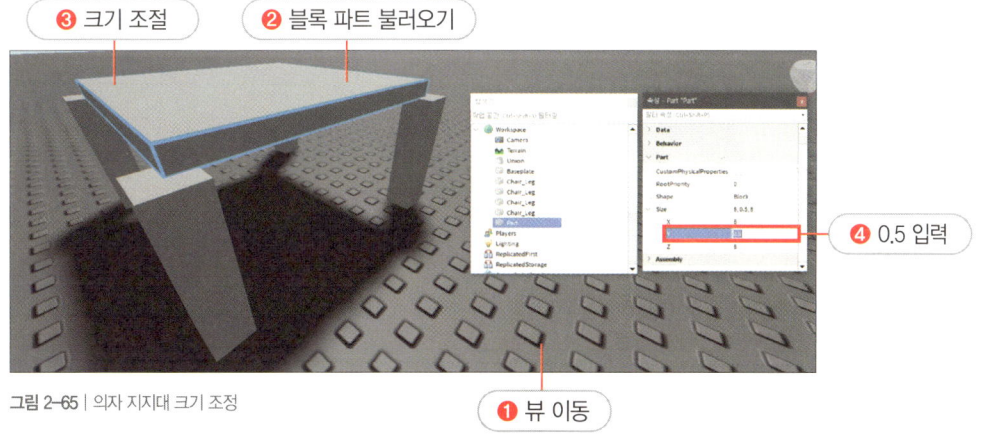

그림 2-65 | 의자 지지대 크기 조정

> **잠깐만요** **로블록스의 거리 단위 '스터드'**
> 로블록스는 길이의 단위로 스터드(stud)라는 단위를 사용합니다. 파트의 크기, 좌표 전부 스터드 단위로 되어 있습니다. 보통 다른 게임 엔진은 미터로 길이, 좌표, 물체의 크기를 나타내는데 로블록스만 특이하게 스터드라는 단위를 따로 설정하여 사용하고 있습니다. 대략 1stud는 현실에서 약 5cm 정도입니다.

05 의자 지지대 파트의 위치는 속성 창에서 '충돌 가능(Cancollide)'의 체크를 해제하여 기능을 끄고, 상단 메뉴에서 [이동]을 클릭해 적당한 곳에 놓습니다. 단, 의자 다리보다 높게 위치시키지 않습니다.

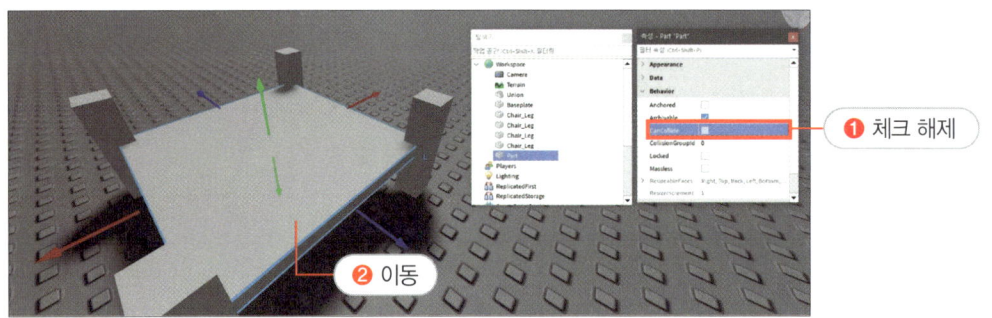

그림 2-66 | 의자 지지대 위치 조정 모습

06 의자 바닥을 만들어 보겠습니다. 의자 지지대를 선택한 상태에서 Ctrl + C 키를 눌러 복사하고 Ctrl + V 키를 눌러 붙여넣기를 합니다. 자동으로 의자 다리 끝에 복사됩니다.

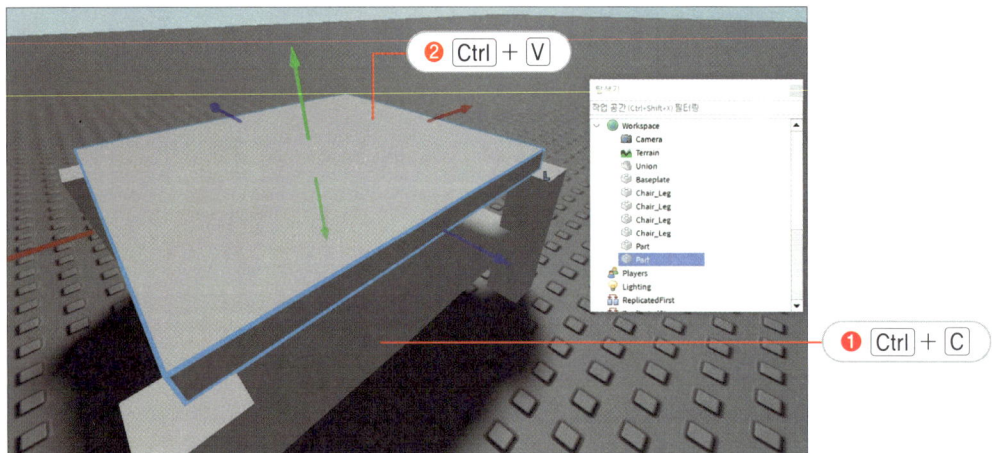

그림 2-67 | 의자 바닥 배치 모습

> **TIP** 복사/붙여넣기하려는 파트를 마우스 오른쪽 단추로 클릭한 후 바로가기 메뉴에서 '복사'를 클릭하고 다시 한 번 바로가기 메뉴에서 '붙여넣기'를 클릭해도 됩니다.

07 의자 바닥 크기를 조정합니다.

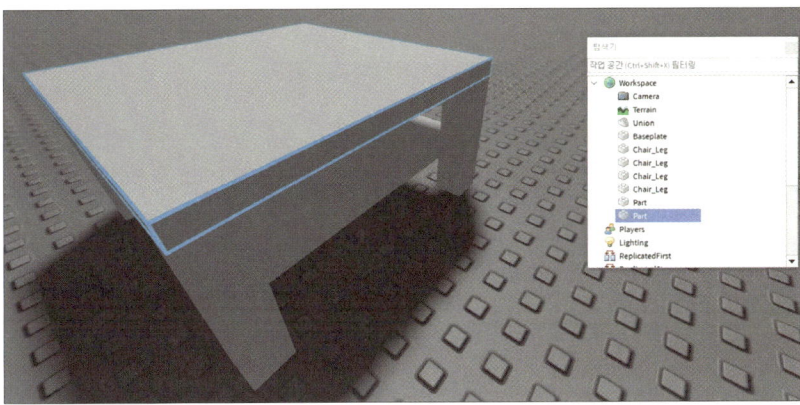

그림 2-68 | 의자 바닥 크기를 조정한 모습

08 상단 메뉴의 [파트]-[블록]을 차례로 클릭하여 새로운 블록 파트를 불러와 다음 그림과 같이 등받이를 만듭니다. 가로(X축, 붉은색)의 크기는 의자 바닥의 크기와 동일하게 적용하고, 두께(Z축, 파란색)은 '0.5'로 조정합니다. 높이(Y축, 초록색)는 적당한 크기로 조정합니다.

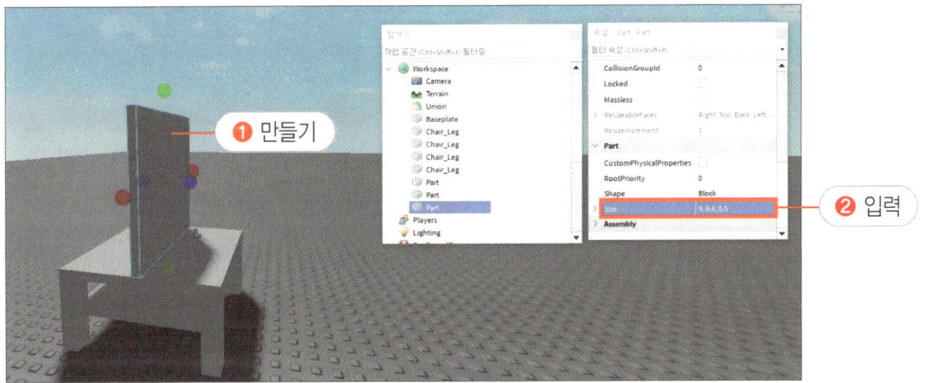

그림 2-69 | 등받이 크기를 조정한 모습

09 상단 메뉴에서 [이동]을 클릭하여 등받이 위치를 바꿉니다.

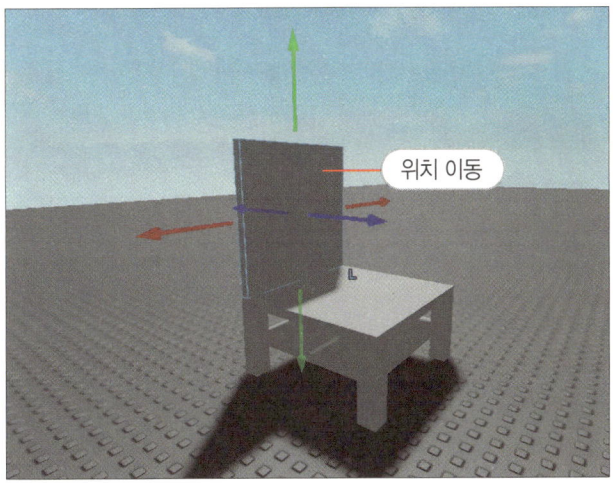

그림 2-70 | 등받이 위치를 조정한 모습

10 Shift 키를 누른 상태에서 모든 파트를 클릭하여 선택한 후 상단 메뉴에서 [모델] 탭 -[통합]을 클릭하여 하나의 파트로 합칩니다.

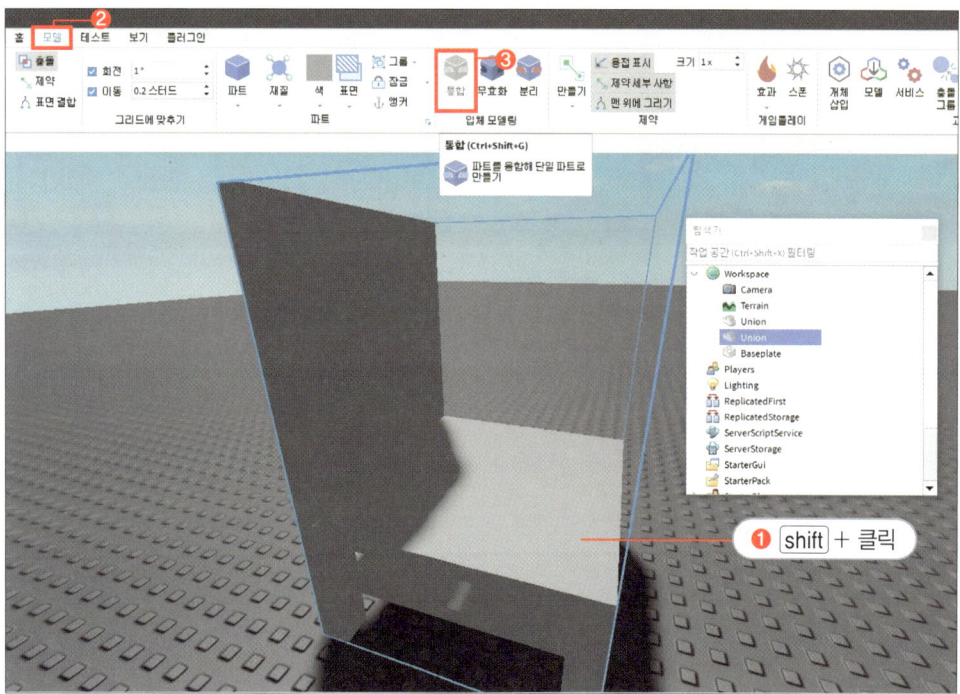

그림 2-71 | 모든 파트를 통합한 모습

11 통합한 파트의 속성 창에서 '재질(Material)'과 '색상(Color)'을 원하는 것으로 선택해 변경합니다.

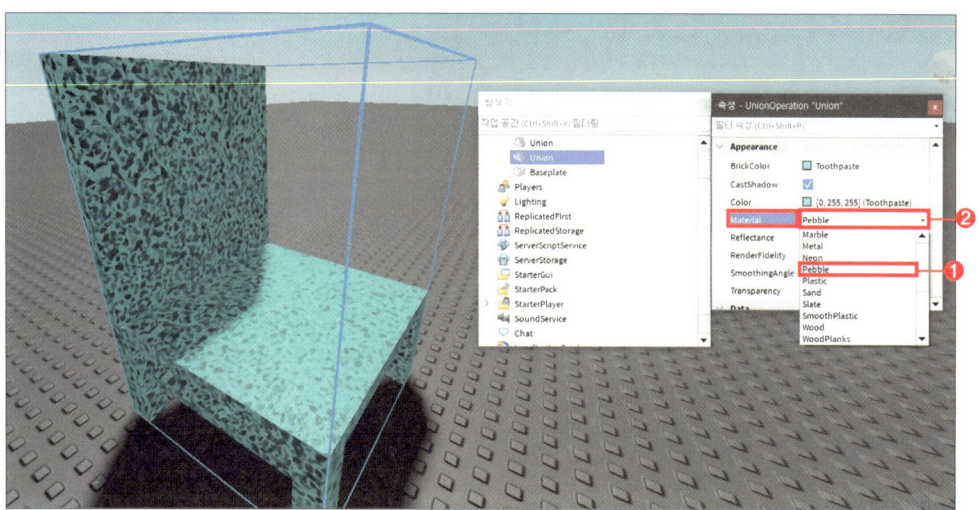

그림 2-72 | 재질(Material)과 색상(Color)을 변경한 모습

12 여기에 앞서 배운 불 효과와 반짝 효과를 추가하고 각 효과의 색상을 변경해 줍니다. 책과 다른 효과도 적용할 수 있습니다. 여러 가지 효과를 적용해 보고 속성을 조절하면서 나만의 의자를 만들어 보세요.

> **TIP** 효과를 적용하고 색상을 변경하는 방법은 57쪽을 참고하세요.

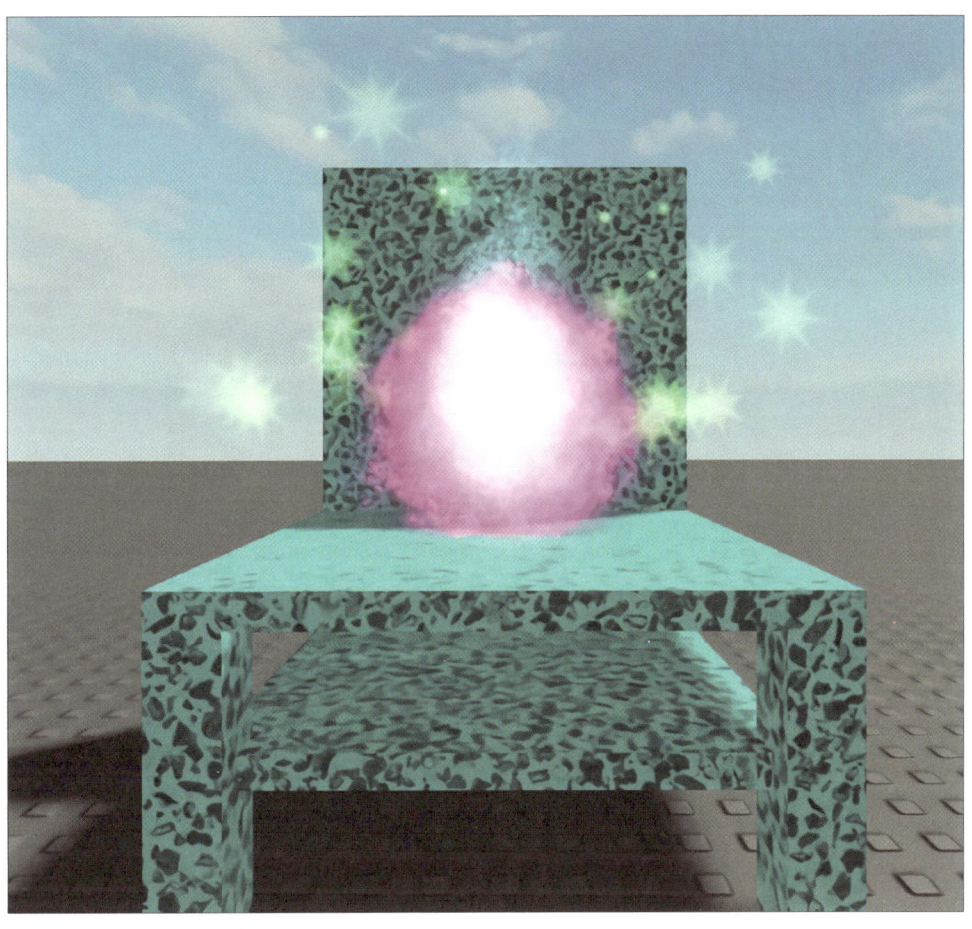

그림 2-73 | 효과를 적용한 모습

PART 03

기초 루아 코딩 익히기

PART 02에서 각 파트를 배치하는 방법을 알아보았습니다. 하지만 아무런 기능이 없는 단순한 물체만 배치했습니다. 게임은 캐릭터와 환경, 물체 간에 끊임없이 상호 작용이 이루어져야 합니다. 그러므로 로블록스에서는 단순한 물체에 필요한 기능을 추가하기 위해 루아(Lua) 언어를 사용하여 정보를 주고받고 기능을 구현하는 역할을 합니다. **PART 03**에서는 루아의 특징과 프로그래밍에 대한 개념을 알아보겠습니다.

CHAPTER 01 변수 이해하기

변수(Variable)란 모든 프로그래밍 언어에서 사용하는 개념입니다. 간단히 설명하면, 프로그래밍에 사용되는 여러 종류의 데이터를 넣어 두는 공간입니다. 일종의 그릇(또는 바구니)이라고 생각해도 됩니다. 그릇은 다양한 형태(변수명)가 있고, 그릇마다 용도가 다르고 크기도 다르듯이 변수에도 여러 가지 형태의 값들을 담을 수 있습니다. 루아(Lua)에는 변수에 담길 데이터 형식이 있습니다. 형식에는 문자(String), 숫자(Number), 논리형(Boolean, 참(True)/거짓(False))이 있습니다.

1 변수 만들기

변수 만들기는 매우 간단합니다. 등호 표시(=)를 이용하는데, 이때 등호의 왼쪽이 '변수', 등호의 오른쪽이 '변수에 들어갈 데이터'입니다. 변수에는 2가지 형태가 있습니다. 전역 변수(Global Variable)와 지역 변수(Local Variable)입니다. 전역 변수는 코드 어디에서나 접근이 가능하지만 지역 변수는 같은 스크립트 또는 같은 함수에서만 접근이 가능합니다. 로블록스에서는 지역 변수를 사용하는 것이 이점이 많기 때문에 지역 변수를 주로 많이 사용합니다. 루아에서 변수 이름 앞에 아무것도 선언하지 않으면 모든 변수는 전역 변수이지만 변수 앞에 'local'을 써 주면 지역 변수로 선언됩니다. 로블록스에서 주로 지역 변수를 사용하기 때문에 모든 변수에 지역 변수를 사용하여 예시를 들도록 하겠습니다.

코드
```
local str = "Hello World!"
local num = 12345.6789
local logic = true
```

> **TIP** 변수를 만들 때 등호(=) 앞뒤로 띄어쓰기를 꼭 해야 하는 것은 아닙니다. 하지만 읽기 좋은 코드를 작성하려면 등호(=) 앞뒤로 띄어쓰기를 하는 것이 좋습니다.

이렇게 하면 str 변수에 문자 형식의 "Hello World!"라는 값이 저장(Assigned)되어 있고 num 변수에는 숫자 형식의 1234.5678이 저장됩니다. logic 변수에 논리형의 참(true) 값이 저장됩니다. 변수는 모든 프로그래밍 언어에 기본적인 개념입니다.

> **잠깐 만요**
>
> **루아(Lua) 언어란?**
>
> 루아(Lua)는 브라질의 리우 데 자네이로에 있는 카톨릭 대학에서 만들어진 언어입니다. 루아의 특징은 굉장히 작고 가벼운 프로그래밍 언어라는 점입니다. 문법 또한 다른 언어에 비해 간단합니다. 현재 전체 프로그래밍 언어 중 인기도는 20위이고 로블록스뿐만 아니라 MMOPRG 게임인 '월드 오브 워크래프트'의 외부 사용자 인터페이스와 '마인크래프트'의 모드 중 하나인 컴퓨터 크래프트를 작성한 언어가 바로 루아입니다. 이외에도 다양한 게임에 많이 응용되어 사용되고 있습니다.
>
>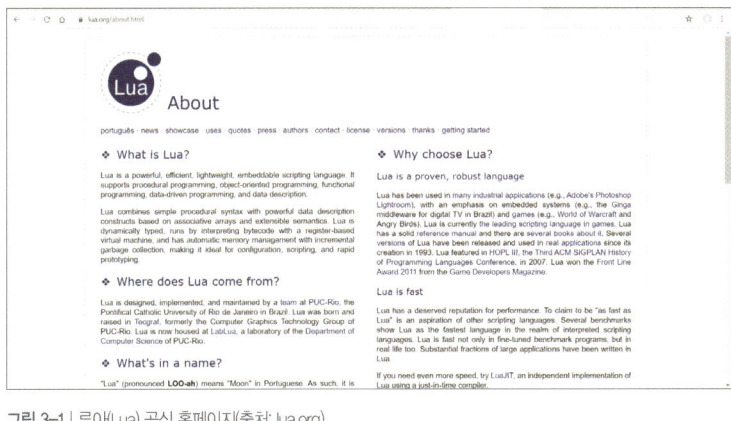
>
> 그림 3-1 | 루아(Lua) 공식 홈페이지(출처: lua.org)

2 Hello World! 출력하기

변수를 만들면 컴퓨터의 메모리(Memory)에 데이터를 저장합니다. 하지만 데이터를 화면에 출력하지 않으면 사람이 실제 값을 확인할 수 없습니다. 루아에서 값을 출력하는 데 사용하는 명령어는 print입니다. print를 입력하고 괄호 사이에 화면에 출력할 데이터를 입력하면 됩니다. 우선 로블록스 스튜디오에서 스크립트를 추가하고 print 명령어를 사용하는 방법에 대해 알아봅시다.

먼저 로블록스 스튜디오를 실행하고 워크스페이스(Workspace)에 스크립트를 추가해 보겠습니다. 탐색기 창의 '워크스페이스(Workspace)'에 마우스 커서를 올려놓고 [추가](+) 아이콘을 클릭한 후 개체 검색란에 [script]를 입력하여 검색하고 'Script'를 클릭해 추가합니다.

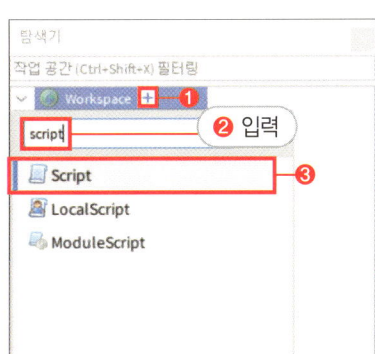

그림 3-2 | 워크스페이스에 스크립트를 추가하는 방법

> **TIP** 화면에 출력 창이 나타나지 않는다면 상단 메뉴의 [보기] 탭 - [출력]을 차례로 클릭하여 표시할 수 있습니다.
>
>

로블록스에서 코드를 저장하는 장소를 '스크립트(Script)'라고 부르며, 그 종류에는 스크립트(Script), 로컬 스크립트(Local Script), 모듈 스크립트(Module Script) 총 3가지가 있습니다. 각 스크립트마다 사용법이 조금씩 다른데 특별한 경우를 제외하고는 스크립트를 사용합니다.

스크립트에 기본으로 print("Hello World!") 코드가 입력되어 있습니다. 의미는 "Hello World!"라는 문자 데이터를 출력하라는 명령입니다. 이때 출력되는 값은 화면 하단의 출력(Output) 창에서 확인할 수 있습니다.

상단 메뉴에서 [플레이]를 클릭하고 출력 창을 확인해 보세요. 아래와 같이 "Hello World!"가 출력되면 성공입니다.

> TIP [스크립트 메뉴] 탭의 [플레이]를 클릭하세요

그림 3-3 | Hello World! 출력하기

변수를 이용하여 기본적인 코드를 작성하고 출력해 보겠습니다. 상단 메뉴에서 [스크립트 메뉴] 탭의 [중지(Stop)]를 클릭하여 게임 테스트 모드에서 빠져나온 뒤 아래 코드와 같이 스크립트를 변경하세요.

> TIP 코드 넷째 줄에 공백(빈 줄)을 준 이유는 보기 좋게 하기 위해서입니다. 반드시 빈 줄을 만들어야 하는 것은 아닙니다.

코드

```lua
local str = "Hello World!"
local num = 12345.6789
local logic = true

print(str)
print(num)
print(logic)
```

입력을 마쳤으면 상단 메뉴에서 [플레이]를 클릭하고 하단 출력 창에서 결과값을 확인합니다.

> **실행 결과**
>
> Hello World!
> 12345.6789
> true

> **잠깐만요** **변수의 이름을 만드는 방법**
>
> 변수를 만들 때는 가독성을 높이기 위해서 이름을 만드는 두 가지 규칙이 있습니다. '파스칼 표기법'과 '카멜 표기법'입니다.
>
> ① **파스칼 표기법(PascalCase)** : 첫 번째 문자를 대문자로 표기합니다. (예: LoopingPart, EndZone)
> ② **카멜 표기법(camelCase)** : 첫 번째 문자를 소문자로 표기합니다. (예: loopingPart, playerHealth)
>
> 이 책에서 파트와 스크립트는 '파스칼 표기법'을 따르고 스크립트 안에 변수명은 '카멜 표기법'을 적용할 것입니다.

1. 연산자(Operator)

연산자(Operator)는 데이터의 값을 계산하는 기호이며, 다양한 연산자가 있습니다. 먼저 사칙연산과 대소 비교 연산자만 살펴보도록 합니다.

❶ **+** : 두 값을 더하는 연산자입니다.
❷ **-** : 두 값을 빼는 연산자입니다.
❸ ***** : 두 값을 곱하는 연산자입니다.
❹ **/** : 두 값을 나누는 연산자입니다. 만약 a/b이면 'a를 b로 나눈다'는 의미입니다.
❺ **==** : '두 값이 같다'는 의미입니다.

코드로 어떻게 쓰이는지 살펴봅시다.

```lua
local a = 1
local b = 2
local c = a+b
local d = 1

print(c)
print(c-3)
print(d == b)
```

출력값은 아래 실행 결과와 같습니다. ==의 경우 양쪽의 값이 같으면 true(참), 다르면 false(거짓)를 출력합니다.

> **실행 결과**
> ```
> 3
> 0
> false
> ```

> **잠깐만요**
>
> **수학과 프로그래밍에서 '같다'를 의미하는 기호**
> 수학에서는 '두 값이 같다'라는 의미를 등호(=) 하나로 표시합니다. 하지만 프로그래밍에서 등호는 변수에 값을 저장(assigned)한다는 의미입니다. 따라서 '같다'는 의미의 다른 기호가 필요하여 등호 2개(==)로 표현하게 되었습니다. 프로그래밍을 처음 배울 때 자주 헷갈리는 표현입니다.

CHAPTER 02 반복문 사용하기

1 반복문 이해하기

컴퓨터는 단순하고 반복적인 일을 지치지 않고 할 수 있습니다. 예를 들어 1부터 1억까지 숫자를 차례로 센다고 생각해 봅시다. 숫자 세기는 매우 쉽지만 끝까지 세야 할 숫자가 커지면 커질수록 사람은 지치고 힘들어서 포기하게 됩니다. 하지만 컴퓨터는 주어진 일을 지치지 않고 묵묵히 수행합니다. 게임도 마찬가지로 똑같은 작업을 계속해서 반복해야 할 때가 있습니다. 이때 지금까지 배운 루아 코딩으로 반복 작업을 할 수 있습니다. 예를 들어 1을 10번 더하는 작업을 한다고 가정하면, a = 0이라고 하고 a = a +1을 10번 입력하면 같은 결과를 얻을 수 있습니다. 만약 동일한 작업을 100번, 1,000번 반복한다고 하면 코드줄이 100줄, 1,000줄이 되겠죠? 그래서 이러한 반복 작업을 단 몇 줄로 간단히 표기하는 '반복문'을 이용할 수 있습니다. 예를 들어 1을 10번 더하는 코드를 반복문 없이 작성한다고 해 봅시다.

코드

```lua
local a = 0
local a = a + 1
local a = a + 1
local a = a + 1
local a = a + 1
local a = a + 1
local a = a + 1
local a = a + 1
local a = a + 1
local a = a + 1
local a = a + 1

print(a)
```

TIP 이 코드를 직접 입력해서 확인해 봐도 되고 눈으로 읽고 넘어가도 됩니다.

실행 결과

```
10
```

1을 10번 더하는 코드에서 a = a + 1이라는 똑같은 코드를 10번 반복하였습니다.

이런 단순한 반복을 100번, 1000번 반복하면 코드의 가독성이 떨어지고 쓸데없이 코드가 길어집니다. 그래서 같은 내용을 원하는 만큼 반복하게 해 주는 프로그래밍 문법이 '반복문' 입니다.

2 for 반복문의 기초

반복문의 가장 기초적인 형태는 for문입니다. 루아의 for문은 아래 그림과 같은 형식을 따릅니다.

```
for 변수 = 초깃값, 최종값, 증감값, do
end
```

for문을 실행하면 먼저 변수에 초깃값을 저장합니다. 그리고 최종값과 같은 값인지 비교합니다. 맨 처음 실행하면 당연히 거짓(false)이기 때문에 반복할 내용을 실행한 후 변수에 증감값을 더합니다. 그리고 다시 최종값과 같은지 비교하고 반복할 내용을 실행합니다. 변수의 값이 최종값과 같아질 때까지 이 과정을 반복합니다. 아래 간단한 코드를 실행해 보면서 결과를 출력해 봅시다.

코드
```
for count = 0, 10, 1 do
    print(count)            --for문 안에서 수행할 일
    wait(1)                 --count 변수의 값을 출력 후 1초 쉼
end
```

TIP 표시된 부분은 4칸 들여쓰기(Space로 4칸 띄어쓰기)를 해야 합니다. 이후 책에서 표시가 없어도 들여쓰기가 된 부분은 4칸을 띄어주세요. 꼭 4칸이 아니어도 되지만 이 책에서는 4칸을 기준으로 하겠습니다.

실행 결과
```
0
1
2
3
4
5
6
```

7
8
9
10

> **잠깐만요**
>
> **주석 처리에 대해 알아보기**
>
> 프로그래밍 언어는 사람이 직관적으로 파악하기가 어렵습니다. 또한 새로 함수를 만들었거나 프로그램 구조가 매우 복잡해지고 여러 사람과 협업을 하게 되면 코드에 설명이 필요한 경우가 있습니다. 이럴 때 사용하는 게 '주석'입니다.
>
> 코드를 실행하다가 주석 처리 기호를 만나면 그 줄은 실행하지 않고(건너뛰고) 실행합니다. 즉, 주석 처리를 하면 프로그램을 구동하는 데 전혀 영향을 미치지 않고 설명 내용을 추가할 수 있습니다. 루아 스크립트는 다음과 같이 주석 처리를 합니다.
>
> ① -- : 코드 맨 앞에 --을 붙이면 주석 처리가 됩니다. 한 줄만 주석 처리할 때 사용합니다.
> ② --[[ ]]-- : 여러 줄을 주석 처리할 때는 --[[와]]-- 사이에 주석 처리할 내용을 넣습니다. 예를 들어 회원 정보를 출력하는 명령에 해당 명령이 출력되는 결과 값의 예제를 넣고 싶으면 아래와 같이 입력하면 됩니다.
>
> **코드**
> ```
> print(customerInfo)
> --[[
> 회원 정보 출력 예시
> 이름 : 루크
> 나이 : 10
> 아이디 : imyourfather
> 부 : 다스베이더
> 모 : 쉬미 스카이워커
> ]]--
> ```

여기까지는 루아 스크립트의 for문에 관해 알아보았습니다. 이제 직접 로블록스 파트에 추가한 스크립트를 이용하여 for문이 실제 어떻게 활용되고 작동하는지 알아봅시다.

1. for 반복문을 활용하여 블록 색상 바꾸기

블록 색상을 for문을 이용해서 반복적으로 바꾸어 보겠습니다.

01 먼저 블록 파트를 배치한 후 탐색기 창에서 파트 이름을 'ColorPart'로 변경합니다.

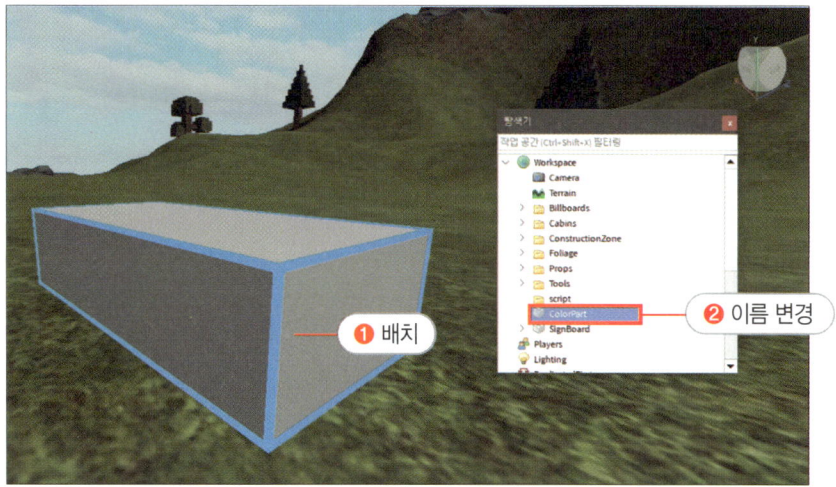

그림 3-4 | 블록 파트를 배치하고 이름 변경

02 블록 파트의 [추가](+) 아이콘을 클릭하고 'Script'를 검색해 스크립트(Script)를 추가합니다.

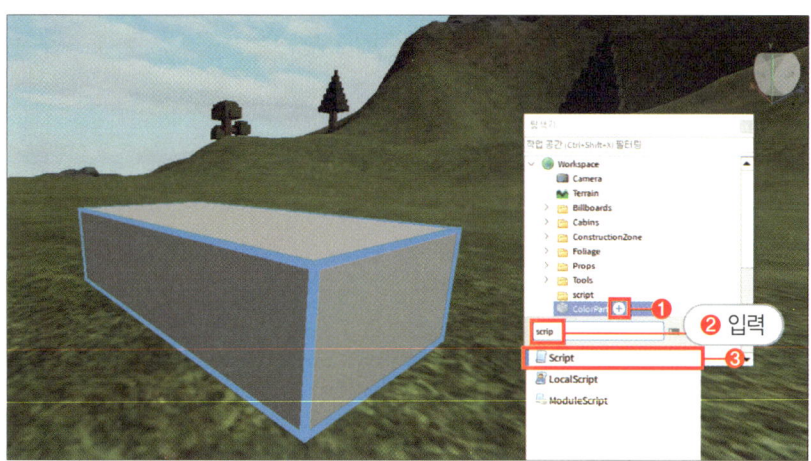

그림 3-5 | 루아 스크립트 추가

03 스크립트를 추가하면 자동으로 스크립트를 입력할 수 있는 화면이 나타납니다. 스크립트의 이름을 변경하기 위해 스크립트를 선택한 후 F2 키를 눌러 'colorChange'를 입력합니다.

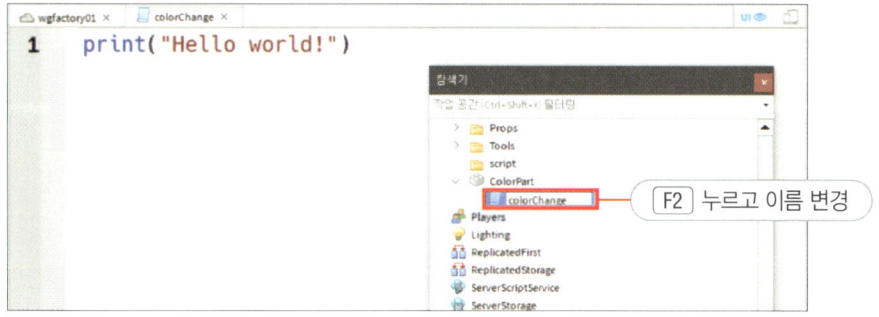

그림 3-6 | 루아 스크립트 입력 화면

04 스크립트를 생성하면 자동으로 나타나는 print("Hello World!")를 지우고 아래와 같이 코드를 입력합니다.

코드 | 파일명: colorChange.lua

```lua
local colorBlock = game.Workspace.ColorPart    --colorBlock 변수에 ColorPart 담기

local red = Color3.fromRGB(255 ,0, 0)          --red 변수에 빨간색 담기
local green = Color3.fromRGB(0, 255, 0)        --green 변수에 초록색 담기
local blue = Color3.fromRGB(0, 0, 255)         --blue 변수에 파란색 담기

for count = 0, 10, 1 do                        --for문 설정, count변수가 0부터 10까지 1씩 증가
    colorBlock.Color = red                     --ColorPart의 색상을 빨간색으로 변경
    wait(1)                                    --1초 쉬기
    colorBlock.Color = green                   --ColorPart의 색상을 초록색으로 변경
    wait(1)                                    --1초 쉬기
    colorBlock.Color = blue                    --ColorPart의 색상을 파란색으로 변경
    wait(1)                                    --1초 쉬기
end
```

TIP 완성 코드는 깃허브에서 볼 수 있으며 자세한 사용법은 8쪽을 참고하세요.

05 아래 그림과 같이 ColorPart의 색이 빨간색, 초록색, 파란색 순서로 자동으로 변경됩니다.

그림 3-7 | 자동으로 색상이 바뀌는 ColorPart

TIP 위 코드에서 가장 첫 번째 줄의 코드를 보면 colorBolock 변수에 game.Workspace.ColorPart를 넣어주었습니다. 이는 colorBlock 변수에 직접 만든 파트인 ColorPart를 찾아서 넣어준 것인데요. 이런 형식으로 파트를 찾는 방법을 '절대 경로'를 사용한 방법이라고 합니다. 절대 경로란 어디서든 항상 경로가 같으며 시작하는 위치는 game으로 동일합니다. 반대로 '상대 경로'는 현재를 중심으로 파트를 찾으므로 현재 내 스크립트 바로 상위를 찾습니다(script. Parent).

2. 불 크기 변경하기

01 for문을 이용해서 불의 크기를 변경하는 방법을 알아보겠습니다. 먼저 63쪽을 참고하여 ColorPart에 불 효과를 추가합니다.

그림 3-8 | 불 효과 추가

02 같은 파트에 두 번째 스크립트를 추가하고 'FireChange'로 이름을 변경한 후 아래의 코드를 입력합니다.

코드 | 파일명: FireChange.lua

```lua
local fire = game.Workspace.ColorPart.Fire  -- fire 변수에 ColorPart의 불 효과 담기

for count = 0, 10, 1 do           --for문 count 변수가 0부터 10까지 1씩 증가
    fire.Size = 30                --불 효과의 크기를 최대 크기(30)로 변경
    fire.Heat = 25                --불 효과의 히트를 최대 크기(25)로 변경
    wait(2)                       --2초 쉬기
    fire.Size = 5                 --불 효과의 크기를 5로 변경
    fire.Heat = 5                 --불 효과의 히트를 5로 변경
    wait(2)                       --2초 쉬기
end
```

> **TIP** Fire의 크기(Size)와 히트(Heat)의 크기를 스튜디오에서 최대 크기로 조정하였습니다.

03 벽돌 색상을 변경하는 구조와 똑같습니다. 다만 ColorPart 아래에 있는 불 효과까지 접근하는 코드가 추가되었을 뿐입니다. 상단 메뉴에서 [플레이]를 클릭해 시험해 보면 자동으로 불의 크기가 변하는 것을 확인할 수 있습니다.

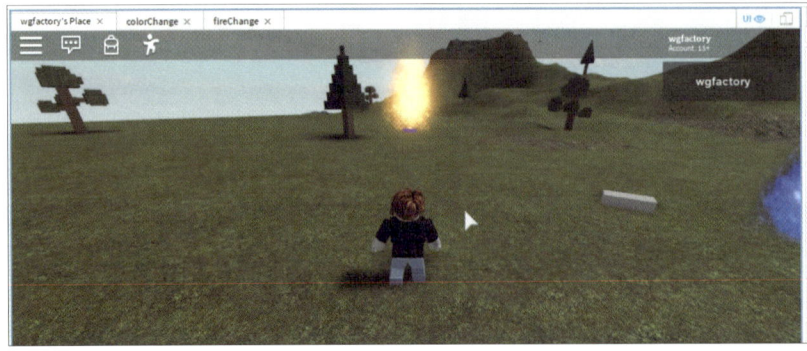

그림 3-9 | 자동으로 크기가 변하는 불

3. 색상을 바꾸고 효과를 합쳐 응용하기

앞서 작성했던 두 스크립트를 탐색기 창에서 선택하고 Delete 키를 눌러 삭제합니다. 위에서 배웠던 내용을 하나의 스크립트로 합쳐 보겠습니다. 불 효과의 크기를 '25', 히트를 '25'로 변경하겠습니다. 새로운 스크립트에서는 벽돌의 색상과 불의 색상을 똑같이 맞추겠습니다. 다시 말해서 ColorPart가 빨간색일 때는 빨간색 불, 초록색일 때는 초록색 불이 타오르게 할 것입니다. 새로운 스크립트의 이름은 'colorFireChange'로 변경합니다.

그림 3-10 | 파트 색상과 같은 색상의 불

이렇게 합쳐진 코드는 아래와 같습니다. 두 개의 코드를 합쳤고, 코드 중간에 불의 크기를 추가한 것이 전부입니다.

코드 | 파일명: colorFireChange.lua

```lua
local colorPart = game.Workspace.ColorPart
local fire = game.Workspace.ColorPart.Fire

local red = Color3.fromRGB(255,0,0)
local green = Color3.fromRGB(0,255,0)
local blue = Color3.fromRGB(0,0,255)

for count = 0, 10, 1 do
    colorPart.Color = red
    fire.Color = red
    fire.Size = 30
    fire.Heat = 25
    wait(1)
    
    colorPart.Color = green
    fire.Color = green
    fire.Size = 25
```

```
        fire.Heat = 20
        wait(1)

        colorPart.Color = blue
        fire.Color = blue
        fire.Size = 5
        fire.Heat = 5
        wait(1)
    end
```

> **TIP** 4칸 들여쓰기에 주의해서 코드를 입력하세요. end가 나오기까지는 모두 들여쓰기가 되어 있어야 합니다.

3 while 반복문의 기초

while문도 반복문의 일종입니다. 하지만 for문과는 다르게 조건이 참(true)일 경우 while문 안에 있는 내용이 무한 반복됩니다. 루아의 while문 형식은 아래와 같습니다.

```
while 조건 do
    반복할 내용
end
```

while문의 조건을 true로 고정하면 무한 반복합니다. while문의 작동은 먼저 조건이 참(true)인지 거짓(false)인지 판별합니다. 이때 조건이 참(true)일 경우 반복할 내용을 한 번 실행합니다. 그리고 다시 조건을 살펴보고 참(true)일 경우 다시 실행하고, 거짓(false)일 경우에는 반복할 내용을 실행하지 않고 while문을 빠져나옵니다.

예제 코드를 실행해 보면서 어떻게 작동하는지 알아봅시다. 먼저 아래 코드를 작성해 봅시다. 로블록스에서는 실습용 파트에 스크립트만 추가합니다.

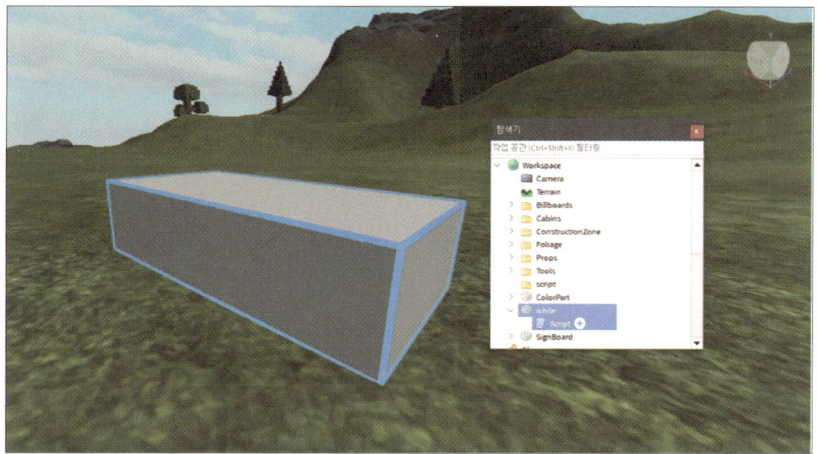

그림 3-11 | 파트와 스크립트 추가

추가한 스크립트에 아래의 코드를 입력합니다.

```lua
local count = 0              --count 변수에 0을 저장

while count < 10 do          --while문 : count 변수가 10보다 작을 때
    print(count)             --count의 현재값 출력
    count = count + 1        --count 변수에 1을 더한 후 다시 count 변수에 저장
end

print("Finally the while is over!!!")
```

실행 결과

```
0
1
2
3
4
5
6
7
8
9
Finally the while is over!!!
```

Part 03 기초 루아 코딩 익히기

만약 위 코드에 조건을 true로 입력하면 어떻게 될까요? 앞에서 설명했듯이 while문은 조건이 참인지 거짓인지 항상 판별합니다. 조건을 참(true)으로 고정하면 명령을 무한 반복합니다. 결국 while문은 계속 실행되며 강제로 멈추기 전까지 절대 빠져 나오지 않습니다. 즉, 마지막 print는 출력되지 않습니다.

코드

```
local count = 0            --count 변수에 0을 저장

while true do              --while문 조건을 true로 고정
    print(count)           --count에 저장된 값 저장
    count = count + 1      --count 변수에 1을 더한 후 다시 count 변수에 저장
end

print("Finally the while is over!!!")
```

실행 결과

```
14593
14594
14595
14596
14597
14598
14599
16:30:52.621 Game script timeout
16:30:52.622 Stack Begin
16:30:52.623 Script 'Workspace.while.Script',Line5
16:30:52.624 Stack End
```

> **잠깐만요** **게임 스크립트 타임아웃(Game script timeout)**
> 로블록스는 내부에 시스템을 보호하기 위해서 이미 타임아웃(timeout) 설정 값을 가지고 있습니다. 만약 스크립트가 실행하다가 설정된 타임아웃의 시간을 넘길 경우에는 시스템을 보호하기 위해 해당 스크립트를 강제 종료하고 "Game script timeout"이라는 오류 메시지를 출력합니다.

1. while 반복문을 활용하여 시간을 설정해서 낮, 밤 설정하기

01 while문을 이용해서 로블록스의 시간을 흐르게 하는 스크립트를 작성해 보겠습니다. 먼저 시간을 담당하는 속성을 알아봅시다. 탐색기 창에서 '조명(Lighting)' 속성을 살펴봅시다.

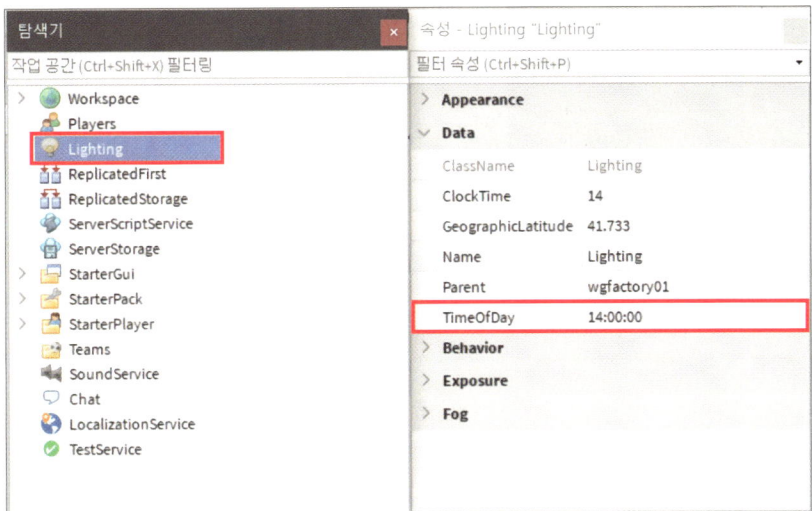

그림 3-12 | '조명' 속성

02 조명(Lighting)의 속성 중 '현재 시간(TimeOfDay)'의 초깃값이 14:00:00임을 알 수 있습니다. 왼쪽부터 시, 분, 초를 의미합니다. 로블록스는 24시간 표시제를 사용하기 때문에 14시면 오후 2시를 나타냅니다.

> **TIP** 템플릿마다 초기 시간이 조금씩 다를 경우도 있습니다. 예를 들어 베이스플레이트 템플릿은 14:00:00인데 평지(Flat Terrain) 템플릿은 15:00:00입니다.

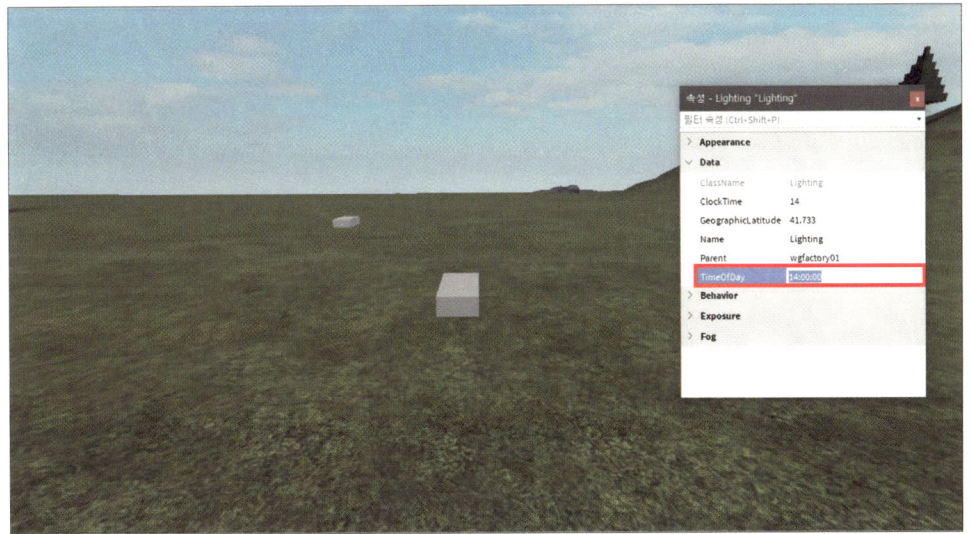

그림 3-13 | '조명' 속성 창에서 '현재 시간(TimeOfDay)' 항목

03 현재 시간의 값을 '23:00:00'으로 변경해 봅시다. 23:00:00은 밤 11시입니다.

그림 3-14 | 현재 시간의 값을 23:00:00으로 변경

04 배경이 밤으로 변했습니다. 이제 while문을 이용해서 자동으로 밤낮이 바뀌는 스크립트를 작성해 보겠습니다. 현재 시간이 몇 시인지 출력해 주는 기능도 추가하겠습니다. 탐색기 창의 워크스페이스(Workspace)의 [추가](+) 아이콘을 클릭하고 개체 검색란에서 [fol]을 입력하여 'Folder'를 클릭해 폴더를 추가합니다. 폴더의 이름은 'script'로 변경합니다. 그리고 script 폴더에서 [추가](+) 아이콘을 클릭하여 루아 스크립트를 추가합니다.

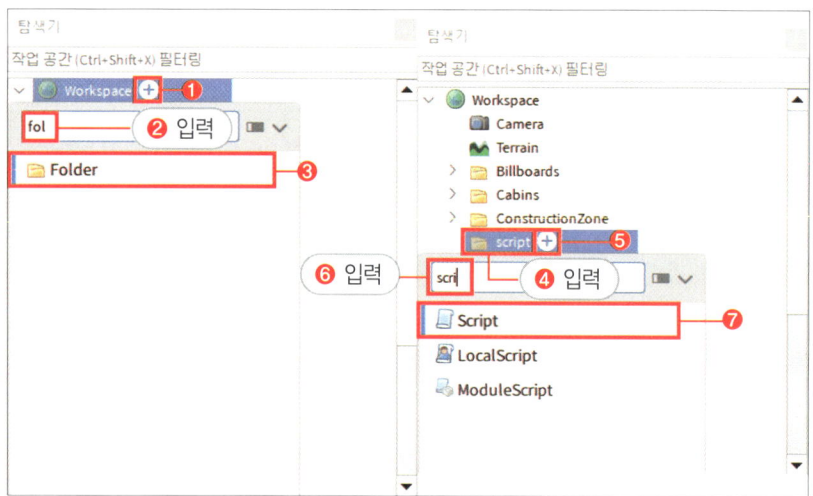

그림 3-15 | 새로운 폴더와 스크립트를 추가한 모습

05 새로 만든 스크립트에 아래 코드를 작성합니다.

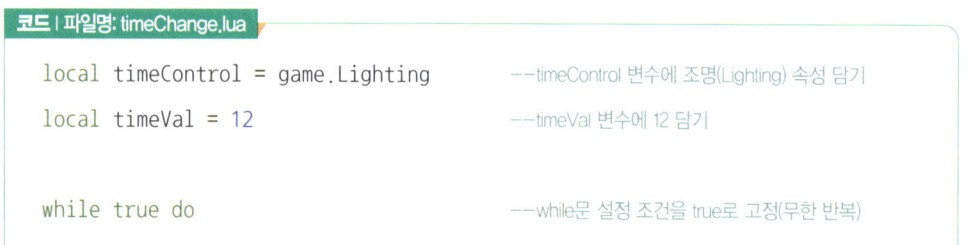

```
            timeControl.ClockTime = timeVal    --조명 속성의 현재 시간의 값을 timeVal 값으로 입력
            print(timeVal)                     --timeVal 값 출력
            wait(2)                            --2초 쉬기
            timeVal = timeVal + 1              --timeVal에 1을 더한 후 timeVal 변수에 저장

            if timeVal == 25 then              --if문 설정, timeVal 값이 25와 같으면 참
                timeVal = 0                    --timeVal 변수에 0을 저장
            end
    end
```

06 코드를 실행하면 낮과 밤이 자동으로 변경됩니다.

그림 3-16 | 낮의 모습

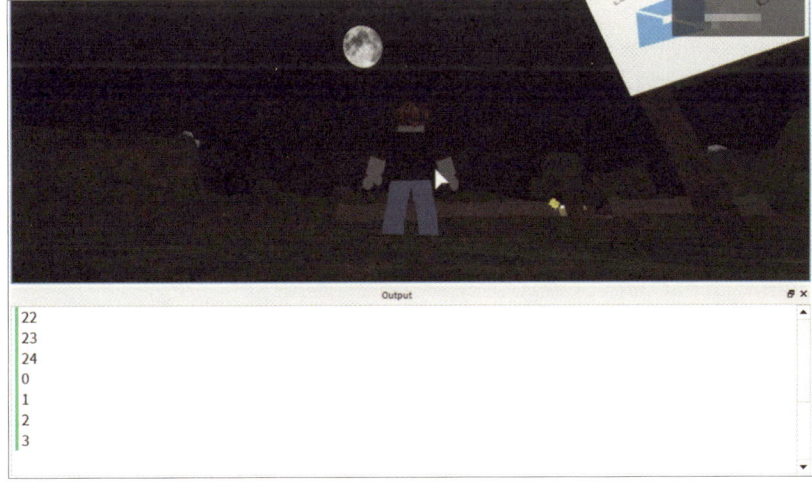

그림 3-17 | 밤의 모습

2. while 반복문을 활용하여 블록 색상 무한 반복하기

블록 파트의 색상을 무한 반복하도록 바꿔 보겠습니다. for문은 정해진 횟수만 반복할 수 있지만 while문을 이용하면 파트의 색상을 계속 변경할 수 있습니다.

01 먼저, 블록 파트를 추가하고 이름을 'ColorPart2'로 변경합니다.

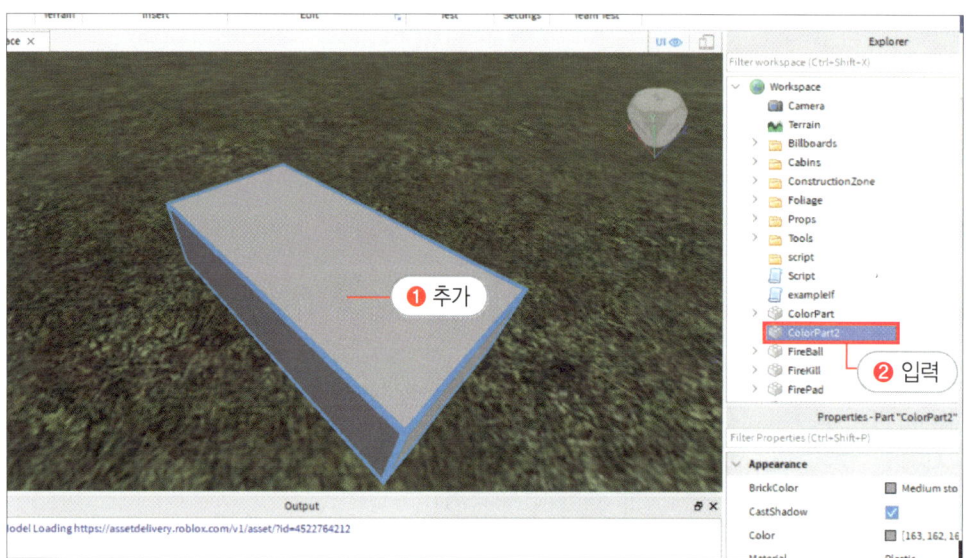

그림 3-18 | 새로 추가한 ColorPart2 블록 파트

02 'ColorPart2'에도 스크립트를 추가하고 이름을 'ColorChange'로 변경합니다.

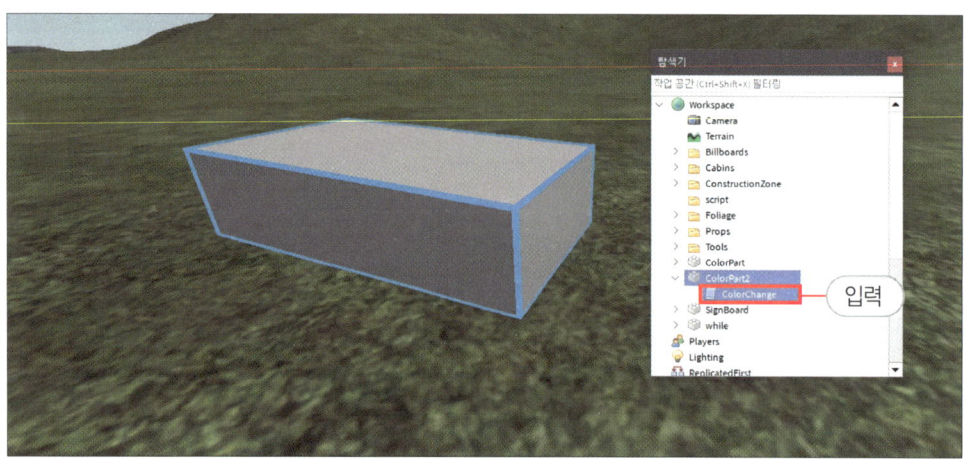

그림 3-19 | ColorPart2에 스크립트 추가

03 스크립트에 아래의 코드를 작성합니다.

코드 | 파일명: ColorChange.lua

```lua
local colorBlock = game.Workspace.ColorPart2    --colorBlock 변수에 ColorPart2 담기

local red = Color3.fromRGB(255,0,0)             --red 변수에 빨간색 담기
```

```lua
local green = Color3.fromRGB(0,255,0)    --green 변수에 초록색 담기
local blue = Color3.fromRGB(0,0,255)     --blue 변수에 파란색 담기

while true do                            --while문 설정 조건은 항상 참(true)/ 무한 반복
    colorBlock.Color = red               --ColorPart2의 색상을 빨간색으로 변경
    wait(1)                              --1초 쉬기
    colorBlock.Color = green             --ColorPart2의 색상을 초록색으로 변경
    wait(1)                              --1초 쉬기
    colorBlock.Color = blue              --ColorPart2의 색상을 파란색으로 변경
    wait(1)                              --1초 쉬기
end
```

04 99쪽에서 작성한 for문의 예제에서 for문을 while문으로 바꾸고, 조건을 참(true)으로 변경한 것 이외에는 코드를 변경하지 않았습니다. for문과 다르게 무한히 색상을 바꾸는 파트를 확인할 수 있습니다.

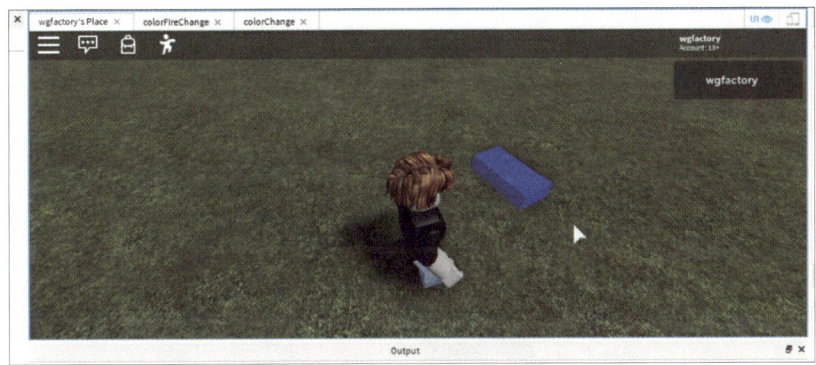

그림 3-20 | while문으로 파트 색상 바꾸기

3. while문을 응용해 신호등 만들기

while문을 이용해서 신호등을 만들어 봅시다.

01 먼저, 기본 파트인 블록 파트와 구형 파트를 이용하여 신호등의 기본적인 형태를 만들어 줍니다. 이때 블록 파트와 구형 파트는 부모-자식 관계로 묶어 줍니다. 블록 파트(부모)는 'SignalLight'로 이름을 바꾸고 구형 파트(자식)는 맨 위에 위치하는 파트부터 차례로 'RedBall', 'OrangeBall', 'GreenBall' 순으로 이름을 변경합니다.

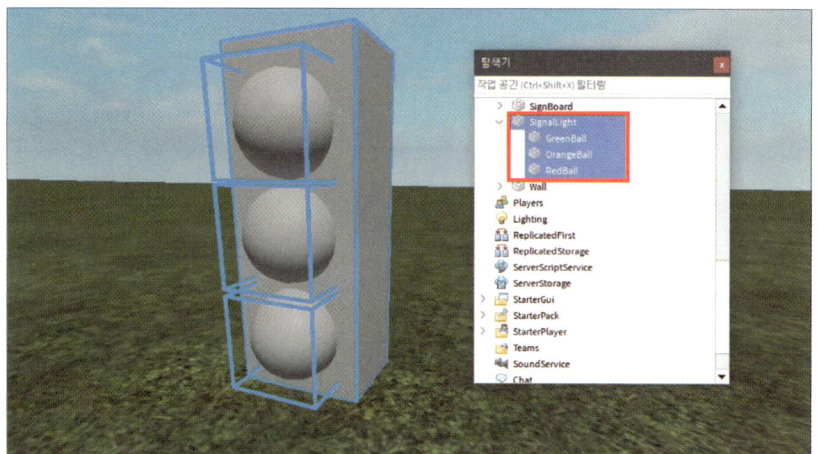

그림 3-21 | 신호등 만들기

> TIP 파트를 부모-자식 관계로 만들기 위해서는 자식(하위) 파트를 부모(상위) 파트로 드래그합니다.

02 기본 모양을 완성했으면 신호등을 구성하는 모든 파트의 속성 창에서 '위치 고정(Anchored)' 항목에 체크 표시하여 위치를 고정시킵니다. 만약 '위치 고정'에 체크 표시를 하지 않으면 메뉴에서 [플레이]를 눌렀을 때 모든 파트가 여기저기 흩어지게 됩니다. 그러므로 반드시 신호등의 모든 파트(블록 파트 1개, 구형 파트 3개)에 전부 적용해야 합니다.

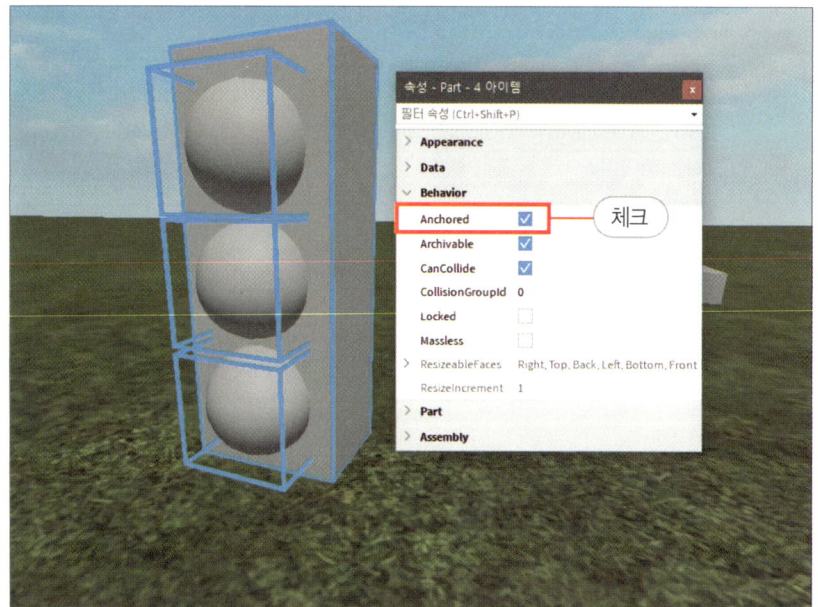

그림 3-22 | 모든 파트의 '위치 고정(Anchored)'에 체크

03 스크립트를 추가하고 이름을 'SignalLight'로 변경한 후 아래의 코드를 입력합니다.

코드 | 파일명: SignalLight.lua

```lua
local redBall = game.Workspace.SignalLight.RedBall   --redBall 변수에 RedBall 파트 담기
--orangeBall 변수에 OrangeBall 파트 담기
local orangeBall = game.Workspace.SignalLight.OrangeBall
```

```lua
--greenBall 변수에 GreenBall 파트 담기
local greenBall = game.Workspace.SignalLight.GreenBall

local offColor = Color3.fromRGB(0,0,0)           --offColor에 검은색 담기

local redBallOn = Color3.fromRGB(255,0,0)        --redBallOn 변수에 빨간색 담기
local orangeBallOn = Color3.fromRGB(255,170,0)   --orangeBallOn 변수에 주황색 담기
local greenBallOn = Color3.fromRGB(0,255,0)      --greenBallOn 변수에 초록색 담기

--while문 설정, 조건은 항상 참(true)/무한 반복
while true do
    redBall.Color = redBallOn         --RedBall 파트 색상을 빨간색으로 변경
    orangeBall.Color = offColor       --OrangeBall 파트 색상을 검은색으로 변경
    greenBall.Color = offColor        --GreenBall 파트 색상을 검은색으로 변경
    wait(5)                           --5초 쉬기

    redBall.Color = offColor          --RedBall 파트 색상을 검은색으로 변경
    orangeBall.Color = orangeBallOn   --OrangeBall 파트 색상을 주황색으로 변경
    wait(2)                           --2초 쉬기

    orangeBall.Color = offColor       --OrangeBall 파트 색상을 검은색으로 변경
    greenBall.Color = greenBallOn     --GreenBall 파트 색상을 초록색으로 변경
    wait(5)                           --5초 쉬기
end
```

그림 3-23 | 자동으로 색상이 변하는 신호등

CHAPTER 03 조건문 사용하기

로블록스 게임에서 조건에 따른 동작이 필요할 때가 있습니다. 예를 들어 빨간 벽돌을 밟으면 속도가 빨라진다거나 가시에 찔리면 캐릭터가 죽는 경우가 그렇습니다. 이럴 때 사용하는 게 바로 if 조건문입니다.

1 if~then 조건문 이해하기

루아의 if문 형식은 총 3가지가 있으며 아래와 같습니다.

가장 기본적인 if문의 형식입니다. 조건이 참(true)인 경우 실행할 내용을 실행하고 동작을 마칩니다. 만약 조건이 거짓일 경우 실행할 내용은 실행되지 않고 if문이 종료됩니다.

```
if 조건 then
    실행할 내용
end
```

두 번째 형식은 조건은 1개이고 실행할 내용이 2개인 경우입니다. 조건이 참(true)인 경우에는 실행할 내용1을 실행하고 거짓(false)인 경우에는 실행할 내용2를 실행합니다.

```
if 조건 then
    실행할 내용1
else
if 조건 then
    실행할 내용2
end
```

마지막 형식은 조건이 2개인 경우입니다. 첫 번째 조건1이 참이면 실행할 내용1을 실행합니다. 그리고 조건1이 거짓이면 조건2로 넘어가 참인지 거짓인지 확인한 후, 참이면 실행할 내용2를 실행하고 거짓이면 if문을 빠져 나옵니다. elseif는 계속해서 추가할 수 있습니다.

```
if 조건1 then
    실행할 내용1
elseif 조건2 then
    실행할 내용2
end
```

2 조건문 사용해서 출력하기

조건문을 사용해 메시지를 출력해 보도록 하겠습니다. 워크스페이스에 스크립트를 추가한 후 이름을 'ExampleIf'로 변경합니다. 그리고 아래의 코드를 입력합니다.

코드

```lua
local color = "red"              --color 변수에 "red" 저장

if color == "red" then           --if문 설정 조건1 – color 변수의 값이 "red"와 같으면 참
    print("Color is Red")        --조건1이 참이면 "Color is Red" 출력
elseif color == "blue" then      --elseif문 설정 조건2 – color 변수의 값이 "blue"와 같으면 참
    print("Color is Blue")       --조건2가 참이면 "Color is Blue" 출력
else
    print("Is Not Color!!")      --조건1과 조건2가 모두 거짓이면 "Is Not Color!!" 출력
end
```

실행 결과

```
Color Is Red
```

여기서 color 변수의 값을 "blue"로 변경하고 실행하면 어떻게 될까요?

```
local color = "blue"

if color == "red" then
    print("Color is Red")
elseif color == "blue" then
    print("Color is Blue")
else
    print("Is Not Color!!")
end
```

먼저 if문 첫 번째 조건을 살펴봅니다. color의 값이 더 이상 "red"가 아니기 때문에 두 번째 조건을 확인합니다. 다행히 두 번째 조건이 "blue"이기 때문에 참이 되고 두 번째 실행할 내용을 실행합니다.

실행 결과

```
Color Is Blue
```

이번에는 color 변수의 값을 "Charge Blade"로 변경해 봅시다.

```
local color = "Charge Blade"

if color == "red" then
    print("Color is Red")
elseif color == "blue" then
    print("Color is Blue")
else
    print("Is Not Color!!")
end
```

제일 먼저 첫 번째 조건을 확인합니다. "red"가 아니기 때문에 첫 번째 조건은 거짓이고 두 번째 조건을 확인합니다. 역시 color의 값이 "blue"가 아니기 때문에 두 번째 조건도 역시 거짓입니다. 조건1, 2가 전부 거짓이기 때문에 자동적으로 else 아래의 실행할 내용3을 실행하게 됩니다.

> 실행 결과
>
> Is Not Color!!

3 시간에 따라 조명 켜기

이번 예제는 while문에서 배웠던 시간 바꾸기를 응용하여 블록 파트에 조명 효과를 적용해 보겠습니다. 블록 파트를 추가하고 파트의 이름을 'ShiningBrick'으로 변경합니다. 'ShiningBrick'에 스크립트를 추가하고 스크립트의 이름을 'BrickSwitch'로 변경합니다.

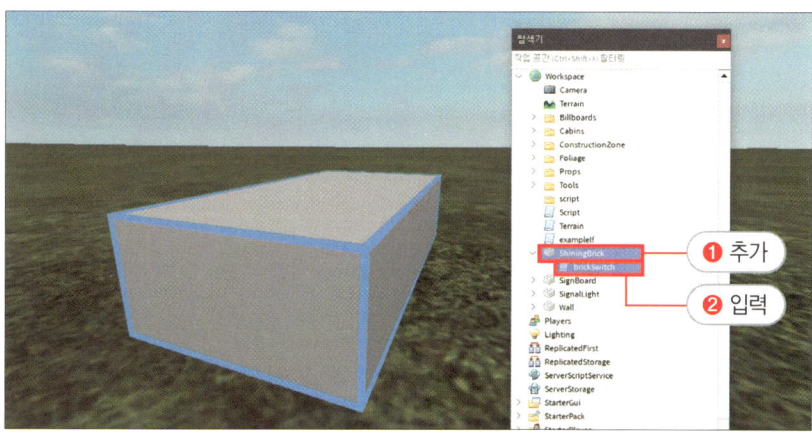

그림 3-24 | ShiningBrick 파트와 BrickSwitch 스크립트를 추가

이제 스크립트에 아래의 코드를 입력합니다.

코드 | 파일명: BrickSwitch.lua

```lua
local timeControl = game.Lighting        --timeControl 변수에 조명(Lighting) 속성 담기
local timeVal = 12                       --timeVal 변수에 12 담기


local brick = game.Workspace.ShiningBrick --brick 변수에 ShiningBrick 파트 담기

while true do                            --while문 조건을 참(true)으로 고정, 무한 반복
    timeControl.ClockTime = timeVal      --현재 시간을 timeVal 값으로 변경
    print(timeVal)                       --imeVal에 저장된 값 출력
    wait(2)                              --2초 쉬기
    
    if timeVal == 25 then                --if문 설정 조건 - timeVal이 25와 같으면 참
        timeVal = 0                      --조건이 참이면 timeVal의 값을 0으로 변경
    end
```

```
        if timeVal > 18 then               --if문 설정 조건1 - timeVal이 18보다 크면 참
            brick.Material = "Neon"        --조건1이 참이면 ShiningPart의 재질(Material)을 네온(Neon)으로 변경
        elseif timeVal < 7 then            --elseif문 설정 조건2 - timeVal이 7보다 작으면 참
            brick.Material = "Neon"        --조건2가 참이면 ShiningPart의 재질(Material)을 네온(Neon)으로 변경
        else
            --조건1과 조건2가 모두 거짓이면 ShiningPart의 재질(Material)을 플라스틱(Plastic)으로 변경
            brick.Material = "Plastic"
        end

        timeVal = timeVal + 1              --timeVal 값에 1을 더한 후 timeVal 변수에 저장
    end
```

위에서 입력한 코드를 간단하게 설명하면, timeVal이 18이 넘을 때 즉, 오후 6시가 지나면 불이 켜지고, 오전 7시가 되면 자동으로 불이 꺼집니다.

그림 3-25 | 밤이 되어 ShiningBrick의 조명 효과가 켜진 모습

그림 3-26 | 아침이 되어 ShiningBrick의 조명 효과가 꺼진 모습

CHAPTER 04 함수 사용하기

함수란 어떤 특정한 작업을 하나로 묶는 개념입니다. 만약 두 값을 입력받아 더한 값을 출력하는 '더하기' 함수가 있다고 합시다. 이때 입력값을 함수에 집어넣고 함수를 실행하면 함수 내부에서 입력값이 계산이 되어 두 값을 합한 값을 출력값으로 내보냅니다. 함수를 이용하지 않고 앞에서 배운 for문, if문, while문을 잘 활용하여도 게임을 제작할 수 있지만 만약 똑같은 기능을 여러 군데 사용하려면 그때마다 같은 내용을 코딩해야 합니다. 이럴 때 함수를 만들어 두면 같은 기능을 여러 군데에서 사용할 수 있습니다.

1 함수 정의하기

로블록스에서는 루아를 사용하기 때문에 루아에서 함수를 어떻게 만드는지 알아봅시다. 루아에서 함수를 만드는 형식은 다음과 같습니다.

```
function 함수 이름(변수1, 변수2, …)
    함수 내용
end
```

여기서 변수1과 변수2는 함수 내부에서만 사용합니다. 변수는 필요한 만큼 추가해서 사용할 수 있으며 필요가 없다면 빈 괄호로 남겨 두어도 됩니다. 입력한 변수까지의 합을 구하는 함수를 만들면서 함수에 대해서 알아보겠습니다. 먼저 워크스페이스(Workspace)에 스크립트를 추가하고 이름을 'fun(function[함수]의 앞 3글자)'으로 변경한 후 아래 코드를 입력해 봅시다.

코드
```lua
local endVal = 10           --endVal 변수에 10 담기
local add                   --add 변수 선언
local function sum(num)     --sum 함수 만들기
    add = 0                 --add 변수에 0 저장
```

```
        for count = 0, num, 1 do      --for문 설정 count 변수를 0부터 num까지 1씩 증가
            add = add + count         --add 값에 count 값을 더하고 add 변수에 저장
        end
        return add                    --계산을 마친 add 값을 반환(return)
    end
    
    print(sum(endVal))                --endVal(=10) 값을 이용하여 sum 함수 실행
```

실행 결과

```
55
```

sum 함수의 num 자리에 직접 숫자를 넣으면 어떻게 될까요? 마지막 줄에서 endVal이라는 변수 대신 직접 100을 넣어서 확인해 봅시다.

코드

```
local function sum(num)
    local add = 0
    for count = 0, num, 1 do
        add = add + count
    end
    return add
end

print(sum(100))         --endVal 변수 대신 100을 입력
```

위 코드를 실행하면 5050이라는 결과값이 나옵니다.

실행 결과

```
5050
```

직접 숫자를 입력해도 결과값이 정상적으로 나오게 됩니다. 즉, 함수를 사용할 때 미리 만들어 둔 변수를 사용해도 되고 직접 숫자를 넣어도 됩니다. 이번에는 100을 "안녕하세요?"로 바꾸어 봅시다.

코드

```
local function sum(num)
    local add = 0
    for count = 0, num, 1 do
        add = add + count
    end
    return add
end

print(sum("안녕하세요?"))        --100을 "안녕하세요?"로 바꿔 입력
```

실행 결과

```
14:47:16.439 - Stack Begin
14:47:16.445 - Script 'Workspace.Script', Line 5 - local sum
14:47:16.447 - Script 'Workspace.Script', Line 11
14:47:16.448 - Stack End
```

오류가 났습니다. 함수에 사용된 변수가 숫자 형식만 계산하기 때문에 오류 메시지가 나오면서 실행되지 않았습니다. 그러므로 함수를 만들 때는 어떤 데이터 형식을 사용해서 만들어야 하는지 잘 생각하고 사용해야 합니다.

2 함수를 활용하여 숨겨진 다리가 보이게 하기

다음 예제에서 함수를 활용하여 숨겨진 다리가 보이는 기능을 만들어 보겠습니다. 우선 예제를 실습하기 위해 알맞은 지형을 만들어야 합니다. 지형 만들기에 대한 내용은 **PART 04**의 Chapter 01 '지형 만들기'에서 배울 예정이므로 이번에는 자동으로 지형을 만들어 주는 기능을 활용해서 만들어 보겠습니다.

01 먼저 베이스플레이트(Baseplate) 템플릿을 사용하여 빈 땅을 만듭니다. 로블록스 스튜디오 상단 메뉴에서 [홈] 탭-[지형]의 [편집기(Terrain Editor)]를 클릭하여 지형 편집기 창이 보이게 합니다.

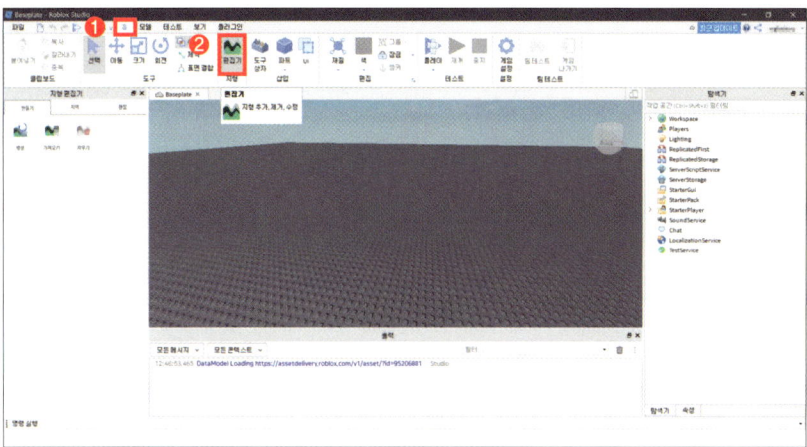

그림 3-27 | 베이스플레이트 환경과 지형 편집기

TIP 지형 편집기에 대한 자세한 속성은 Part04의 Chapter01에서 자세히 설명합니다.

02 지형 편집기 창의 [만들기] 탭에서 [생성(Generate)]을 클릭하면 여러 가지 옵션이 나옵니다. 여기서는 '재질 설정' 항목에서 물(Water), 평야(Plains), 모래 언덕(Dunes), 언덕(Hills), 협곡(Canyons) 정도만 체크하겠습니다. 선택을 마쳤으면 맨 아래에 있는 [생성(Generate)] 버튼을 클릭하세요.

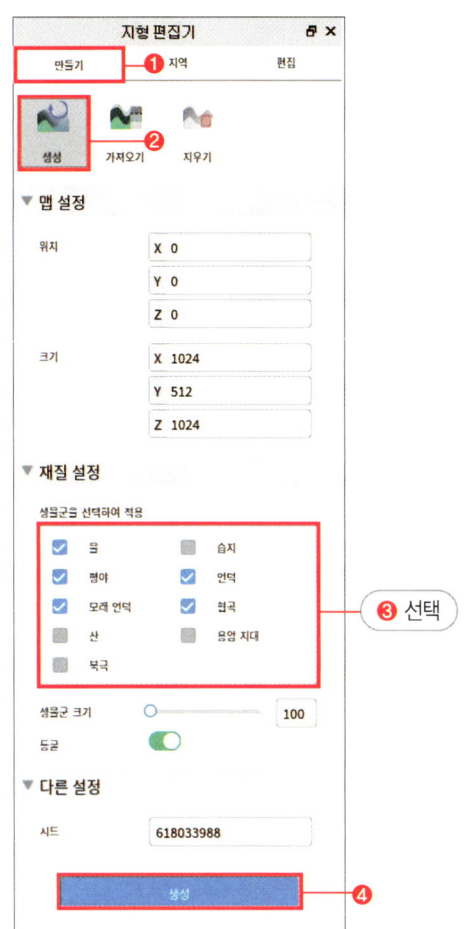

그림 3-28 | 재질 설정(Material Settings)에 필요한 지형 효과 선택

03 앞서 선택한 대로 지형이 자동으로 생성됩니다.

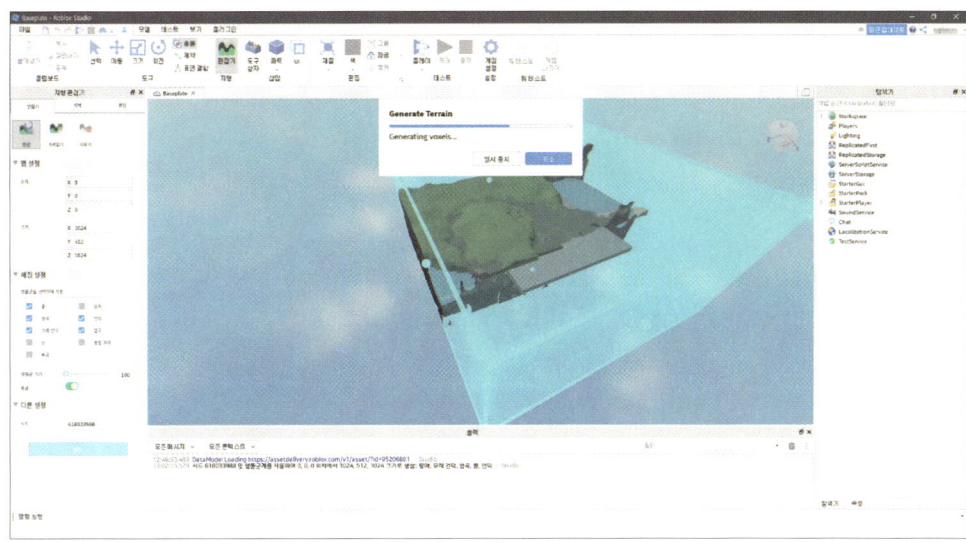

그림 3-29 | 지형 자동 생성

그림 3-30 | 완성된 지형

04 첫 번째로 만든 지형에 다리를 추가할 적당한 위치가 눈에 잘 보이지 않습니다. 다리를 만들려면 서로 떨어진 육지 지형이 있으면 됩니다. 만들어진 지형이 마음에 들지 않으면 지형 편집기 창의 [만들기] 탭의 [지우기(Clear)]를 클릭해 만들어진 지형을 전부 지우고 가로/세로 크기도 변경하면서 원하는 지형이 나올 때까지 만들고 지우기를 반복하면 됩니다. 가로/세로 크기(X값, Z값)는 1024인데 두 값을 전부 '2028'로 변경하고 다시 만들어 봅니다.

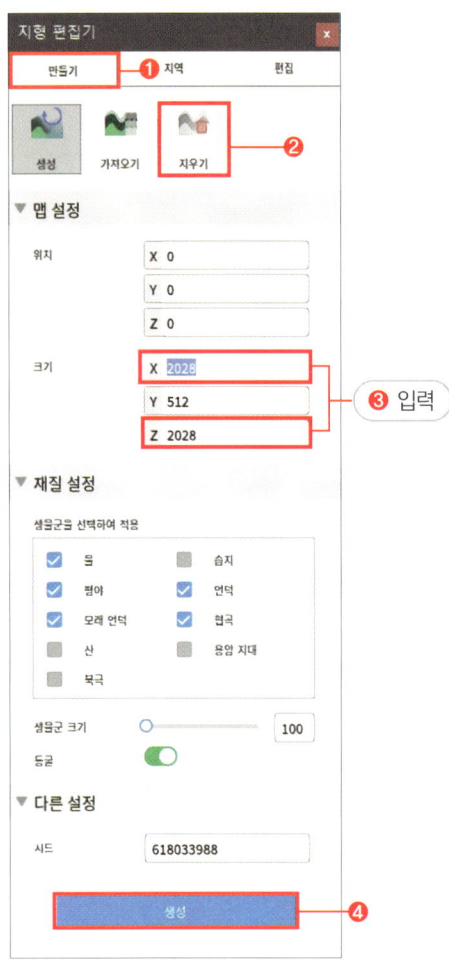

그림 3-31 | 만들어질 지형의 X와 Z값을 조정

05 이렇게 몇 차례 반복하면 원하는 조건의 지형이 나옵니다.

그림 3-32 | 새롭게 만들어진 지형

TIP 생성(Generator)은 무작위로 지형을 만들기 때문에 예제의 지형과 정확하게 일치하지 않습니다. 이 책에서도 2~3번의 시도 끝에 다리를 놓을 조건이 있는 지형을 얻었습니다.

06 이렇게 만들어진 지형에 블록 파트 2개와 스폰로케이션(SpawnLocation)을 워크스페이스(Workspace)에 추가합니다. 이때 블록 파트 하나의 이름을 'Bridge'로 변경하고 크기 명령으로 크기를 조정하여 다리처럼 만들어 줍니다. 나머지 블록 파트는 이름을 'Trigger'로 변경합니다.

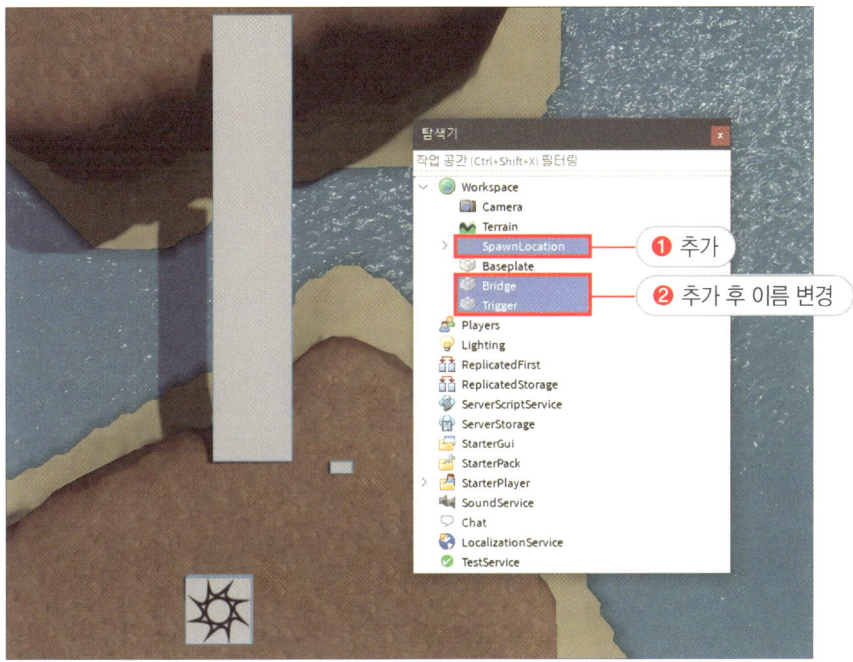

그림 3-33 | Bridge와 Trigger 파트 배치

07 배치된 Bridge와 Trigger의 속성 창에서 '위치 고정(Anchored)' 항목에 체크하여 위치를 고정시켜 주겠습니다. 먼저 Bridge 파트의 '충돌 가능(CanCollide)' 항목의 체크를 클릭해 해제합니다. 그리고 '투명도(Transparency)'의 값을 '1'로 변경합니다.

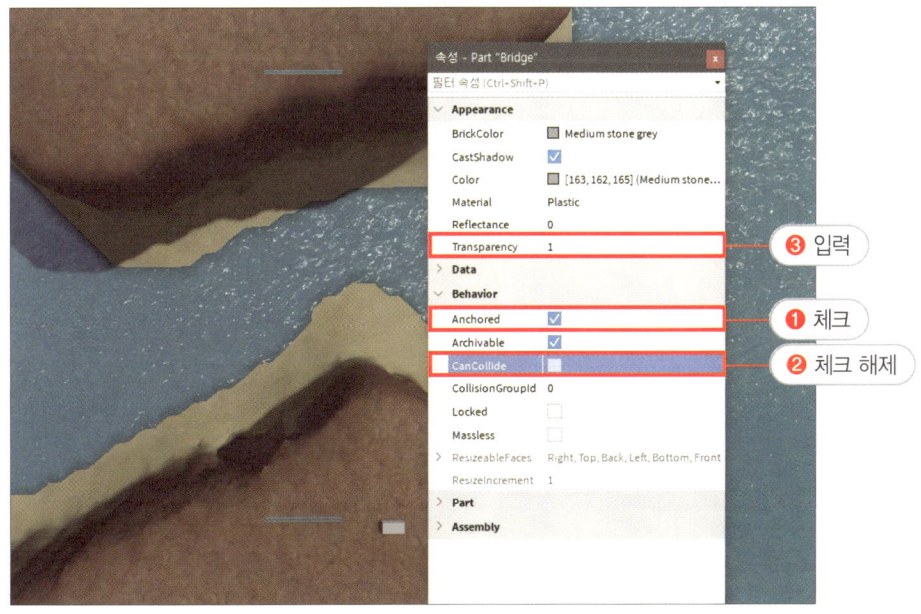

그림 3-34 | Bridge 파트 속성 변경

08 이제 Trigger 파트에 스크립트를 추가하고 이름을 'TriggerScript'로 변경합니다.

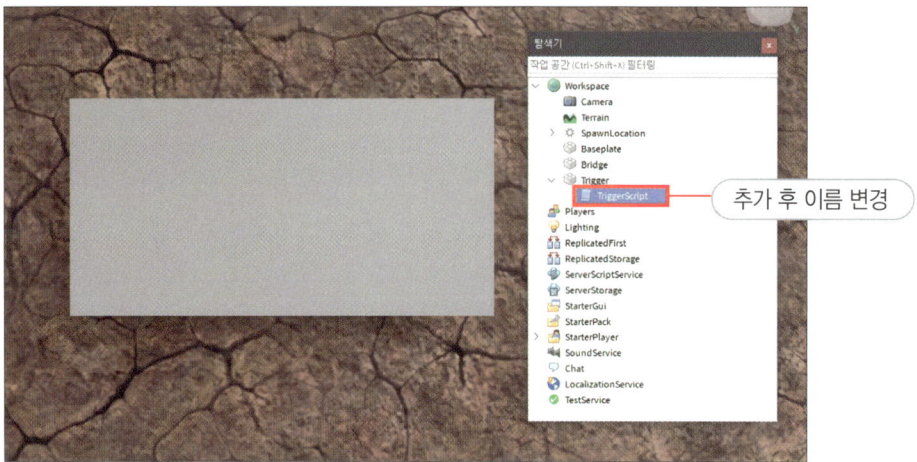

그림 3-35 | Trigger 파트에 스크립트 추가

09 추가된 스크립트에 아래의 코드를 입력합니다.

코드 | 파일명: TriggerScript.lua

```lua
local trigger = script.Parent              --trigger 변수에 Trigger 파트 담기
local bridge = game.Workspace.Bridge       --bridge변수에 Bridge 파트 담기

local onColor = Color3.fromRGB(0,255,0)    --onColor에 초록색 담기
local offColor = Color3.fromRGB(255,0,0)   --offColor에 빨간색 담기

trigger.Color = offColor                   --Trigger 파트의 색상을 초록색으로 변경

local function showBridge()                --showBridge 함수 만들기
    trigger.Color = onColor                --Trigger 파트의 색상을 초록색으로 변경
    bridge.CanCollide = true               --Bridge 파트의 충돌 가능 켜기
    bridge.Transparency = 0.8              --Bridge 파트의 투명도를 0.8로 변경
    wait(5)                                --5초 기다리기

    trigger.Color = offColor               --Trigger 파트의 색상을 빨간색으로 변경
    bridge.CanCollide = false              --Bridge 파트의 충돌 가능 끄기
    bridge.Transparency = 1                --Bridge 파트의 투명도를 1로 변경
end

--Trigger 파트에 무언가 닿으면(Touched) showBridge 함수 실행
trigger.Touched:Connect(showBridge)
```

10 위의 코드를 간단히 설명하면, showBridge 함수는 Trigger 파트에 스위치 기능을 구현한 코드입니다. 스위치가 켜지면 Trigger 파트의 색상과 Bridge 파트의 상태를 바꾸고 5초간 기다린 뒤 다시 꺼집니다. 캐릭터로 Trigger 파트를 밟아 Bridge 파트를 켜고 5초 안에 건너편으로 지나가야 합니다.

그림 3-36 | Bridge 파트가 켜진 모습

그림 3-37 | Bridge 파트가 꺼진 모습

CHAPTER 05 배열 이해하기

배열(Array)은 여러 데이터를 한꺼번에 담을 수 있는 주머니라고 생각하면 이해하기 쉽습니다. 구조는 그림과 같습니다. 하나의 주머니에 여러 가지의 데이터를 저장하고 필요할 때 데이터를 꺼내 사용하면 됩니다.

배열

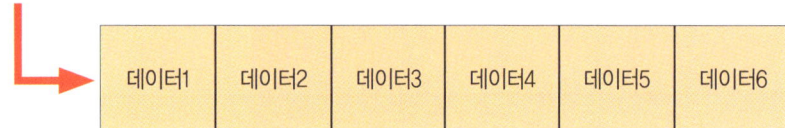

> **잠깐만요** **루아의 데이터 구조 테이블**
>
> 엄밀하게 이야기하면 루아에서 여러 데이터를 한군데 묶어주는 데이터 구조는 테이블 구조가 유일합니다. 다른 프로그래밍 언어는 배열, 튜플, 딕셔너리 등 그 쓰임과 사용 용도에 따라 나뉩니다. 하지만 루아에서는 테이블 구조만 사용하고 응용합니다.
>
> 루아의 테이블에는 아래와 같은 특성이 있습니다.
>
> ① 테이블은 키(key)와 값(value) 한 쌍을 갖고 있습니다.
> ② 테이블을 만들 때 키(key)는 생략할 수 있으며 이때 키(key)는 순차적으로 1부터 시작합니다.
>
> 아래 코드를 통해 다시 설명하겠습니다.
>
> **코드**
> ```lua
> local a = {"첫 번째", 2, true}  --비어 있는 테이블 만들기
>
> for k, v in pairs(a) do          --테이블의 키와 값을 한 쌍씩 묶어서 출력하기
>     print(k, v)
> end
> ```
>
> **실행 결과**
> ```
> 1    첫 번째
> 2    2
> 3    true
> ```

코드 결과에서 앞에 나온 값이 키(key)입니다. a라는 테이블을 만들 때 따로 키(key)값을 지정하지 않았지만 자동으로 1부터 시작하여 순차적으로 키가 지정되었습니다.

이제 키를 지정하여 새로운 테이블을 만들어 봅시다. 키(key)를 지정하는 방법은 여러 가지지만 제일 쉬운 방법은 Table[key] = value입니다. 다음 코드를 통해 알아봅시다.

코드

```lua
local a = { ["이름"] = "마이클 버넘", ["소속"] = "스타플릿", ["동생"] = "스팍", ["싫어하는 것"] = "클링온"}    --a 테이블 만들기

--a 테이블의 키가 입력된 key 테이블 만들기
local key = {"이름", "소속", "동생", "싫어하는 것"}

--key 테이블을 이용해서 a 테이블 출력하기. i는 1부터 key 테이블의 크기까지 1씩 증가
for i=1, #key do
    print(key[i], a[key[i]])
end
```

실행 결과

```
이름            마이클 버넘
소속            스타플릿
동생            스팍
싫어하는 것      클링온
```

실행 결과를 살펴보면 a라는 테이블에 키(key)와 값(value)을 한 쌍씩 저장하였습니다. 그리고 for문을 살펴보면 키(key)를 이용하여 해당 키(key)에 대응되는 값(value)이 출력되는 것을 알 수 있습니다.

루아의 테이블 구조를 더 깊게 설명하면 너무 어렵기 때문에 이 정도로 줄이겠습니다. 이후 본문의 설명은 루아 테이블에서 배열의 속성에 중점을 두고 설명하였습니다. 루아 테이블에 대해 조금 더 알아보고 싶다면 루아 공식 문서(https://www.lua.org/pil/2.5.html)에 자세히 설명되어 있으니 참고하세요. 하지만 프로그래밍 언어의 개념도 어려운데 모든 문서가 영어로 되어 있어 이해하기 매우 어렵습니다. 구글에서 한글로 '루아 테이블'을 검색해도 한글로 설명한 자료가 있으니 모를 땐 검색을 자주 이용하세요!

TIP 루아 테이블에서 키가 숫자가 아니면 입력한 순서대로 정렬이 되지 않습니다. 따라서 a 테이블만 사용하여 출력하면 입력한 순서대로 출력이 되지 않기 때문에 2개의 테이블을 사용하였습니다.

배열을 사용하는 큰 장점이 있습니다. 예를 들어 여러 나라의 인사말을 출력하는 코드를 만든다고 가정해 봅시다. 이럴 때 배열을 사용하지 않으면 미리 여러 나라 변수를 만들고 그 변수를 각각 다시 출력해야 합니다.

코드

```
local korGreeting = "안녕하세요! "
local engGreeting = "Hello"
local gerGreeting = "Guten Tag!"
local espGreeting = " i Hola!"
local chiGreeting = "你好!"
local japGreeting = "おはようございます!"

print(korGreeting)
print(engGreeting)
print(gerGreeting)
print(espGreeting)
print(chiGreeting)
print(japGreeting)
```

배열을 사용하지 않으면 위의 코드처럼 여러 나라의 인사말을 하나씩 변수로 만들어서 사용해야 합니다. 이렇게 하면 코드의 가독성이 떨어지고 똑같은 코드를 의미 없이 반복해서 사용해야 합니다.

실행 결과

```
안녕하세요!
Hello
Guten Tag!
 i Hola!
你好!
おはようございます!
```

이제 똑같은 내용을 배열을 사용해서 출력해 봅시다. 아래 예제 코드의 자세한 설명은 다음의 배열의 기초에서 다룰 예정입니다. 인사말 출력을 배열을 이용하여 구현해 보겠습니다. 코드는 아래와 같습니다. 변수만 사용한 것보다 코드가 훨씬 깔끔해졌습니다.

코드

```
local greeting = {"안녕하세요!", "Hello", "Guten Tag!", " i Hola!", "你好!",
"おはようございます!"}

for i=1, #greeting do
print("greeting["..i.."]="..greeting[i])
```

TIP 루아에서 배열과 for 반복문을 같이 사용할 때 배열 앞에 #을 붙이는 이유는 배열의 크기를 얻기 위해서입니다. #greeting을 print문에 출력해보면 배열의 전체 크기가 반환됩니다.

```
        end
```

실행 결과
```
greeting[1] = 안녕하세요!
greeting[2] = Hello
greeting[3] = Guten Tag!
greeting[4] = ¡Hola!
greeting[5] = 你好!
greeting[6] = おはようございます!
```

1 배열의 기초

루아뿐만 아니라 다른 프로그래밍 언어에서도 배열을 사용하며 개념도 똑같습니다. 배열을 선언하는 방법은 아래와 같습니다.

　　　　배열 이름 = {데이터1, 데이터2, 데이터3,…}

배열은 '인덱스(index)'라는 개념이 있습니다. 배열의 여러 데이터 중에서 원하는 데이터를 사용하기 위한 개념입니다. 데이터1의 인덱스는 1이며 데이터2의 인덱스는 2입니다. 데이터의 자리가 오른쪽으로 갈수록 1씩 증가합니다. 예를 들어 두 번째 데이터를 선택해서 사용하고 싶으면 대괄호 안에 2를 써주면 됩니다.

　　　　배열 이름[2] == 데이터2

위 두 가지 사항을 그림으로 다시 표현하면 아래와 같습니다.

　　　　　　　　　　인덱스=1　　인덱스=2　　인덱스=3
　　　　배열 이름 = {데이터1, 데이터2, 데이터3,…}

> **잠깐만요 — 루아의 배열 인덱스 시작 번호**
>
> 루아 배열의 인덱스 시작 번호는 1입니다. 하지만 거의 대부분의 다른 프로그램 언어의 인덱스 시작 번호는 0부터 시작합니다. 루아로 코딩을 하다가 다른 언어로 코딩을 할 때 이점에 주의하세요.

2 배열과 for문을 함께 사용하기

보통 배열은 for문과 같이 사용합니다. 위의 인사말 예제를 다시 한번 살펴봅시다.

코드
```lua
local greeting = {"안녕하세요!", "Hello", "Guten Tag!", " i Hola!", "你好!", "おはようございます!"}      --greeting 변수에 인사말 배열 만들기

for i=1, #greeting do        --for문 설정 i변수가 1부터 greeting 배열의 크기까지 1씩 증가
    print("greeting["..i.."]="..greeting[i])     --greeing 배열의 i번째 원소 출력
end
```

위 코드는 for문을 사용하여 루아 배열의 인덱스(index) 값으로 배열에 저장된 인사말을 출력하는 코드입니다.

i=1
  greeting[1] 출력
  ("안녕하세요!")
  i 1증가 => i=2

i=2
  greeting[2] 출력
  ("Hello!")
  i 1증가 => i=3

i=3
  greeting[3] 출력
  ("Guten Tag!")
  i 1증가 => i=4

i=4
  greeting[4] 출력
  ("jHola!")
  i 1증가 => i=5

i=5
  greeting[5] 출력
  ("你好!")
  i 1증가 => i=6

i=6
  greeting[6] 출력
  ("おはようございます")
  for문 종료

3 숨겨진 계단 차례대로 보여주기

앞서 설명한 함수 예제에서 한 가지 기능을 추가하겠습니다. 우선 워크스페이스에 '폴더(Folder)'를 추가한 후 'Stair'로 이름을 변경합니다. 그리고 블록 파트를 이용하여 계단과 스위치를 만들어 줍니다. 계단 맨 위에는 123쪽에서 만든 Trigger 파트를 올려 둡니다. 배치

가 끝나면 새로 추가된 계단 파트의 이름을 'Stair_1, Stair_2, Stair_3…'과 같이 차례대로 변경하고 스위치 파트는 'Switch'로 이름을 변경합니다. 이때 맨 밑에 있는 Stair 파트가 1번, 두 번째 Stair 파트가 2번과 같은 식으로 번호를 매깁니다.

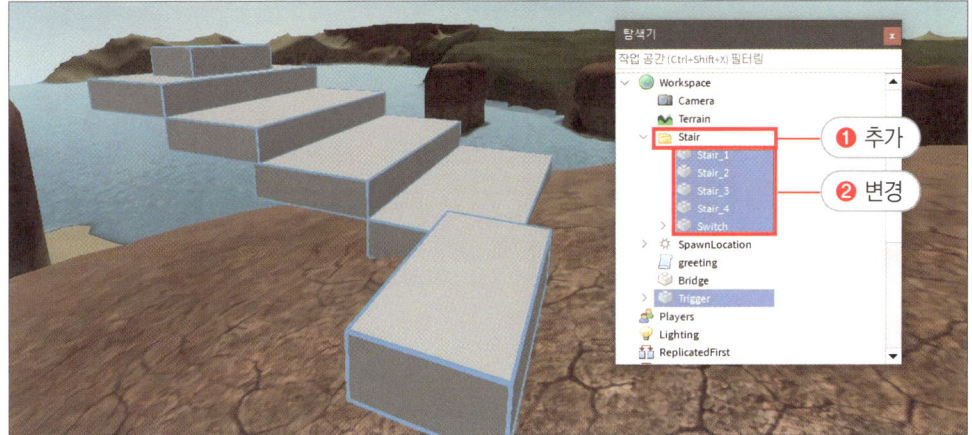

그림 3-38 | 계단 배치 모습

Stair 파트를 모두 선택한 후 속성 창에서 '고정(Anchored)'에 체크 표시를 한 뒤 '충돌 가능(CanCollide)' 항목의 체크 표시를 해제하고 '투명도(Transparency)'는 '1'로 변경합니다. 이렇게 하면 게임이 시작할 때 계단은 눈에 보이지 않고 캐릭터와 충돌도 하지 않습니다.

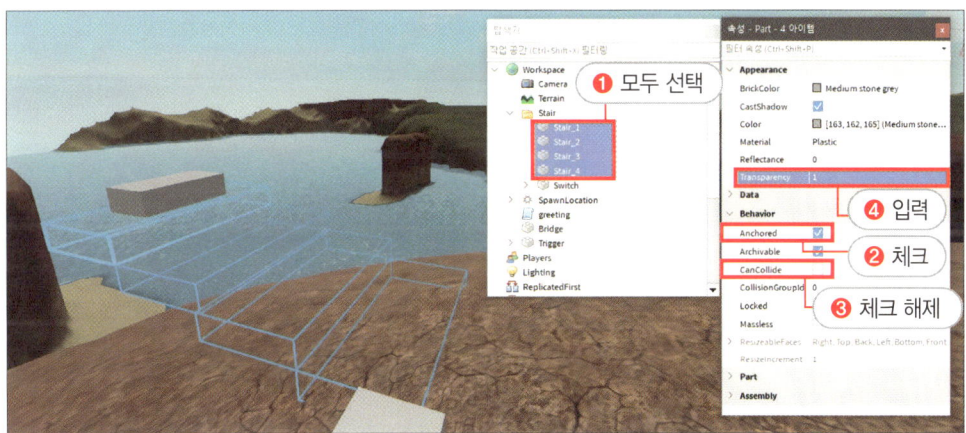

그림 3-39 | 계단을 투명하게 만든 모습

Switch 파트에 스크립트를 추가한 후 'StairSwitch'로 이름을 변경하고 아래의 코드를 입력합니다.

코드 | 파일명: StairSwitch.lua

```lua
local switchStair = script.Parent          --switchStair 변수에 Switch 파트 담기

local onColor = Color3.fromRGB(0,255,255)  --onColor에 청록색 담기
local offColor = Color3.fromRGB(255,255,0) --offColor에 노란색 담기
local stairColor = Color3.fromRGB(0,0,255) --stairColor에 파란색 담기
```

```lua
        switchStair.Color = offColor     --Switch 파트의 색상을 노란색으로 변경
        
        local stair_1 = game.Workspace.Stair.Stair_1     --stair_1 변수에 Stair_1 파트 담기
        local stair_2 = game.Workspace.Stair.Stair_2     --stair_2 변수에 Stair_2 파트 담기
        local stair_3 = game.Workspace.Stair.Stair_3     --stair_3 변수에 Stair_3 파트 담기
        local stair_4 = game.Workspace.Stair.Stair_4     --stair_4 변수에 Stair_4 파트 담기
        
        --stairArray 배열에 stair_1, stair_2, stair_3, stair_4 파트 담기
        local stairArray = {stair_1, stair_2, stair_3, stair_4}
        
        local function showStair()      --showStair 함수 만들기
            for i=1, #stairArray do     --for문 설정, 변수 i가 1부터 stairArray 배열의 크기까지 1씩 증가
                switchStair.Color = onColor        --Switch 파트의 색상을 청록색으로 변경
                stairArray[i].Color = stairColor   --stairArray 배열의 i번째 파트 색상 파란색으로 변경
                stairArray[i].CanCollide = true    --stairArray 배열의 i번째 파트 충돌 가능 켜기
                stairArray[i].Transparency = 0     --stairArray 배열의 i번째 파트의 투명도 0으로 변경
                wait(2)                             --2초 쉬기
            end
            wait(3)                                 --3초 쉬기
            
            for i = #stairArray, 1, -1 do   --for문 설정, 변수 i가 stairArray 배열의 크기부터 1까지 1씩 감소
                --stairArray 배열의 i번째 파트의 충돌 가능 끄기
                stairArray[i].CanCollide = false
                stairArray[i].Transparency = 1   --stairArray 배열의 i번째 파트의 투명도 1로 변경
                wait(2)                           --2초 쉬기
            end
            switchStair.Color = offColor          --Switch 파트의 색상을 노란색으로 변경
        end
        
        switchStair.Touched:Connect(showStair)  --Switch 파트에 무언가 닿으면 showStair 함수 실행
```

위 예제 코드를 요약하여 설명하자면, 처음에 아무것도 안 보이는 상태에서 Switch 파트에 닿으면 맨 아래 계단부터 시간차(2초)를 두고 차례대로 나타나기 시작합니다.

그림 3-40 | 계단이 차례대로 나타나는 모습

계단이 전부 나타나면 3초간 기다린 후에 맨 위 계단부터 시간차(2초)를 두고 차례대로 사라집니다.

그림 3-41 | 계단이 차례대로 사라지는 모습

이렇게 코딩하면 게임에서는 먼저 첫 번째 계단을 나타나게 한 후 안 보이는 다리를 보이게 하고 다리가 사라지기 전에 반대편으로 걸어갈 수 있습니다.

그림 3-42 | 스위치 2개를 작동하고 다리를 건너는 모습

Part 03 기초 루아 코딩 익히기 ■ 133

PART 04 게임 지형과 건물 디자인하기

게임은 가상의 공간에 규칙과 게임 환경을 만들고 플레이어가 캐릭터를 조종해서 즐기게 됩니다. 따라서 게임의 환경 다시 말해 지형과 건물이 매우 중요한 요소 중 하나입니다.
로블록스 스튜디오도 지형 제작에 관한 다양한 기능을 제공하고 있습니다. **PART 04**에서는 지형 만들기와 기본 블록을 활용해서 건물을 만드는 방법을 알아보겠습니다.

CHAPTER 01 지형 만들기

지형을 만드는 방법은 크게 2가지입니다. 첫 번째로 자동으로 만드는 방법이 있고, 두 번째로 구현하고 싶은 지형을 직접 손으로 만드는 방법이 있습니다. '자동으로 만들기'는 말 그대로 자동으로 만들어 주기 때문에 시간을 절약할 수 있습니다. 하지만 내가 만들고 싶은 지형으로 딱 맞게 만들어 지는 경우는 없습니다. 직접 손으로 만드는 방법은 지형의 자세한 부분까지 내가 구현하고 싶은 모양으로 만들 수 있지만 시간이 매우 오래 걸리는 단점이 있습니다.

1 자동으로 만들기

로블록스 스튜디오의 상단 메뉴에서 [홈] 탭-[지형]의 [편집기]를 클릭하면 로블록스 스튜디오 화면의 왼쪽에 지형 편집기 창이 나타납니다. 자동으로 지형 만들기는 119쪽의 예제에서 잠깐 살펴본 것과 같이 지형 편집기 창의 [생성] 버튼을 클릭해 만들 수 있습니다.

지형 편집기의 각 속성에 대해서 자세히 알아보겠습니다.

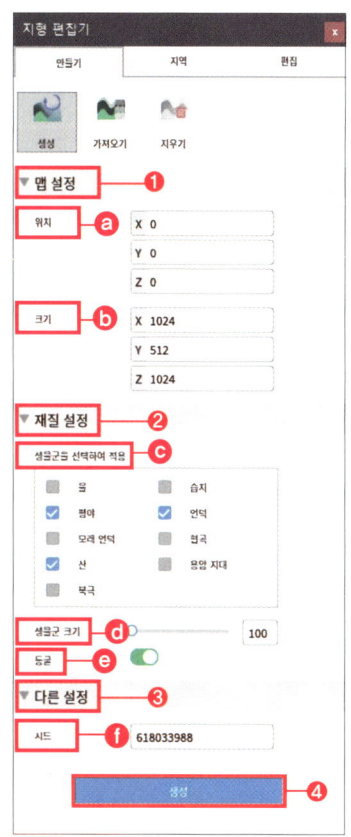

그림 4-1 | 지형 편집기(Terrain Editor) 모습

❶ **맵 설정(Map Settings)** : 지도의 위치, 크기를 설정할 수 있는 속성입니다.

　ⓐ **위치(Position)** : 만들어질 지도의 중심 좌표를 설정할 수 있습니다. 여기에 설정된 좌표를 중심으로 지형이 생성됩니다.

그림 4-2 | 위치(Position)를 변경해서 지형을 만든 모습

　ⓑ **크기(Size)** : 지형의 전체 크기를 설정할 수 있습니다. 여기서 Y축(위아래)의 값은 위로 높아지는 게 아니라 아래로 깊어집니다. 최솟값은 4입니다.

그림 4-3 | 크기의 Y값을 다르게 해서 만든 모습

> **잠깐 만요**
>
> **지형 편집기에서 위치와 크기**
>
> 지형은 위치(Position)의 좌표를 기준으로 크기(Size) 만큼 지형(Terrain)을 채우게 됩니다. 만약 위치의 좌표가 (0, 0, 0)이고 크기가 (100, 100, 100)이면 위치 좌표를 중심으로 X 좌표와 Z 좌표는 양쪽으로 50씩 100만큼 지형이 생깁니다. Y 좌표의 경우 아래쪽 50만큼 평야로 채워지고, 위쪽 50은 선택한 속성에 산(Mountain)또는 언덕(Hills)이 있으면 일부도 지형을 채워 줍니다. 아래 그림을 보면 이해하기 쉽습니다.
>
>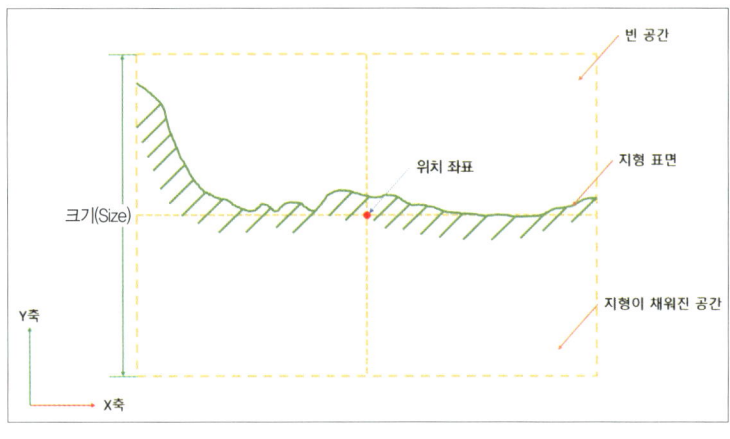
>
> 그림 4-4 | 지형 편집기의 크기 개념

❷ **재질 설정(Material Settings)** : 지형의 재질을 선택하는 속성입니다.

ⓒ **생물군을 선택하여 적용(Choose Biome to apply)** : 지형의 종류를 선택하는 속성입니다. 지형의 종류를 선택하면 선택한 종류에 맞추어 만들어 줍니다. 지형의 종류는 물(Water), 습지(Marsh), 평야(Plain), 언덕(Hills), 모래 언덕(Dunes), 협곡(Canyons), 산(Mountains), 용암지대(Lavascape), 북극(Artic)입니다.

ⓓ **생물군 크기(Biome Size)** : 전체 크기에서 선택한 지형의 크기를 결정합니다. 16~4,096 값을 가지며 크기가 작을수록 변화가 매우 다양하고, 크기가 크면 매우 단조로운 효과를 보입니다. 예를 들어 용암지대와 북극을 두 개 선택한 뒤 생물군 크기를 한쪽은 16, 다른 한 쪽은 4,096으로 만들 경우, 크기가 16인 지형은 두 개의 지형이 적절히 섞이는 반면, 4,096을 입력한 쪽은 하나의 지형만 나오게 됩니다.

그림 4-5 | 왼쪽이 4,096, 오른쪽이 16인 경우

- **e 동굴(Caves)** : 자동으로 동굴을 만들어 줍니다.

❸ **다른 설정(Other Settings)** : 앞서 살펴본 항목 이외 다른 것을 설정하는 속성입니다.
- **f 시드(Seed)** : 랜덤 시드(Random Seed)를 설정하는 속성입니다. '랜덤 시드'란 컴퓨터에서 난수(Random Number)를 만들 때 설정해 주는 초깃값입니다. 시드의 경우 따로 특정한 값을 설정하지 않아도 됩니다.

❹ **생성(Generate)** : 모든 설정이 끝나고 [생성] 버튼을 클릭하면 지형을 자동으로 만들어 줍니다.

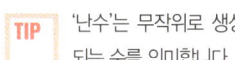

TIP '난수'는 무작위로 생성되는 수를 의미합니다.

2 직접 만들기

자동으로 만드는 방법 이외에 직접 만드는 방법이 있습니다. 지형 편집기 창에서 [편집(Edit)] 탭을 클릭하면 지형을 만들 수 있는 메뉴가 나옵니다.

그림 4-6 | 지형 편집기 창의 [편집] 탭

❶ **추가(Add)** : 지형을 추가하는 메뉴이며, 클릭하면 붙이기에 관련된 메뉴가 나옵니다.

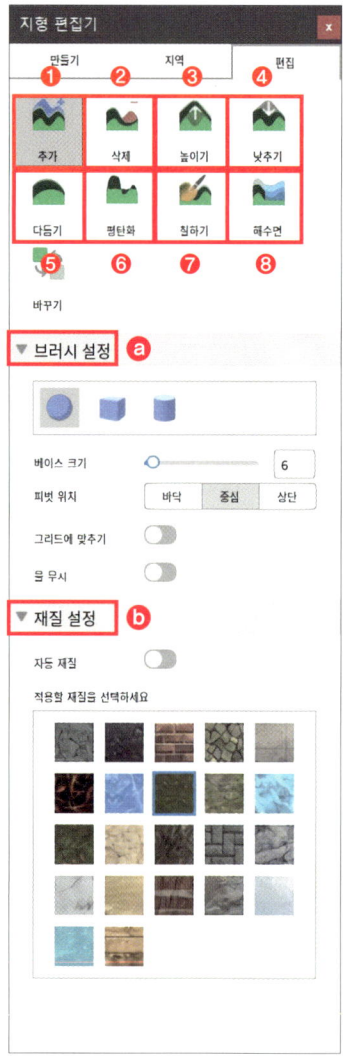

그림 4-7 | 지형 편집기의 '추가' 설정

- ⓐ **브러시 설정(Brush Settings)** : 지형을 만들 브러시를 설정합니다.
  - **도형 아이콘** : 브러시의 형태(구, 정육면체, 원기둥)를 설정할 수 있습니다.
  - **베이스 크기(Base Size)** : 브러시(Brush) 밑면의 크기를 설정할 수 있습니다. 초기에는 높이(Height)와 자물쇠로 묶여 있어 크기를 조정하면 높이도 같이 변합니다.
  - **높이(Height)** : 브러시의 높이를 설정할 수 있습니다. 초기에는 넓이와 높이가 자물쇠로 묶여 있어 크기를 조정하면 높이와 넓이가 같이 변합니다.
  - **피벗 위치(Pivot Position)** : 브러시의 앵커 포인트(Anchor Point)를 설정합니다. 상단(Top), 중심(Center), 바닥(Bottom)이 있습니다.

> **잠깐만요 앵커 포인트란?**
>
> 브러시(Brush)의 앵커 포인트(Anchor Point)란 기존에 있는 지형 효과에 닿는 부분을 의미합니다. 따라서 앵커 포인트의 위치에 따라 추가되는 지형의 모양이 달라집니다.
>
>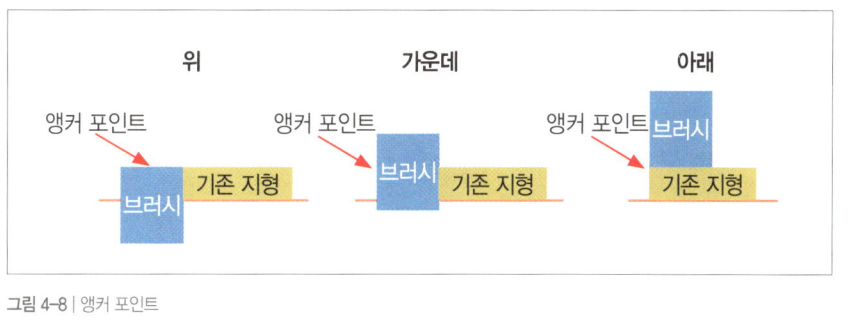
>
> 그림 4-8 | 앵커 포인트

- **그리드에 맞추기(Snap to Grid)** : 브러시가 움직일 때 그리드(Grid)에 딱 맞게 움직일 수 있도록 설정할 수 있는 속성입니다. 초기에는 꺼져 있으나 단추를 클릭하여 활성화하면 브러시는 그리드(좌표)에 맞춰 움직입니다.

> **잠깐만요 그리드란?**
>
> 그리드(Grid)의 사전적인 의미는 '격자 무늬'입니다. 평소에는 보이지 않지만 로블록스 스튜디오의 상단 메뉴의 [보기(view)] 탭을 클릭하고 [설정(Settings)]에서 [그리드 표시(Show Grid)]를 클릭하면 화면에 그리드가 나타납니다.
>
>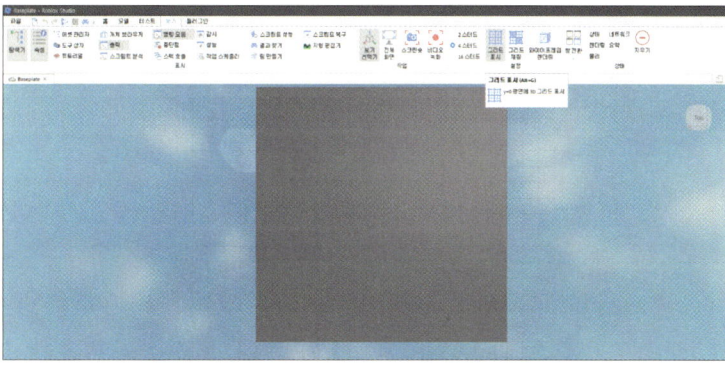
>
> 그림 4-9 | 로블록스 스튜디오 그리드
>
>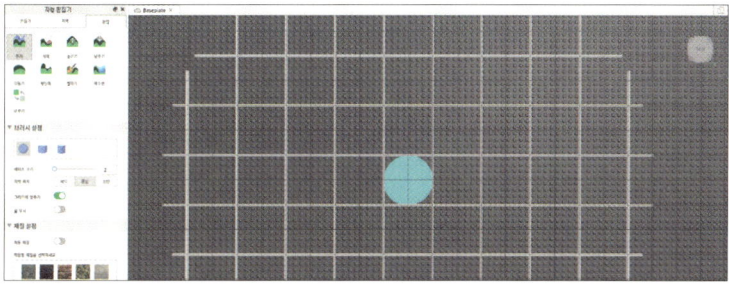
>
> 그림 4-10 | 그리드에 맞추기(Snap to Grid)

Part 04 게임 지형과 건물 디자인하기 ■ **141**

- **물 무시(Ignore Water)**: 새로 만들 지형이 물(Water) 효과를 무시할 수 있도록 설정합니다. 활성화하고 지형을 만들다가 물 효과를 만나면 새로운 지형의 앵커 포인트의 기준을 물 표면에 두지 않고 물 바닥에 앵커 포인트를 두고 지형을 만듭니다.

그림 4-11 | 왼쪽 물 무시 켠 상태. 오른쪽 물 무시 끈 상태

ⓑ **재질 설정(Material Settings)**: 지형 효과의 종류를 선택하는 메뉴입니다.

- **자동 재질(Auto Material)**: 자동적으로 지형 효과를 지정하는 메뉴입니다. 이 효과를 적용하면 기존에 있는 지형에서 자동으로 재질을 불러와서 작업을 하게 됩니다.
- **적용할 재질을 선택하세요(Choose a material to apply)**: 만들고 싶은 지형 효과 종류입니다. 아스팔트(Asphalt), 현무암(Basalt), 벽돌(Brick), 자갈(Cobblestone), 콘크리트(Concrete), 갈라진 용암(Cracked Lava), 빙하(Glacier), 잔디(Grass), 토양(Ground), 얼음(Ice), 무성한 잔디(Leafy Grass), 석회암(Limestone), 진흙(Mud), 보도(Pavement), 바위(Rock), 소금(Salt), 모래(Sand), 사암(Sandstone), 슬레이트(Slate), 눈(Snow), 물(Water), 나무 판자(vv)가 있습니다.

그림 4-12 | 여러 가지 지형 재질

❷ **삭제(Subtract)** : 지형 효과를 떼어내는 기능입니다. 일정 지역의 지형 효과를 삭제할 때 사용합니다.

❸ **높이기(Grow)** : 지형을 브러시 크기에 맞게 채우며, 언덕을 만들 때 사용합니다. 2가지 속성이 있습니다.

　ⓐ **강도(Strength)** : 0.1~1까지의 범위를 가지며 강도를 설정합니다. 1이면 매우 빠르게 높아집니다.

　ⓑ **평면 고정(Plane Lock)** : 평면 고정이 활성화되어 있으면 브러시의 크기만큼 높이기가 작동합니다. 비활성화되면 브러시도 함께 커지면서 원하는 만큼 계속 지형을 크게 할 수 있습니다.

❹ **낮추기(Erode)** : 키우기와 반대로 지형을 낮추는 기능입니다. 동굴이나 협곡 등을 만들 때 유용합니다.

❺ **다듬기(Smooth)** : 지형을 다듬는 기능입니다. 지형을 '붙이기'로 만들다가 부자연스러운 부분이 생겼을 때, 예컨대 뾰족한 부분이나 각진 부분을 둥글게 만들어 줍니다.

❻ **평탄화(Flatten)** : 지형을 평평하게 만드는 기능입니다. 평야를 만들 때 사용합니다. 다지기는 2가지 속성이 있습니다.

　ⓐ **평탄화 모드(Flatten Mode)** : 3가지 모드가 있습니다.

그림 4-13 | 평탄화의 3가지 모드

- **낮춰서 평탄화(Erode to Flat)** : 브러시의 앵커 포인트를 기준으로 위쪽에 있는 지형을 지워서 평야를 만듭니다. 이때 기준보다 아래에 있는 지형은 변하지 않습니다.
- **높여서 평탄화(Grow to Flat)** : 브러시의 앵커 포인트를 기준으로 아래쪽에 있는 지형을 채워서 평야를 만듭니다. 이때 기준보다 위에 있는 지형은 변하지 않습니다.
- **전부 평탄화(Flatten All)** : 브러시의 앵커 포인트를 기준으로 위쪽은 지우고 아래쪽은 채워서 평야를 만듭니다.

❼ **칠하기(Paint)** : 지형의 타입을 바꿉니다. 예를 들어 얼음 지형에서 일부만 용암으로 바꿀 수 있습니다.

❽ **해수면(Sea Level)** : 지역을 설정하여 물을 채우거나 증발시킬 수 있습니다. 넓은 지역에 물 효과를 변경할 때 사용합니다.

3 뜨거운 용암지대와 회복 샘물 만들기

이번에는 로블록스 스튜디오에서 지형 효과와 회복 샘물을 만들어 보겠습니다.

01 먼저 베이스플레이트(Baseplate) 템플릿으로 기본적인 환경을 만듭니다. 그리고 [보기 선택기(View Selector)]를 클릭하고 [탑(Top)]을 선택하여 시점을 변경합니다.

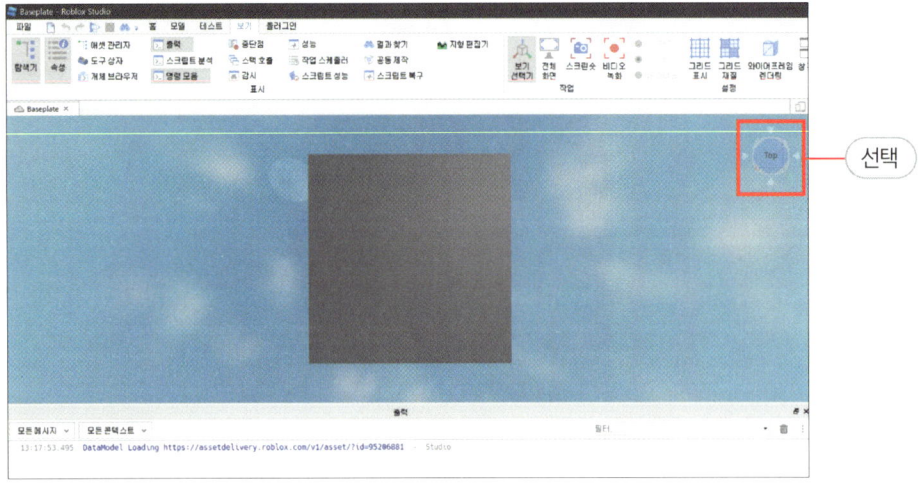

그림 4-14 | 탑 뷰(Top View) 시점

02 그 다음 상단 메뉴에서 [편집기]를 클릭하고 평평한 기본 지형을 만들어 줍니다. 이때 새로 만들어질 지형의 '위치(Position)'에서 Y값(높이)만 '0'을 입력합니다. '크기(Size)'는 X값(가로), Z값(세로)에 베이스플레이트와 동일하게 '512'로 입력하고 Y값(깊이)은 '10'을 입력합니다. 지형의 형태는 '평야(Plain)'에 체크하고 '생물군 크기(Biome Size)'는 최솟값인 '16'으로 조정합니다. 입력을 마쳤으면 [생성] 버튼을 클릭합니다.

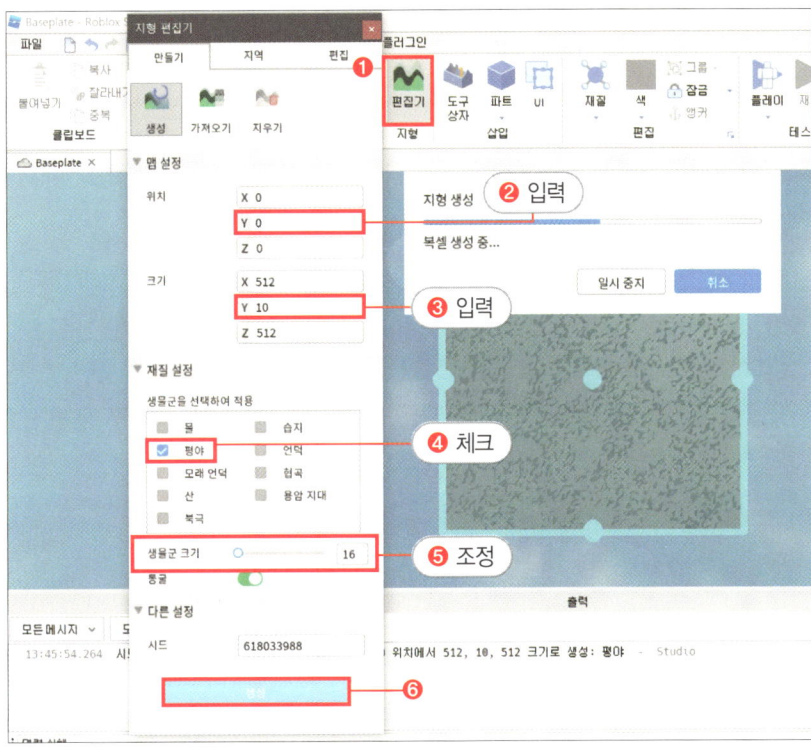

그림 4-15 | 조건을 입력하여 지형 생성

03 베이스플레이트 위에 베이스플레이트와 크기가 같은 지형이 완성되었습니다. 지형의 형태는 평야만 선택하였기 때문에 지형의 무늬가 단조롭습니다.

그림 4-16 | 자동으로 만들어진 지형

04 위 지형을 지형 편집기의 칠하기 기능을 이용하여 모두 잔디로 변경하겠습니다. 지형 편집기 창에서 [편집] 탭을 클릭하고 [칠하기]를 클릭합니다. 이때 '베이스 크기(Base Size)'에 최댓값인 '64'를 입력해 작업하면 쉽게 정리됩니다.

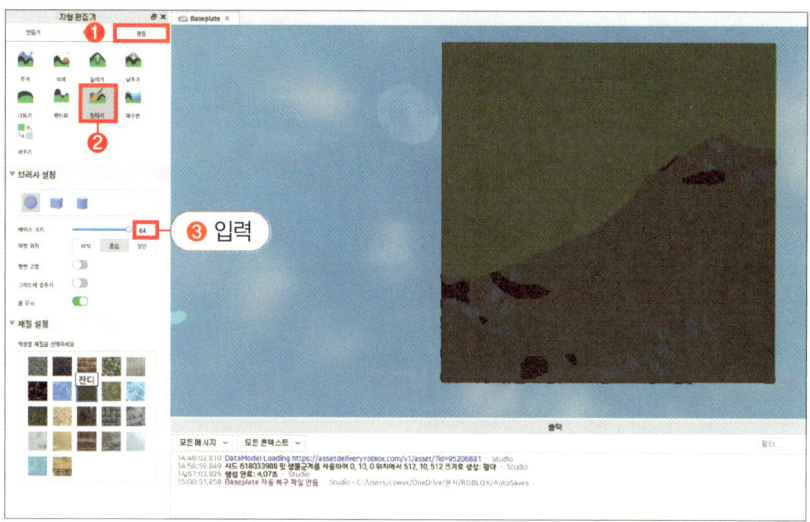

그림 4-17 | 전체 지형을 잔디로 변경

05 다시 칠하기 기능을 이용하여 원하는 크기만큼 금이 간 용암(Cracked Lava)으로 만들어 보겠습니다. 실제 게임에서는 지형의 형태가 매우 다양하지만 예제에서 기능을 이용해 간단히 만드는 방법을 익히기 위해 '브러시 모양'을 '육면체'로 선택하고 '베이스 크기'에 '10'을 입력합니다. '재질 설정'에서 '갈라진 용암'을 선택한 후 지형에서 딱 한 포인트만 클릭해 줍니다.

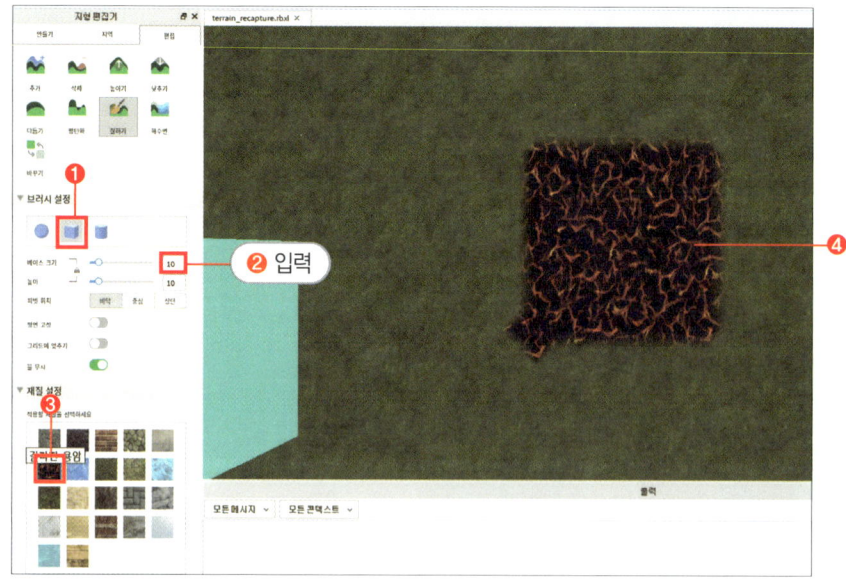

그림 4-18 | 한 포인트만 금이 간 용암으로 변경

06 금이 간 용암 근처에 금이 간 용암과 같은 크기와 모양으로 샘물을 만들어야 합니다. 먼저 [편집] 탭에서 [삭제]를 클릭하고, '브러시 설정'에서 '육면체'를 선택한 후 금이 간 용암 근처에서 한 포인트를 클릭해 샘물 터를 만들어 줍니다.

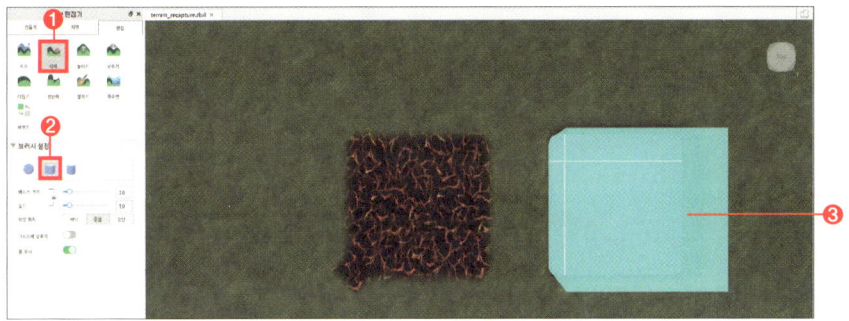

그림 4-19 | 금이 간 용암 근처에 만들어진 샘물 터

07 지형 편집기의 지역(Region) 기능을 사용해서 비워진 샘물 터에 물을 채우겠습니다. 지역이란 일정 지역을 범위로 잡아서 한번에 지형 효과를 채워주는 기능입니다. 지형 편집기 창의 [지역(Region)] 탭을 선택합니다.

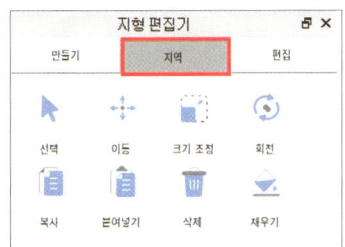

그림 4-20 | 지형 편집기 창의 [지역] 탭

08 [선택(Select)]을 클릭하고 물을 채워 넣을 샘물 터의 바닥을 클릭합니다. 그러면 범위를 지정할 수 있는 반투명 박스가 보이는데, 상단 메뉴의 [홈] 탭을 클릭하고 [이동(Move)]과 [크기(Resize)]를 이용하여 샘물 터의 크기와 반투명 박스의 크기를 맞춰 줍니다.

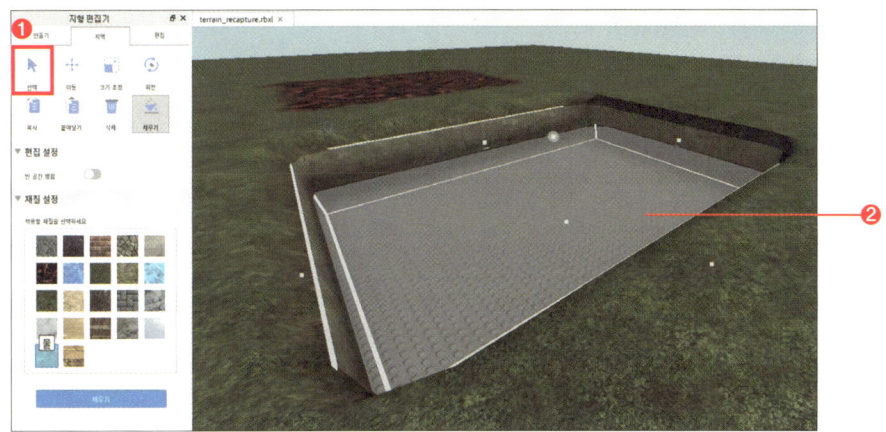

그림 4-21 | 지역 범위 조정

09 지역(Region)의 범위 조정이 끝나면 지형 편집기 창의 [지역] 탭의 [채우기(Fill)]를 클릭하고 아래에 나오는 '재질 설정'에서 '물(Water)'을 선택한 후 [채우기] 버튼을 클릭합니다. 설정해 둔 지역(Region) 범위에 딱 맞게 물이 채워집니다.

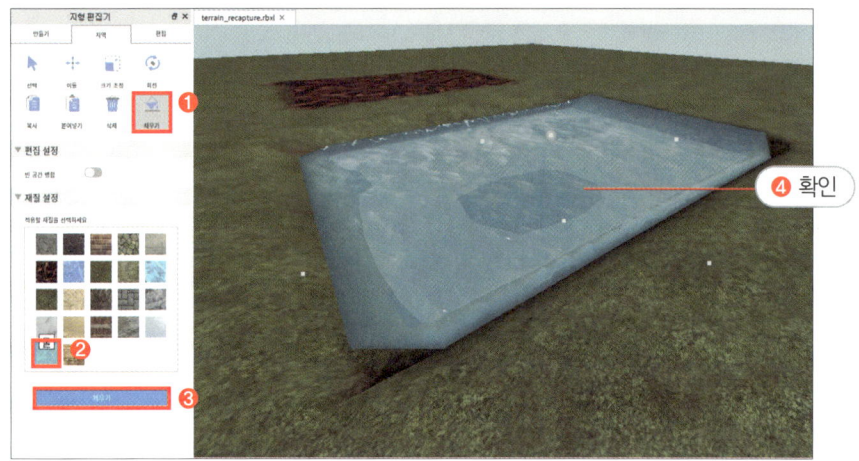

그림 4-22 | 설정한 지역에 물 채우기

10 실습을 위한 지형이 완성되었습니다. 실습 지형의 위치가 (0,0,0)이 아니기 때문에 실습 지형의 테스트를 원활하게 하기 위해 용암 지형과 샘물 중간에 스폰로케이션(SpawnLocation)을 배치합니다.

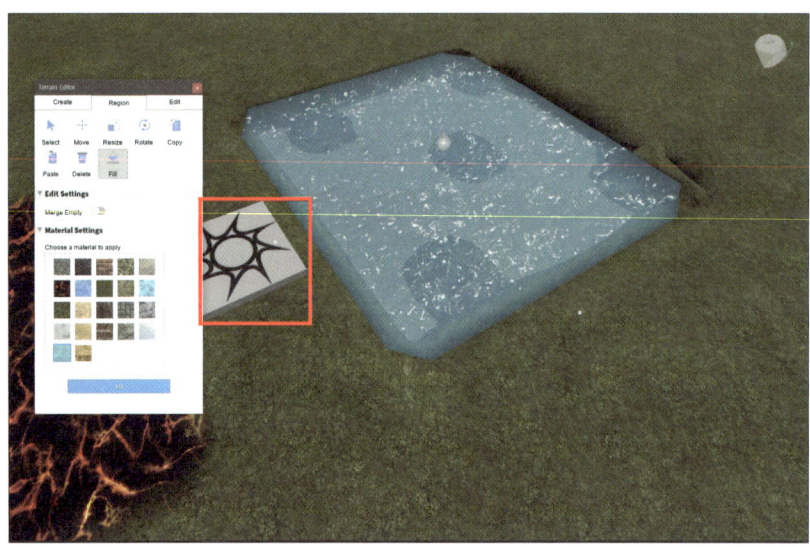

그림 4-23 | 용암과 샘물 지형 완성

지형이 완성되었으면 용암 지형을 밟을 때 체력이 깎이고 샘물에 들어가면 체력이 채워지는 기능을 구현해야 합니다. 이번에는 다른 장들과 다른 곳에 스크립트로 원하는 기능을 만들어 보겠습니다.

11 먼저 '스타터 플레이어(StarterPlayer)' 폴더의 '스타터 캐릭터 스크립트(StarterCharacter Scripts)' 폴더에 '로컬 스크립트(LocalScript)'를 추가하고 이름을 'CharacterSetting'으로 변경합니다.

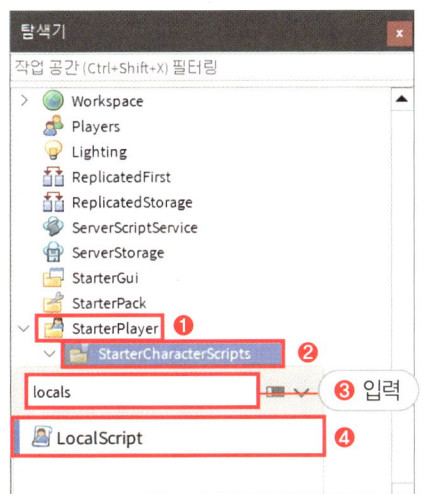
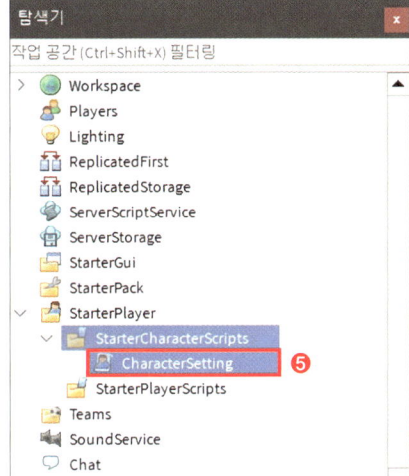

그림 4-24 | '로컬 스크립트(LocalScript)' 추가 후 이름 변경

> **잠깐만요** **스타터 플레이어와 로컬 스크립트**
> 스타터 플레이어(StarterPlayer)는 로블록스 게임이 시작할 때 게임 플레이어의 기본 설정값을 정할 수 있게 하는 폴더입니다. 스타터 플레이어 하위 항목은 스타터 플레이어 스크립트와 스타터 캐릭터 스크립트(StarterCharacterScripts)로 나뉘는데, 스타터 플레이어 스크립트의 경우 각 플레이어가 게임에 처음 들어왔을 때 딱 한 번만 실행되고, 스타터 캐릭터 스크립트의 경우 플레이어가 생성(spawn)될 때마다 실행되는 차이가 있습니다. 이때 스타터 플레이어(StarterPlayer)의 데이터들은 전부 클라이언트(client, 개인 컴퓨터)에서 실행됩니다. 로컬 스크립트(LocalScript)는 오직 클라이언트(client, 개인 컴퓨터)에서만 작동하는 스크립트입니다.

12 CharacterSetting에 아래와 같은 코드를 입력합니다.

코드 | 파일명: CharacterSetting.lua

```lua
local playerID = script.Parent  --playerID 변수에 플레이어 캐릭터 담기
--hum 변수에 플레이어의 차일드(child) 중 "Humanoid" 속성 담기
local hum = playerID:FindFirstChildWhichIsA("Humanoid")


--lavaDamage 함수 선언, lavaDamage는 캐릭터가 용암 지형을 밟으면 조금씩 피해를 입힘
function lavaDamage(character)
    
    --if문 선언, 조건은 캐릭터가 지면을 밟고 있으면 참(true)
    if hum.FloorMaterial ~= nil then
```

```lua
        local condition = true        --condition 변수에 참(true) 값 담기

        while condition do             --condition 변수의 값이 참이면 while문 실행
            --if문 선언, 캐릭터가 밟고 있는 지면의 이름이 "CrackedLava"와 같으면 참
            if hum.FloorMaterial.Name == "CrackedLava" then
                hum.Health = hum.Health - 1 --플레이어의 체력에 1씩 피해를 입힘
                wait(1)                --1초 기다리기
            else                       --if문의 조건과 다른 상황일때 아래 코드 실행
                condition = false      --condition 변수에 거짓(false) 입력
            end
        end
    end
end

function springHeal(character)  --springHeal 함수 선언, 캐릭터가 샘물에 들어가면 체력이 1씩 회복
    hum.Health = hum.Health + 1         --캐릭터가 샘물에 들어가면 체력이 1씩 회복
end

hum.Running:Connect(lavaDamage)         --캐릭터가 이동(Running)하면 lavaDamage 실행
hum.Swimming:Connect(springHeal)        --캐릭터가 수영(Swimming)하면 SpringHeal 실행
```

> **잠깐만요** **nil과 ~=의 의미**
>
> 루아에서 nil을 간략하게 설명하면 아무 것도 없는 상태를 나타내고, '같다(Equal)'라는 의미의 연산자는 ==입니다. 이와 반대로 ~=은 '같지 않다(Not Equal)'라는 의미입니다.

CharacterSetting 스크립트는 두 가지 함수로 나뉩니다. 하나는 lavaDamage 함수이고 나머지 하나는 springHeal 함수입니다. lavaDamage 함수는 캐릭터가 밟은 지형이 어떤 지형인지 확인하고 용암 지형이면 체력을 1씩 깎는 기능이고, springHeal 함수는 캐릭터가 샘물에 들어가면 체력을 1씩 회복하는 기능입니다.

예제에서 다룬 lavaDamage 함수는 게임에서 많이 사용하는 개념인 도트(DOT, Damage Over Time)를 구현한 함수입니다. 도트란 일정 시간 동안 계속해서 피해를 주는 것을 말합니다. 가장 대표적인 도트의 예시는 '독'입니다. 게임 속에서 나의 캐릭터의 상태가 중독이 되면 상태 이상을 알리는 표시와 함께 일정 시간 동안 체력이 지속적으로 피해를 입습니다. 물론 대부분의 피해는 한 번에 일정량을 줄 수 있습니다. 하지만 피해를 입히는 방법이 다양하다면 게임을 진행할 때 또 하나의 재미를 줄 수 있습니다. 예를 들어 방어력이 너무 강한 몬스터를 만났을 때 독을 사용한 함정을 설치하고 도망다녀도 어려운 몬스터를 해치울 수 있습니다. 이와 같이 피해를 주는 방식을 다양하게 제공하면 우리가 만든 게임을 플레이하는 사람들은 게임을 진행하기 위한 다양한 행동을 할 수 있고 이는 곧 게임에서 여러 사람들에게 다양한 경험을 줄 수 있는 방법입니다. 게임을 만들 때 제일 중요한 것은 플레이어에게 재미있는 경험을 다양하게 제공하는 것임을 잊지 마세요.

> **잠깐만요** **게임에서 숨겨진 길**
>
> 게임에서 종종 알려지지 않은 길이 숨겨져 있는 경우가 많습니다. 정상적인 길을 따라가면 게임을 진행하는 데 아무 문제가 없지만 숨겨진 장소나 숨겨진 길을 찾아내는 경우도 종종 있습니다. 이러한 숨겨진 요소들은 게임 속 세상을 구석구석 뒤져야 하거나 화면 밖을 넘어가서 찾는 경우도 있습니다. 이러한 숨겨진 길을 찾아내는 과정도 게임을 더욱 재미있게 만드는 요소 중 하나입니다.

PART 05

응용 예제로
기본기 다지기

PART 05에서는 로블록스 게임을 만들기 위해 지금까지 배운 내용을 몇 가지 예제를 중심으로 실습해 보겠습니다. 파트에 불을 붙이거나 캐릭터의 달리기 속도를 빠르게 하고 순간 이동을 하는 등 게임에서 기본적으로 사용될 만한 요소들을 다양한 물체들과 루아 스크립트로 연습할 것입니다. 이전 내용에 비해 다소 어렵게 느껴질 수도 있지만 차근차근 따라 하면 금세 로블록스 스튜디오의 기능을 익힐 수 있습니다.

CHAPTER 01 파트에 불 붙이기

1 블록 파트에 불 붙이기

01 먼저 불을 붙이는 실습을 하기 위해 베이스플레이트(Baseplate) 템플릿을 선택해 가장 기본적인 게임 환경을 만들고 상단 메뉴의 [홈] 탭–[파트]–[블록]을 선택하여 블록 파트를 아래 그림과 같이 배치합니다.

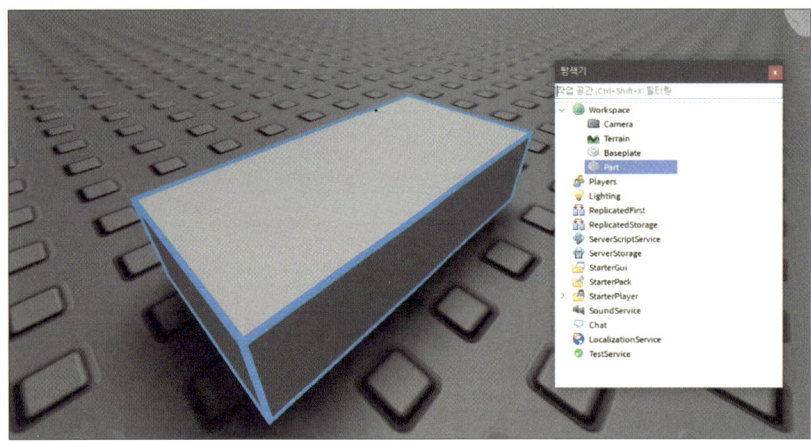

그림 5-1 | 베이스플레이트에 블록 파트 배치

이번 예제에서는 파트를 딱 하나만 쓰기 때문에 따로 이름을 변경하지 않습니다. 이제 파트에 루아 스크립트를 추가하고 불 붙이는 코드를 작성하면 됩니다.

> **잠깐만요** **로블록스의 구조**
> 로블록스에 대한 전체 구조는 탐색기 창을 통해 알 수 있습니다.
>
>
>
> 그림 5-2 | 로블록스 탐색기 창

탐색기에서는 보이지 않지만 전체 환경은 game이라는 최상위 그룹과 '부모-자식 관계'를 가지고 있습니다. 따라서 스크립트에서 워크스페이스(Workspace) 아래 있는 파트에 접근하기 위해서 game.Workspace.Part 같이 스크립트를 작성하는 것입니다. 이것을 다시 그림으로 나타내면 아래와 같습니다.

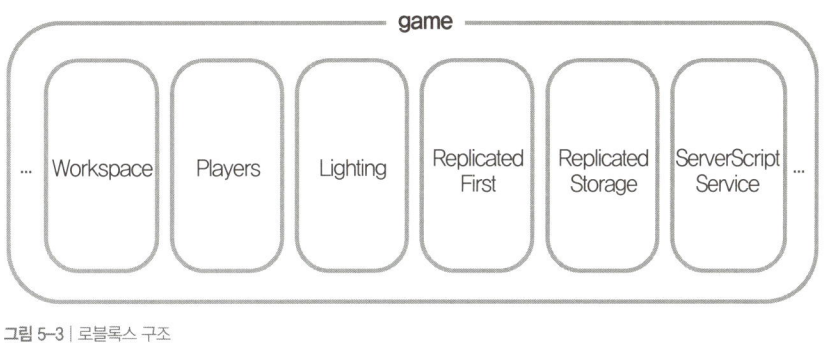

그림 5-3 | 로블록스 구조

02 게임이 시작될 때 배치된 블록 파트에 불을 붙이는 스크립트를 추가해 봅시다. 배치된 파트에 스크립트를 추가하고 'Fire'라고 이름을 변경합니다.

> **TIP** 파트에 스크립트를 추가하고 이름을 변경하는 방법은 106쪽을 참고하세요.

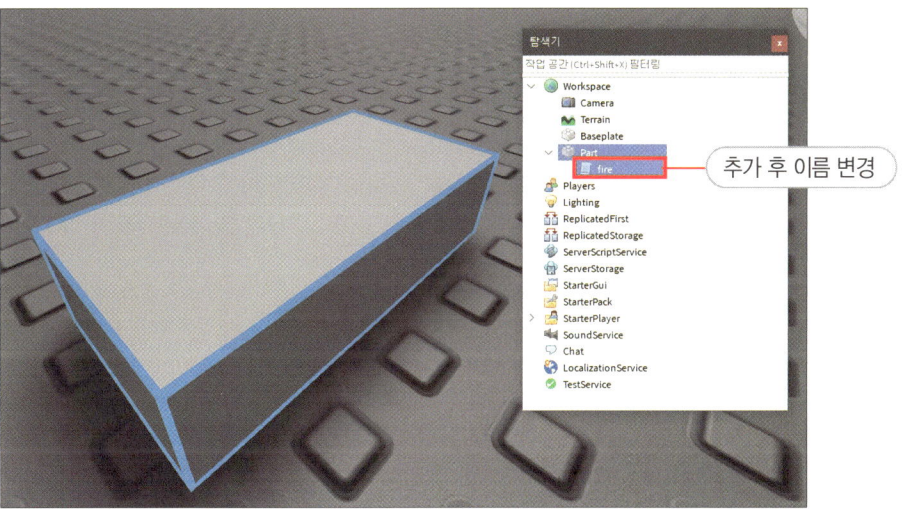

그림 5-4 | 블록 파트에 스크립트추가

03 추가한 스크립트에 아래의 코드를 입력해 줍니다.

코드 | 파일명: Fire.lua

```lua
local part = script.Parent              --블록 파트를 part 변수에 담기
local fire = Instance.new("Fire")       --불 효과를 fire 변수에 담기
fire.Parent = part                       --불(fire) 효과의 부모(Parent)를 블록 파트로 지정
fire.Size = 15                           --불 효과의 크기(Size) 변경
fire.Heat = 15                           --불 효과의 히트(Heat) 변경
fire.Color = Color3.fromRGB(0,0,255)     --불 효과의 색상을 파란색으로 변경
```

04 스크립트 작성을 마치고 상단 메뉴에서 [플레이]를 눌러 실행하면 처음에 아무 효과도 붙이지 않은 블록 파트에 우리가 지정한 크기와 색상으로 불이 붙은 것을 확인할 수 있습니다.

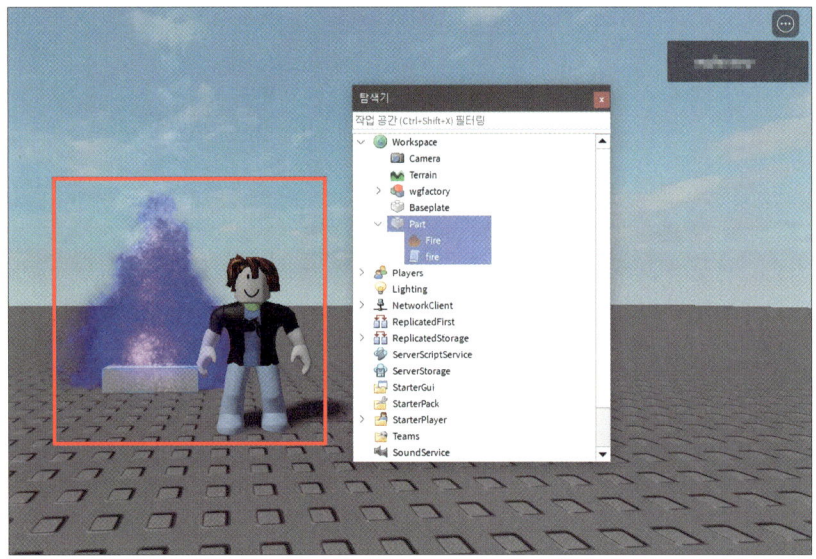

그림 5-5 | 블록 파트에 불이 붙은 모습

그림 5-2와 **그림 5-5**를 비교해 보면 분명 **그림 5-1**의 블록 파트에는 불 효과가 없었습니다. 하지만 Fire Script에 불을 붙이는 코드를 입력하고 실행하면 **그림 5-5**처럼 불 효과가 블록 파트에 적용된 것을 확인할 수 있습니다. 위 예제 코드를 토대로 다른 효과를 불러오거나 불 효과의 다양한 속성을 변경해 봅시다.

2 발판 Switch와 불 붙이기

앞서 파트에 불을 붙이는 기초를 알아보았습니다. 이제 배웠던 기능들을 응용하여 동굴에 불을 밝히는 기능을 구현해 보겠습니다.

01 먼저 상단 메뉴의 [보기] 탭-[지형 편집기]를 클릭해 가상 동굴을 만들어 봅시다. 지형 편집기 창에서 [지역(Region)] 탭을 클릭하고 큰 지형을 만듭니다. 지형의 크기는 지역의 범위를 적당히 조정하여 동굴을 만들 수 있을 정도로 크게 만들어 줍니다. 크기를 조절할 때는 [크기 조절]을 클릭한 후 드래그합니다.

> **TIP** 지형 편집기에서 지역을 선택하고 베이스플레이트 공간을 클릭하면 육면체 박스가 나타납니다. 이 박스가 지형을 만들 수 있는 박스입니다.

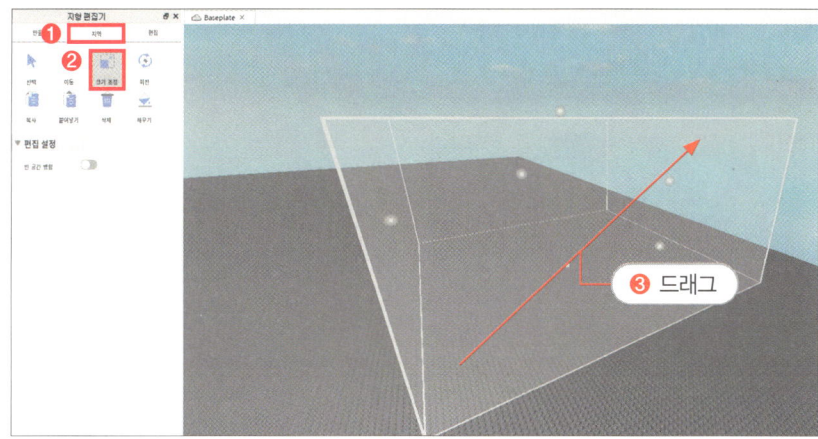

그림 5-6 | 지역 기능을 이용해 지형 만들기

02 지역의 범위가 적당한 크기가 되었으면 '재질 설정'에서 원하는 지형 재질(Material)을 선택한 후 [채우기(Fill)] 버튼을 클릭하여 지형을 만들어 줍니다. 이 책에서는 '잔디'를 선택했습니다.

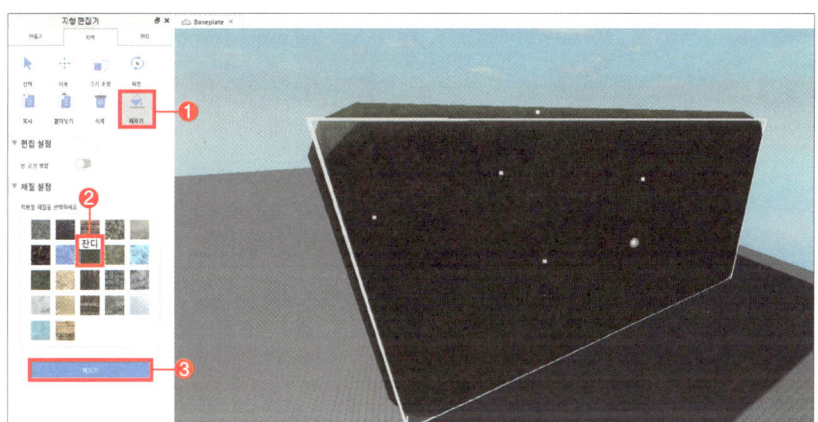

그림 5-7 | 지형 재질 채우기

03 기초 지형이 완성되면 다시 지형 편집기 창의 [지역] 탭의 [선택(Select)]을 클릭하여 지역의 범위 박스를 만듭니다. 동굴의 크기는 [크기 조정(Resize)]을 클릭해 조정합니다.

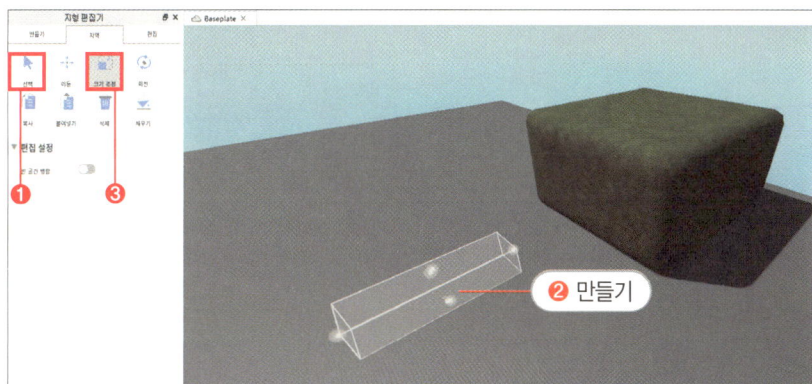

그림 5-8 | 동굴 크기의 지역 범위

04 동굴의 위치는 [이동(Move)]을 클릭해 전부 뚫리지 않을 정도로 조정합니다. 이때 지역의 범위는 지형에 옮겨도 그 크기만큼 지워져서 동굴이 만들어집니다.

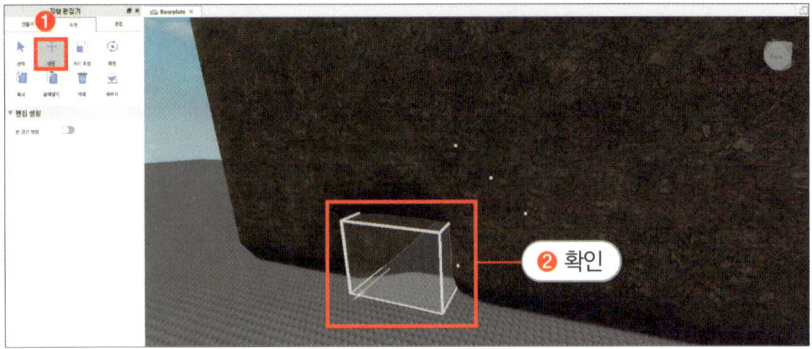

그림 5-9 | 지역 기능을 이용하여 만든 동굴

05 이제 벽에 붙일 장식을 만들어야 합니다. 워크스페이스(Workspace)에 '모델(Model)'을 추가합니다.

그림 5-10 | 워크스페이스에 모델 추가

06 F2 키를 눌러 이름을 'FireBowl'로 변경합니다.

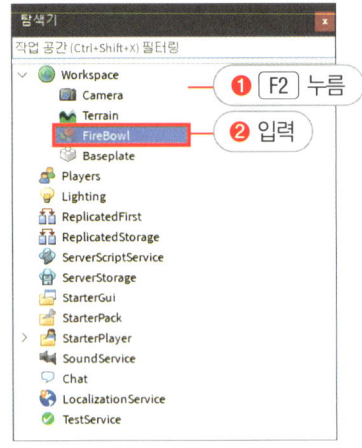

그림 5-11 | 모델 이름 변경

07 FireBowl 모델에 파트를 추가해야 합니다. 우선 구형(Sphere) 파트 2개, 블록(Block) 파트 3개를 추가합니다. 구형 파트 중 하나는 이름을 'Bowl'로 변경하고 나머지 하나는 'Fire'로 변경합니다. 블록 파트도 'HalfUpSide', 'HalfSide', 'FireHalf'로 변경합니다.

그림 5-12 | FireBowl을 만들 Part 준비

Fire 파트를 선택하고 속성 창에서 '크기(Size)'를 '1,1,1'로 변경합니다.

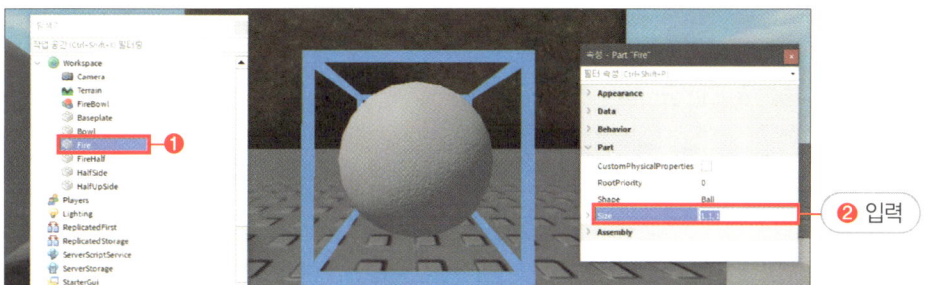

그림 5-13 | Fire 파트의 크기 변경

09 이제 Bowl 파트의 모양을 만들어야 합니다. 그 전에 먼저 HalfUpside, HalfSide 파트의 크기를 변경해야 합니다. FireHalf는 크기를 변경하지 않습니다. HalfSide 파트의 속성 창에서 '크기(Size)'를 '4,4,2'로 변경하고, HalfUpSide 파트의 크기는 '4,2,4'로 변경합니다.

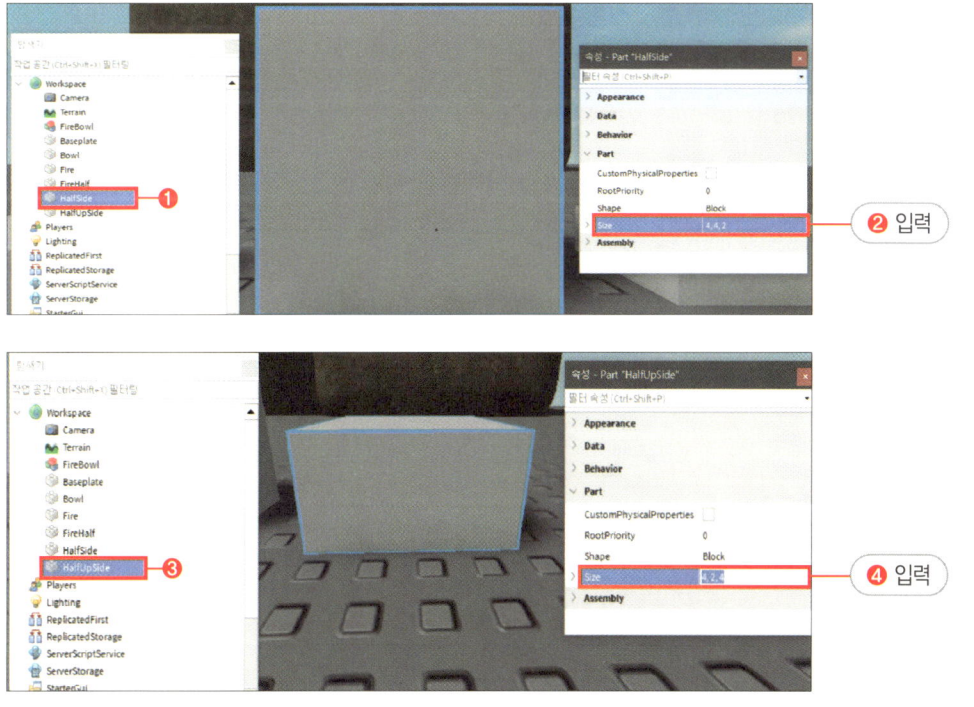

그림 5-14 | HalfUpSide, HalfSide 파트 크기 변경

Part 05 응용 예제로 기본기 다지기 ■ **159**

10 제일 먼저 Bowl 파트의 왼쪽 절반을 잘라내야 합니다. HalfSide 파트를 무효화로 변경하기 위해 HalfSide 파트를 선택한 상태에서 상단 메뉴의 [모델] 탭-[무효화]를 클릭합니다. Bowl 파트를 절반으로 자르기 위해 Bowl 파트의 좌표를 참조해야 합니다. 예제에서의 Bowl 파트의 좌표는 (56.8,2,-92.8)입니다. Bowl 파트의 좌표값은 속성 창의 '위치(Position)'에서 확인할 수 있습니다.

> TIP 파트를 무효화 상태로 변경하면 파트 이름이 자동으로 NegativePart(무효화된 파트)로 변경됩니다.

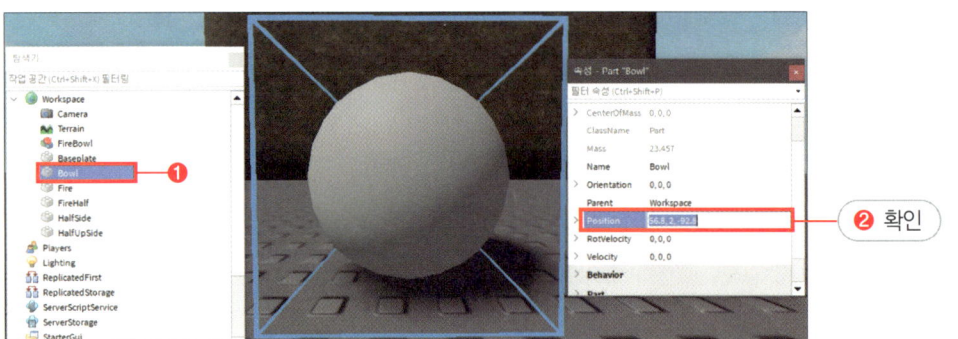

그림 5-15 | Bowl 파트에 속성 창에서 좌표 확인

11 Bowl Part의 좌표를 참조해서 무효화로 변경한 HalfSide 파트의 위치를 조정해야 합니다. Bowl 파트의 좌표를 HalfSide 파트에 입력하세요.

> TIP 실습 중인 파트의 좌표가 책과 다를 수 있으니 위의 내용을 참고하여 내가 실습 중인 파트의 좌표를 입력하세요.

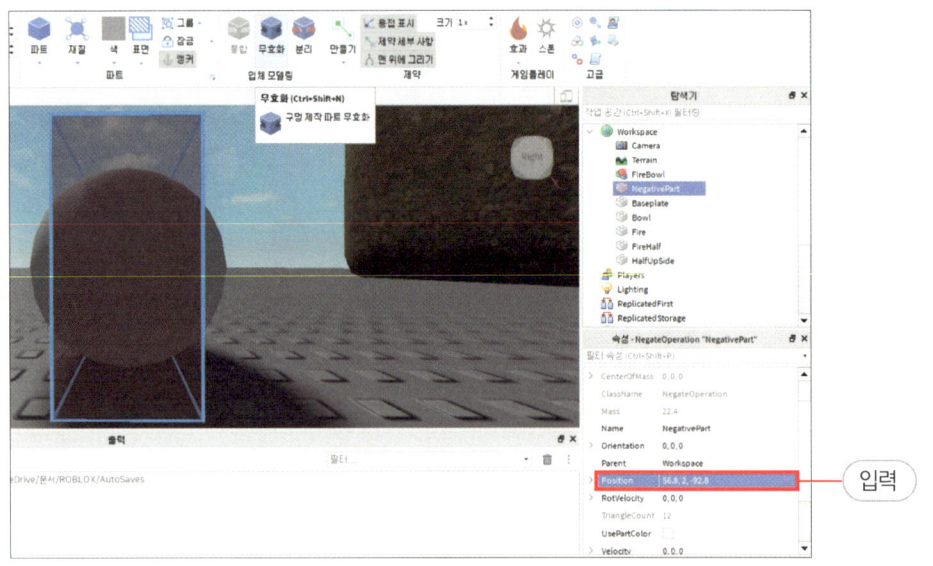

그림 5-16 | HalfSide 블록 좌표 이동1

12 이 상태로 Bowl 파트를 절반으로 자르기에 무리가 있어 보입니다. **PART 04**에서 살펴본 파트의 좌표 기준과 HalfSdie 파트의 크기(4,4,2)를 응용하여 HalfSide의 좌표를 조정합니다. HalfSide의 Z값이 2이기 때문에 현재 좌표에서 Z축 값만 1을 더해 줍니다.

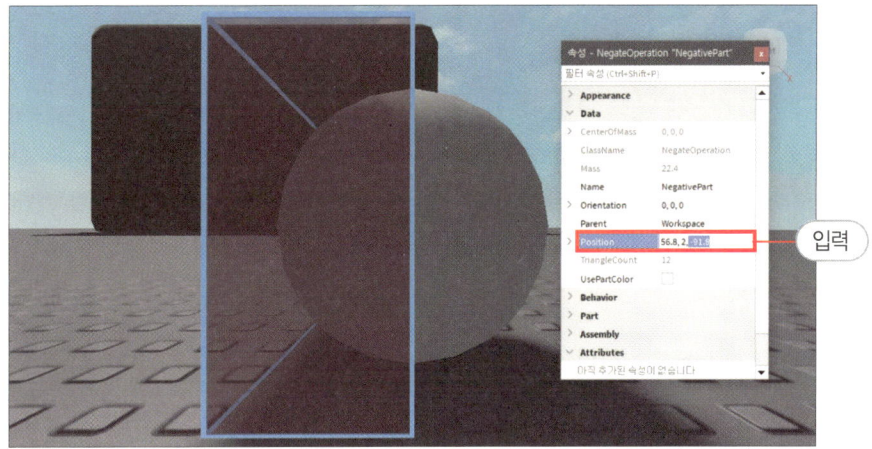

그림 5-17 | HalfSdie 블록 좌표 이동2

이렇게 하는 이유는 파트 정중앙에 있는 좌표 기준점을 중심으로 크기가 정해지기 때문입니다.

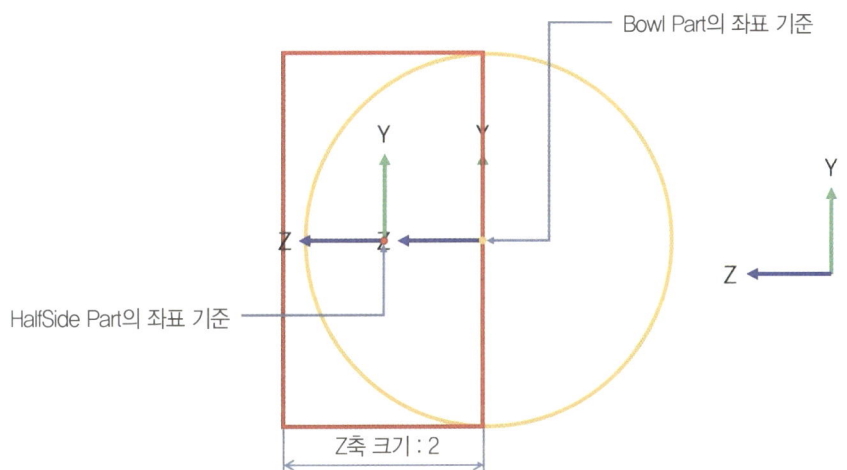

그림 5-18 | HalfSide와 Bowl의 로블록스 좌표

HalfSide 파트의 좌표를 Bowl 파트의 좌표에서 Z값만 1 증가시킨 이유를 그림으로 확인해 보았습니다. 블록 형태인 HalfSide의 Z축 크기는 2이고 Bowl 파트의 반지름은 2입니다. 따라서 Bowl 파트를 정확히 절반으로 자르려면 HalfSide 파트의 제일 바깥면이 Bowl 파트의 중심을 지나면 됩니다.

13 HalfSide 파트의 좌표 이동이 끝났으면 Ctrl 키를 누른 상태에서 Bowl 파트와 HalfSide 파트를 클릭해 선택한 후 상단 메뉴의 [모델] 탭의 [통합(Union)]을 클릭하여 Bowl 파트를 절반으로 자릅니다.

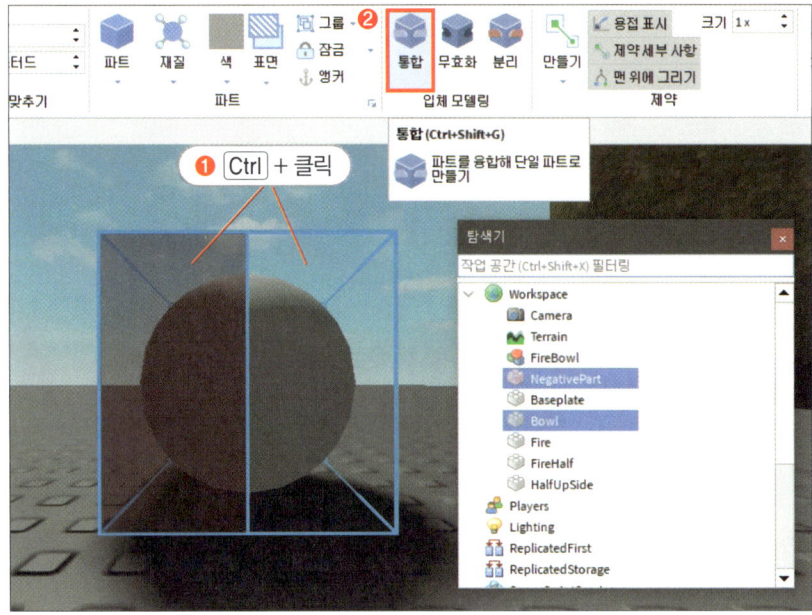

그림 5-19 | Bowl 파트 절반 잘라내기

14 이렇게 잘라낸 Bowl 파트는 모델의 통합(Union) 기능을 활용하였기 때문에 이름이 'Union'으로 자동으로 바뀝니다. 하지만 예제를 따라 하며 헷갈리지 않기 위해서 Bowl 파트로 부르겠습니다. 이제 Bowl 파트의 위쪽 절반도 잘라야 합니다. 왼쪽 절반을 자를 때와 마찬가지로 Bowl 파트의 좌표 (56.8,2,-92.8)를 활용합니다. 먼저 HalfUpside 파트를 무효화로 변경하고 (56.8,2,-92.8) 좌표에서 Y값에 1을 더한 '56.8,3,-92.8'를 입력합니다.

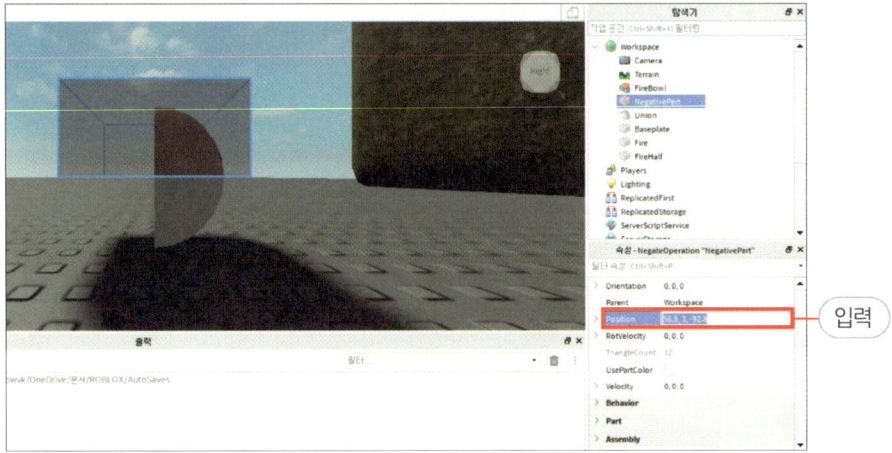

그림 5-20 | HalfUpSide 파트 이동

15 이제 Bowl 파트는 완성되었습니다. Fire 파트를 Bowl 파트의 적당한 곳에 놓아야 합니다. 초기 Bowl 파트의 좌표 '56.8,2,-92.8'을 Fire 파트의 속성 창에 입력합니다. 이때 상단 메뉴의 [모델] 탭-[충돌]을 비활성화해야 원하는 위치에 Fire 파트를 위치시킬 수 있습니다.

그림 5-21 | Fire 파트 이동

16 Fire 파트도 왼쪽 절반을 잘라야 합니다. FireHalf 파트를 무효화로 변경하고 속성 창에서 '위치'를 Bowl 파트의 초기 좌표인 (56.8, 2, -92.8)에서 Z값만 1을 더한 '56.8, 2, -91.8'로 변경합니다.

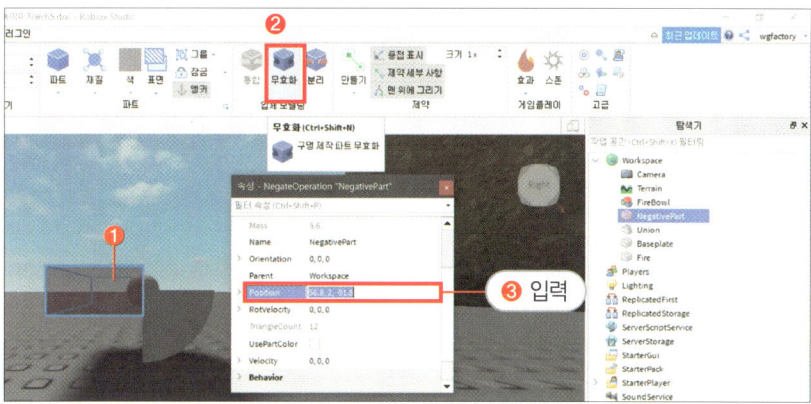

그림 5-22 | FireHalf 이동

17 이제 Fire 파트와 FireHalf를 Uinon 기능을 이용하여 합쳐 줍니다. 드디어 FireBowl 파트가 완성되었습니다. 탐색기 창에 Union 파트 2개가 생성된 걸 확인할 수 있습니다.

그림 5-23 | FireBowl 피트 완성

18 먼저 두 개의 Union 파트의 이름을 변경해야 합니다. 밑의 큰 파트를 Bowl로 작은 파트를 Fire로 변경합니다. 이름을 알맞게 변경한 후 Fire 파트를 Bowl 파트의 자식(Child)으로 만들어 주어야 합니다. 탐색기에서 Fire 파트를 클릭한 후 드래그하면서 Bowl 파트 위로 가져가면 Fire 파트가 Bowl 파트의 자식으로 들어갑니다.

그림 5-24 | Bowl와 Fire 부모-자식 관계 만들기

19 똑같은 방법으로 맨 처음 만들어 두었던 FireBowl 모델에 Bowl 파트를 부모-자식(Parent-Child) 관계로 만듭니다.

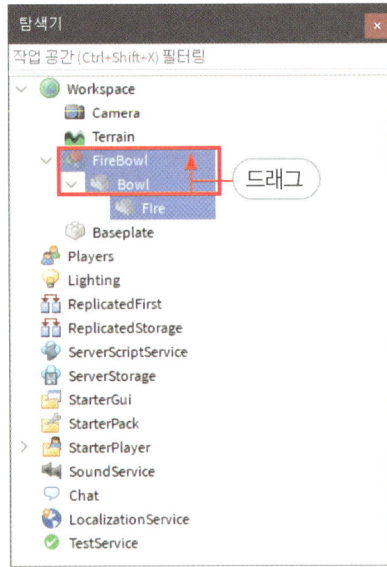

그림 5-25 | FireBowl 모델 완성

20 이제 FireBowl을 동굴 깊숙이 배치합니다.

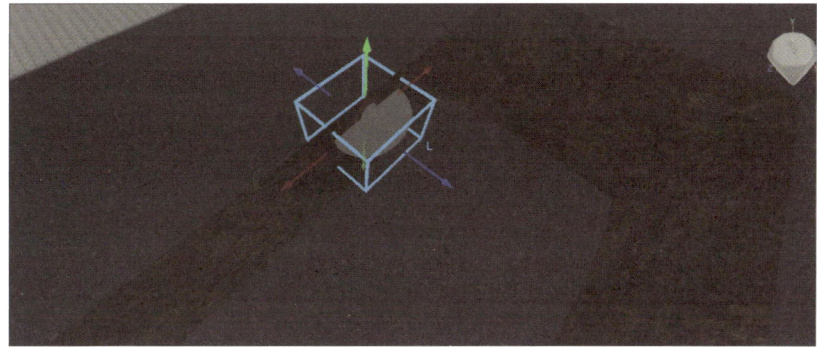

그림 5-26 | 동굴에 FireBowl 배치

21 FirwBowl의 배치가 끝나면 FireBowl의 자식(Child)인 Bowl 파트와 Fire 파트의 속성 창에서 '고정(Anchored)'에 체크 표시하여 위치를 고정시킵니다. 위치를 고정하지 않으면 플레이할 때 전부 땅에 떨어지게 됩니다. 꼭 잊지 말고 두 파트를 모두 고정시키세요.

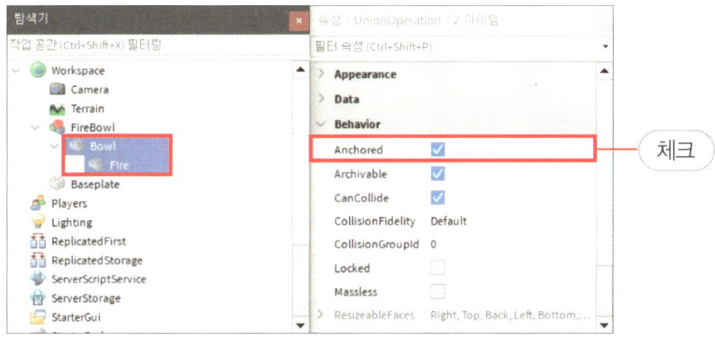

그림 5-27 | 속성 창에서 FireBowl 고정에 체크 표시

22 FireBowl의 배치가 끝나면 동굴 입구 근처에 발판용 블록 파트를 추가합니다. 파트의 이름을 'Switch'로 변경하고 스크립트를 추가합니다. 추가된 스크립트의 이름도 'Switch'로 변경하고 아래 코드를 입력합니다.

코드 | 파일명: Switch.lua

```lua
local switch = script.Parent          --Swit Part를 switch 변수에 담기
local switchPressed = false           --debounce Control 변수


function FireSwitch(player)           --FireSwitch 함수 정의
    local character = player.Parent   --character 변수에 player 담기
    --player가 "Humanoid"인지 판별
    local humanoid = character:FindFirstChild("Humanoid")
    
    if humanoid ~= nil then           --humanoid 변수에 값이 있으면 아래 코드 실행
        if not switchPressed then     --switchPressed의 값이 참이 아니면 아래 코드 실행
```

```
                    switchPressed = true           -- switchPressed를 true로 변경
                    local fire = Instance.new("Fire")          --fire 변수에 Fire 담기
                    local light = Instance.new("PointLight")   --light 변수에 PointLight 담기
                    --Fire 파트에 불 붙이기
                    fire.Parent = game.Workspace.FireBowl.Bowl.Fire
                    --Bowl 파트에 PointLight 붙이기
                    light.Parent = game.Workspace.FireBowl.Bowl
            end
        end
    end

    switch.Touched:Connect(FireSwitch)
```

위 코드에서 첫 번째 if문의 조건은 humanoid의 변수가 nil이 아니면 즉, 값이 존재하면 코드 아래를 실행하게 됩니다. 두 번째 조건문은 switchPressed가 참(true)이 아니면(거짓, false)이면 아래 조건문을 실행합니다.

25 이제 게임을 실행하고 Switch 파트를 밟으면 동굴 안에 불이 환하게 켜지게 됩니다.

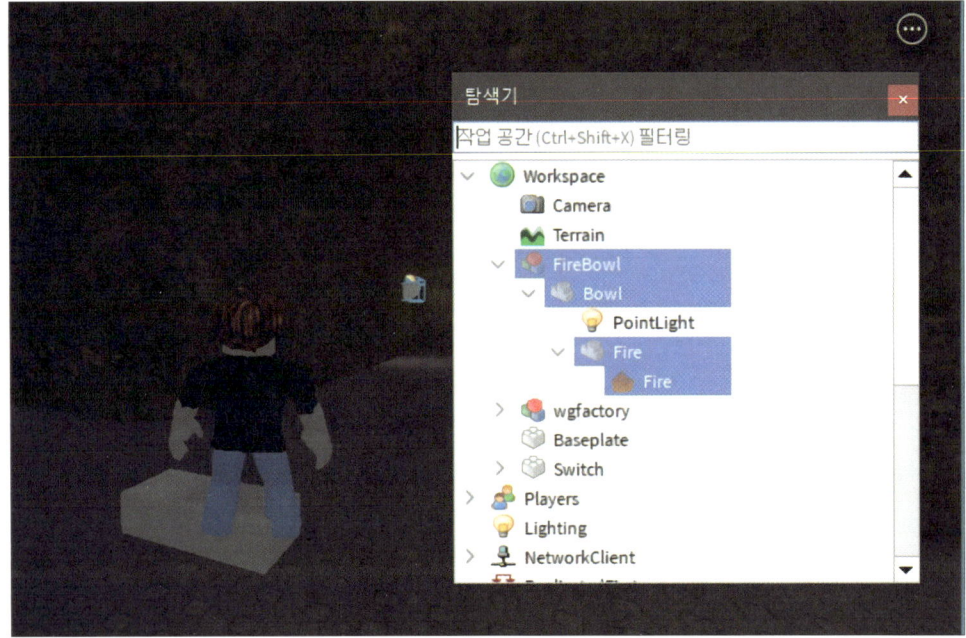

그림 5-28 | 동굴에 불 켜기

CHAPTER 02 밟으면 캐릭터에 불이 붙는 발판 만들기

밟으면 캐릭터에 불이 붙는 발판을 만들어 보겠습니다. 발판을 만들기에 앞서 로블록스에서 플레이어가 어떻게 추가되고 어떤 차이가 있는지 먼저 알아보겠습니다.

1 워크스페이스와 플레이어 이해하기

로블록스는 게임을 실행하면 서버(Server, 로블록스 서버)와 클라이언트(Client, 게임 플레이어)가 서로 통신을 합니다. 서버에서는 주로 게임 전체를 관리하는 기능을 주로 수행합니다. 예를 들어 각 플레이어의 순위, 접속한 플레이어의 목록, 각 게임 환경에 대한 설정 등이 있습니다. 클라이언트에서는 플레이어에 직접 관련된 일을 수행합니다. 예를 들어 플레이어가 획득한 아이템 수, 플레이어의 모델, GUI 메뉴 등이 있습니다.

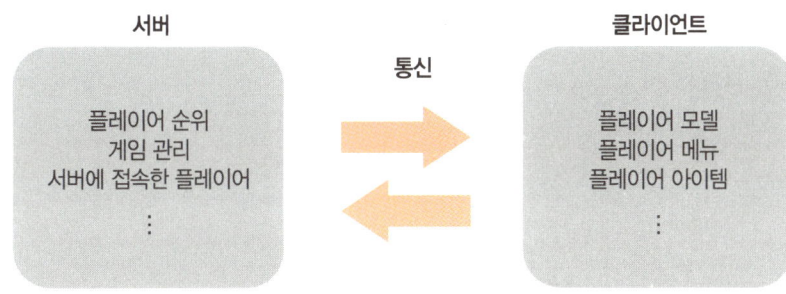

그림 5-29 | 로블록스의 서버와 클라이언트

로블록스 게임에 플레이어가 추가될 때 플레이어 정보는 두 군데에 생성됩니다. 하나는 플레이어스(Players)에 생성되는 것이고, 나머지는 워크스페이스(Workspace)에 생성되는 것입니다.

플레이어스(Players)에 생성된 플레이어 항목은 서버에 접속한 클라이언트(Client, 게임을 플레이 하는 기기)의 플레이어 정보를 저장하고 있습니다. 예를 들어 채팅 기록, 플레이어의 초기 설정 값, 외모 정보, 친구 목록 등을 가지고 있습니다. 플레이어스는 클라이언트(Client)에서 작동하기 때문에 스크립트로 접근할 수 없고 오직 로컬 스크립트(LocalScript)로만 접근할 수 있습니다.

워크스페이스(Workspace)에서 생기는 플레이어는 플레이어의 겉모양, "Humanoid" 객체, 플레이어의 물리적 속성 등의 정보를 포함합니다. 실제로 로블록스 스튜디오에서 게임을 제작하다가 테스트하기 위해 실행을 하면 탐색기 창에 플레이어에 관련된 사항이 2개가 생기는 것을 확인할 수 있습니다.

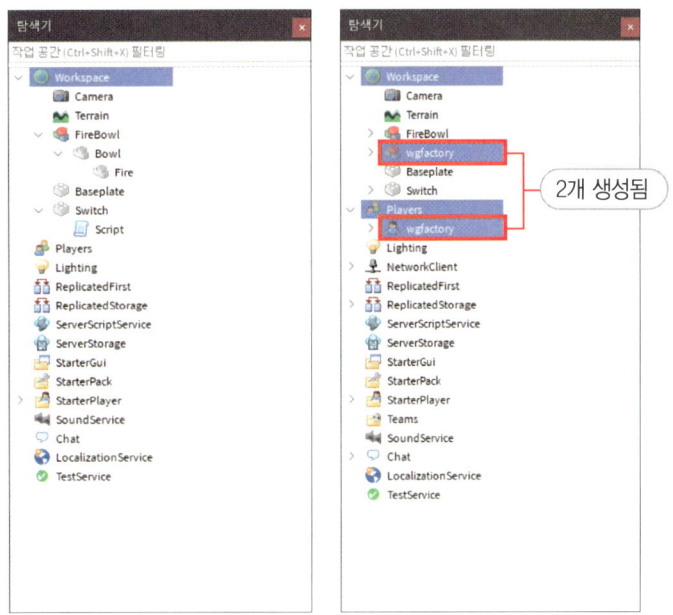

그림 5-30 | 왼쪽 화면은 게임 실행 전, 오른쪽 화면은 게임 실행 후

게임 캐릭터에 붙는 각종 효과들은 워크스페이스에 생기는 플레이어에 적용해 직접 화면에서 확인할 수 있습니다.

2 밟으면 불이 붙는 발판 만들기

밟으면 캐릭터에 불이 붙는 발판을 만들어 보겠습니다.

01 먼저 스폰로케이션(SpawnLocation)을 하나 만들고 그 주위에 블록 파트를 한 개 배치한 다음 파트 이름을 'FirePad'로 변경합니다. FirePad 파트의 색상은 기존 파트와 구분이 되게 바꿉니다. 마지막으로 FirePad에 스크립트를 추가하고 스크립트 이름을 'FirePad'로 변경합니다.

그림 5-31 | FirePad 파트 배치 완료

02 추가한 FirePad 스크립트에 아래의 코드를 입력합니다.

코드 | 파일명: FirePad.lua

```lua
local firePad = script.Parent              --FirePad Part 변수에 담기
local padPressed = false                   --Debounce Control 변수, 초깃값은 false

function FireEffect(otherPart)             --FireEffect 함수 정의
    local character = otherPart.Parent     --otherPart를 character 변수에 담기
    --otherPart에 "Humanoid" 객체가 있는지 확인
    local humanoid = character:FindFirstChild("Humanoid")
    
    if humanoid ~= nil then                --humanoid에 값이 있으면 아래 코드 실행
        if not padPressed then             --Debounce Control 변수가 참이 아니면 아래 코드 실행
            padPressed = true              --Debounce Control 변수의 값을 참(true)로 변경
            local fire = Instance.new('Fire') --FireEffect를 fire 변수에 담기
            fire.Parent = otherPart        --otherPart에 FireEffect 적용
            fire.Heat = 15                 --FireEffect의 Heat를 15로 변경
            fire.Size = 15                 --FireEffect의 Size를 15로 변경
        end
    end
end

firePad.Touched:Connect(FireEffect)        --FirePad에 Touch Event가 발생하면 FireEffect 함수 실행
```

03 게임을 실행하고 FirePad를 밟으면 캐릭터에 불이 붙습니다.

그림 5-32 | 불이 붙은 캐릭터

캐릭터에 불이 붙었습니다. 하지만 이 효과는 단순히 불 효과만 적용하고 다른 기능은 구현하지 않았기 때문에 캐릭터의 체력이 깎이지는 않습니다.

CHAPTER 03 캐릭터의 걷는 속도 높이기

1 WalkSpeed 속성 변경하기

터치 이벤트(Touch Event)를 사용하여 캐릭터의 걷는 속도를 높여 봅시다.

01 캐릭터의 걷는 속도(WalkSpeed)를 결정하는 속성은 탐색기 창의 '휴머노이드(Humanoid)'에 있습니다. 걷는 속도(WalkSpeed)의 초깃값은 16입니다.

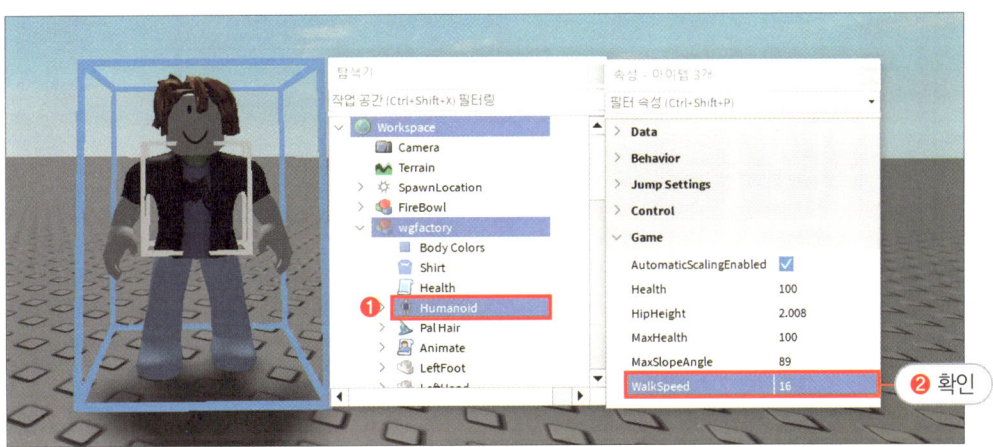

그림 5-33 | 걷는 속도(WalkSpeed) 조절

02 새로운 블록 파트를 배치하고 이름을 'WalkSpeedUp'으로 변경합니다. 다른 파트와 구분하기 위해 '색상'을 파란색으로 변경합니다. 변경이 완료되면 WalkSpeedUp 파트에 스크립트를 추가하고 스크립트의 이름도 'WalkSpeedUp'으로 변경합니다.

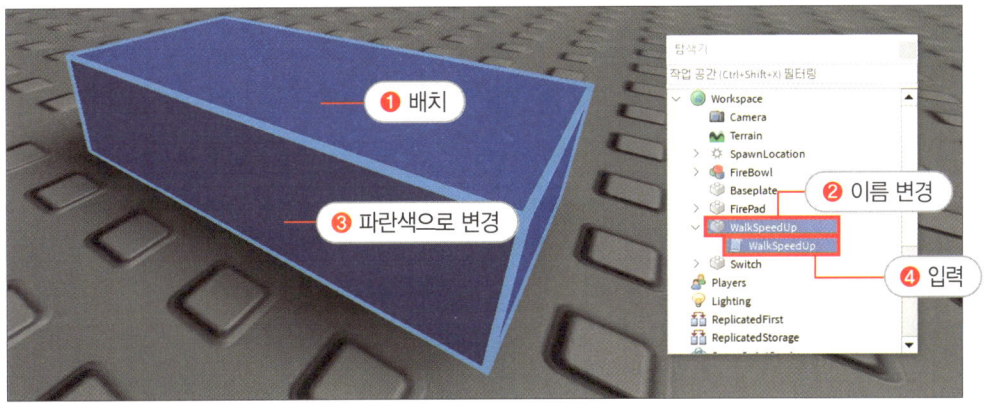

그림 5-34 | WalkSpeedUp 파트 생성

2 스크립트에 코드 입력하기

새로 만든 스크립트에 아래의 코드를 입력합니다.

코드 | 파일명: WalkSpeedUp.lua

```lua
local walkSpeed = script.Parent          --WalkSpeedUp 파트 변수에 담기

function touchTrigger(otherPart)          --touchTrigger 함수 정의
    local character = otherPart.Parent    --WalkSpeedUp 파트에 닿은 물체를 변수에 담기
    --WalkSpeedUp 파트에 닿은 물체의 속성 중 Humanoid 속성을 찾아서 변수에 담기
    local humanoid = character:FindFirstChildOfClass("Humanoid")
    --Humanoid 속성이 있고 Humanoid WalkSeed 속성이 16보다 작거나 같으면 아래 코드 실행
    if humanoid and humanoid.WalkSpeed <= 16 then
        humanoid.WalkSpeed = 32           --WalkSpeed를 32로 변경
        wait(10)                          --10초 기다림
        humanoid.WalkSpeed = 16           --WalkSpeed를 16으로 변경
    end
end

--WalkSpeedUp 파트에 캐릭터가 닿으면 touchTrigger 함수 실행
walkSpeed.Touched:Connect(touchTrigger)
```

위 예제는 WalkSpeedUp 파트에 플레이어 캐릭터가 닿으면 캐릭터의 WalkSpeed의 속성을 32로 변경하고 10초 뒤에 다시 16으로 되돌립니다. 게임을 실행하고 WalkSpeedUp 파트에 캐릭터가 닿으면 "Humanoid" 속성의 WalkSpeed의 숫자가 32로 변경되는 것을 확인할 수 있습니다.

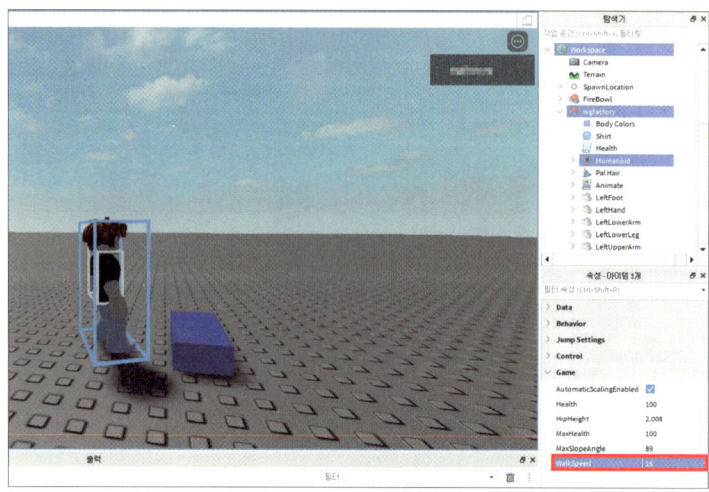

그림 5-35 | WalkSpeedUp 파트에 닿기 전

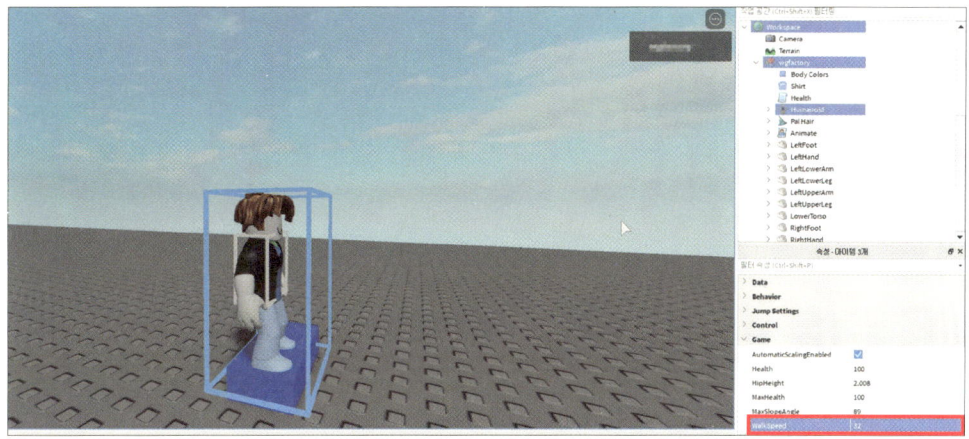

그림 5-36 | WalkSpeedUp 파트에 닿은 직후

> **잠깐만요**
>
> **로블록스 공간 설정**
>
> 로블록스 환경은 가상의 법칙이 적용됩니다. 예를 들어 아래 방향으로 중력이 작용하며 아바타의 걷기 속도나 점프력이 기본 설정으로 제공하고 있습니다. 이러한 중력, 점프력 등은 [파일]-[게임 설정]의 '월드' 항목에서 변경이 가능하며 기본적으로 '클래식', '현실적', '액션' 3가지 모드를 지원합니다. 각 모드마다 특징에 맞게 중력, 점프력 등이 설정되어 있으며 로블록스에서 가상 공간을 만들면 기본값이 '클래식' 모드로 시작합니다.
>
>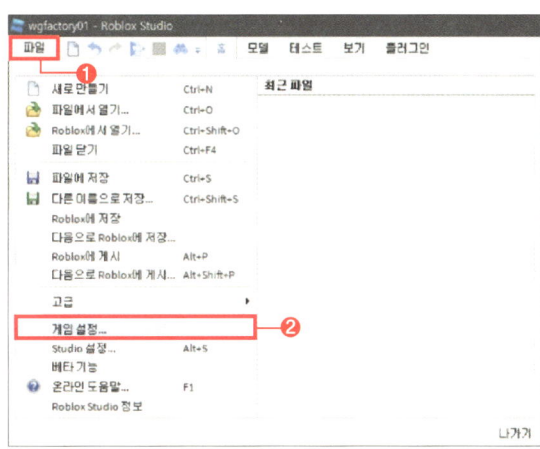
>
>

CHAPTER 04 캐릭터의 점프력 높이기

1 JumpPowerUp 속성 변경하기

캐릭터의 점프력과 관련된 속성을 변경하여 점프 높이를 바꾸겠습니다. 앞서 살펴 본 '캐릭터의 걷는 속도 높이기'의 내용처럼 블록 파트에 터치 이벤트(Touch Event)를 응용하여 만듭니다.

01 새로운 블록 파트를 추가한 후 이름을 'JumpPowerUp'으로 변경합니다. 다시 JumpPowerUp 파트에 스크립트를 추가합니다. 스크립트의 이름도 'JumpPowerUp'으로 변경합니다.

그림 5-37 | JumpPowerUp 파트 추가

02 JumpPowerUp 스크립트에 코드를 입력하기 전에 캐릭터의 'JumpPower'의 초깃값이 얼마인지 확인해야 합니다. JumpPower는 탐색기 창의 워크스페이스에서 플레이어 하위 메뉴의 'Humanoid'를 선택하고 'JumpPower' 항목에서 확인할 수 있습니다. 여기서는 'JumpPower'의 초깃값이 '50'이라는 것을 알 수 있습니다.

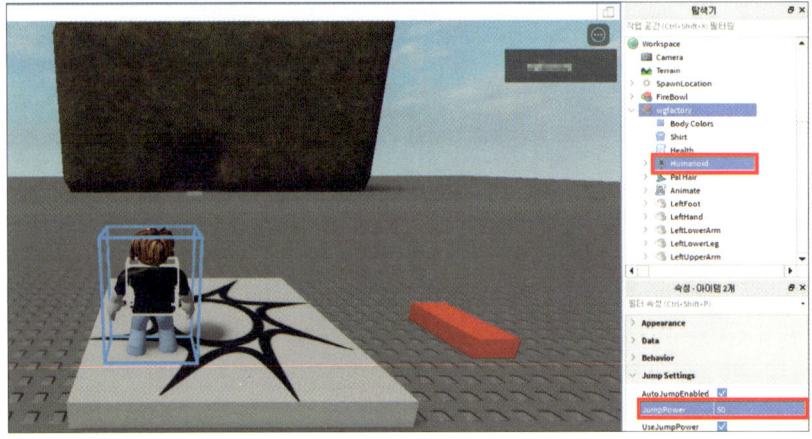

그림 5-38 | JumpPower 초깃값 확인

174 ■ 로블록스 게임 제작 무작정 따라하기

2 스크립트에 코드 입력하기

03 초깃값 확인을 마쳤으면 JumpPowerUp 스크립트에 아래의 코드를 추가합니다.

코드 | 파일명: JumpPowerUp.lua

```lua
local jumpPowerUP = script.Parent        --JumpPowerUp 파트를 변수에 담기

function jumpTrigger(player)             --jumpTrigger 함수 정의
    local character = player.Parent      --player 변수에 담기
    --Humanoid 속성을 humanoid 변수에 담기
    local humanoid = character:FindFirstChildOfClass("Humanoid")
    --humanoid가 있고 humanoid의 JumpPower가 50보다 작거나 같으면
    if humanoid and humanoid.JumpPower <= 50 then
        humanoid.UseJumpPower = true     --UseJumpPower 활성화
        humanoid.JumpPower = 500         --JumpPower 500으로 변경
        wait(5)                          --5초 기다리기
        humanoid.JumpPower = 50          --JumpPower 초깃값으로 변경
    end
end

--JumpPowerUp Part에 캐릭터가 닿으면 jumpTrigger 함수 실행
jumpPowerUP.Touched:Connect(jumpTrigger)
```

위 코드는 JumpPowerUp 파트에 캐릭터가 닿으면 캐릭터의 JumpPower를 '500'으로 변경하고 5초 뒤에 초깃값으로 되돌립니다.

그림 5-39 | 한 번의 점프로 하늘 끝까지 날아오른 캐릭터

CHAPTER 05 캐릭터가 죽는 블록 만들기

1 원통 파트 만들고 속성 변경하기

이번에는 캐릭터가 밟으면 죽는 블록을 만들어 보겠습니다. 위에서 살펴본 두 예제처럼 먼저 적당한 파트를 만든 후에 이름과 스크립트를 추가해야 합니다.

01 원통(Cylinder) 파트를 이용해서 원판 모양을 만들어 줍니다.

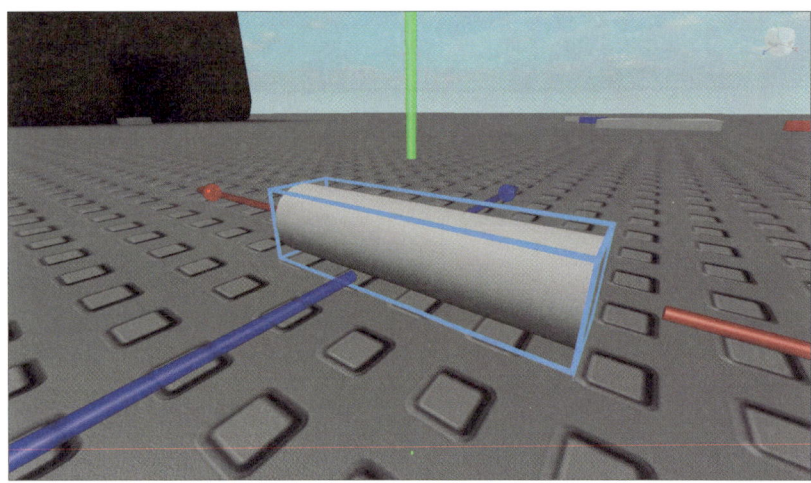

그림 5-40 | 원통 파트 배치

02 하지만 원통 파트를 맨 처음에 배치하면 **그림 5-40**처럼 누운 형태입니다. 상단 메뉴에서 [이동]을 클릭하여 원통 파트를 공중에 살짝 띄운 후 [회전]을 클릭하여 똑바로 세웁니다.

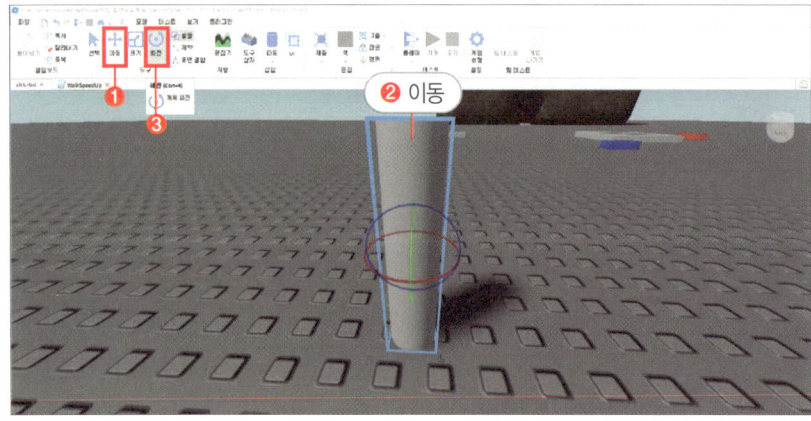

그림 5-41 | 원통 파트 회전

176 ■ 로블록스 게임 제작 무작정 따라하기

03 원통 파트를 납작하게 만들어야 합니다. 납작하게 만들기 위해서 원통 파트의 속성 창에서 '크기'를 '0.2,1,1'로 변경합니다. 원통 파트의 이름을 'TrapMine'으로 바꾸고 스크립트를 추가합니다. 스크립트의 이름도 'TrapMine'으로 변경합니다.

그림 5-42 | TrapMine 파트 배치 완료

2 스크립트에 코드 입력하기

TrapMine 스크립트에 아래의 코드를 입력합니다. 위 코드는 플레이어 캐릭터가 TrapMine에 닿으면 플레이어의 Humanoid 속성에서 체력(Health)값을 0으로 만들어 주는 기능입니다.

코드 | 파일명: TrapMine.lua

```lua
local trapMine = script.Parent          --TrapMine 변수에 담기

function trapTrigger(player)            --trapTrigger 함수 정의
    local character = player.Parent     --player 캐릭터 함수에 담기
    -- 캐릭터에 Humanoid 속성 찾기
    local humanoid = character:FindFirstChild("Humanoid")
    --조건문 TrapMine 파트에 닿은 물체에 "Humanoid"가 있으면 아래 코드 실행
    if humanoid ~= nil then
        humanoid.Health = 0             --Humanoid의 체력값을 0으로 만들기
    end
end

trapMine.Touched:Connect(trapTrigger)   --trapMine 파트에 닿으면 trapTrigger 실행
```

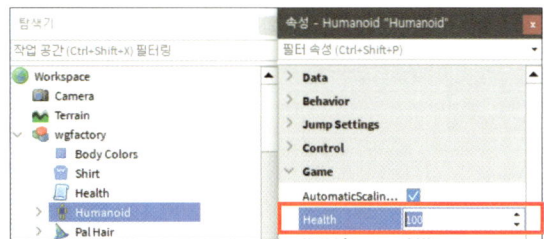

그림 5-43 | Humanoid의 체력 속성 확인

[플레이]를 클릭하여 테스트를 하면 TrapMine을 밟는 순간 캐릭터의 체력이 0이 되어 죽는 모습을 확인할 수 있습니다.

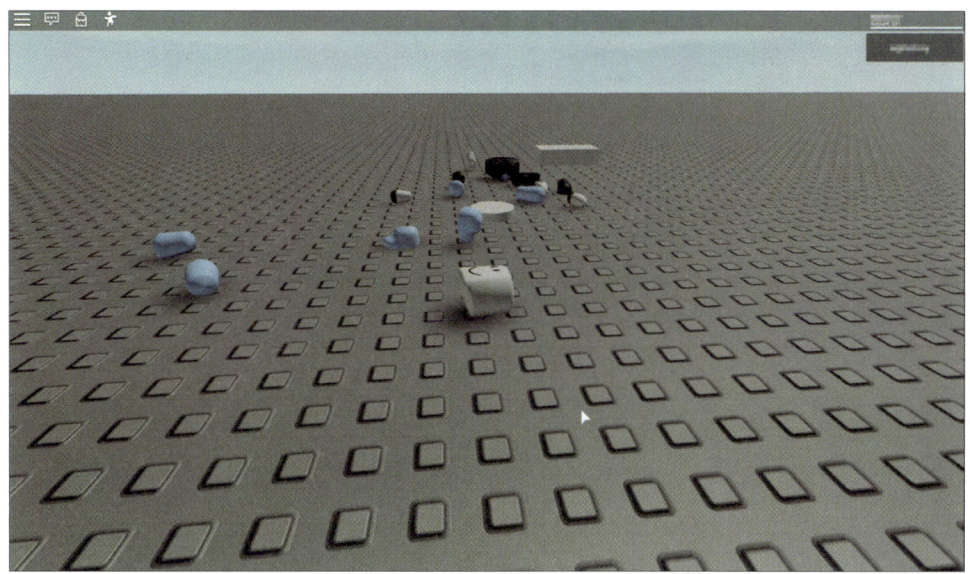

그림 5-44 | TrapMine 파트를 밟았을 때

CHAPTER 06 무한히 회전하는 파트 만들기

이번에는 무한히 회전하는 파트를 구현해 보겠습니다. 로블록스에서 파트나 모델을 스크립트로 회전시킬 때 씨프레임(Cframe, Coordinate Frame)을 사용합니다. 씨프레임은 로블록스에서 사용하는 데이터 형식으로, 좌푯값과 회전값을 동시에 가질 수 있습니다. 쐐기형 파트를 이용해서 무한 회전하는 예제를 실습해 보겠습니다.

1 쐐기형 파트 만들기

01 상단 메뉴에서 쐐기형 파트를 만들어 공중에 살짝 띄워 줍니다. 쐐기형 파트의 이름을 'RotatePart'로 변경하고 스크립트를 추가한 뒤 스크립트의 이름은 'RotateScript'로 바꿉니다.

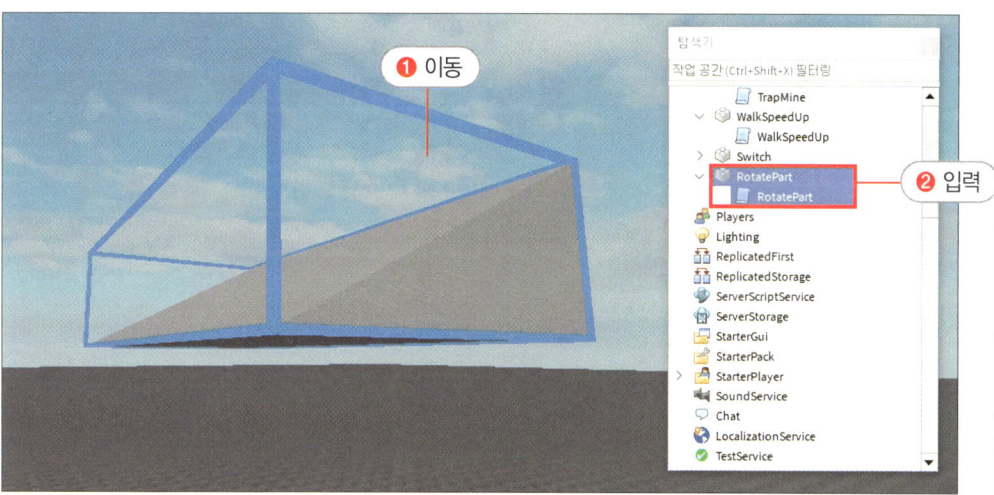

그림 5-45 | RotatePart 생성

2 스크립트에 코드 입력하기

이제 스크립트에 아래의 코드를 입력합니다.

코드 | 파일명: RotateScript.lua

```lua
local rotatePart = script.Parent        --rotatePart를 변수에 담기

rotatePart.Anchored = true              --rotatePart 위치 고정

while true do                           --회전 반복문 시작
    rotatePart.CFrame = rotatePart.CFrame * CFrame.fromEulerAnglesXYZ
(0.1, 0.1, 0.1)                         --파트를 회전
    wait()
end
```

여기서 주의할 점은 CFrame.fromEulerAnglesXYZ(0.1, 0.1, 0.1)이 우리가 흔히 알고 있는 각도(60분법, degree) 값이 아니라 라디안(radian) 값이라는 것입니다. 게임을 실행하고 RotatePart 파트 '오리엔테이션(Orientation)' 속성을 확인하면 숫자가 계속 변하는 것을 확인할 수 있습니다.

TIP '라디안'이란 각도를 표현하는 방법 중의 하나입니다. 우리가 흔히 사용하는 각도와 비교해서 수학적으로 많은 이점이 있어 수학과 물리 분야에서 많이 사용되며 게임 제작 역시 수학과 물리에 영향을 많이 받기 때문에 사용되는 각도 단위입니다.

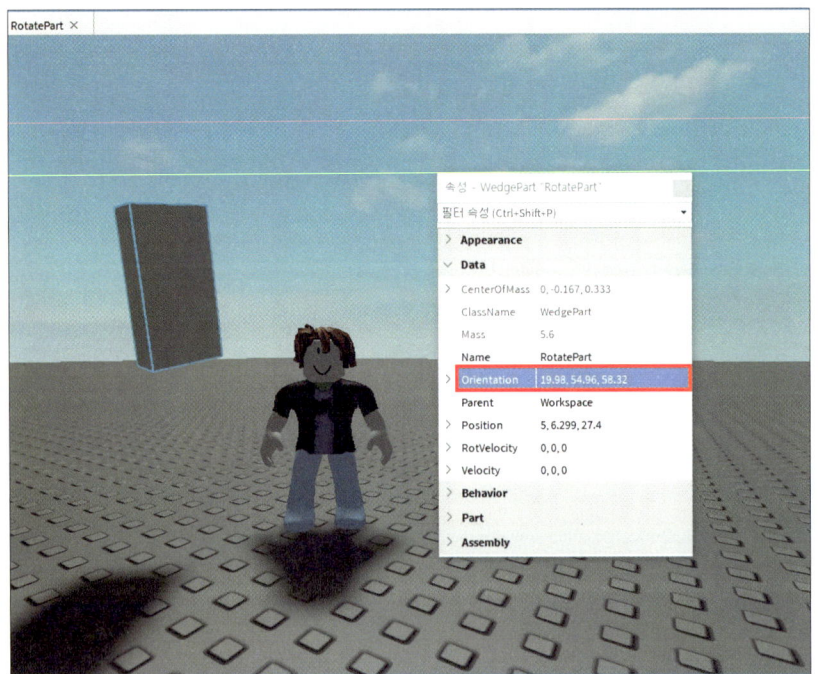

그림 5-46 | 빙글빙글 회전하는 RotatePart

CHAPTER 07 NPC 제어하기

이번에는 NPC(Non Player Character)를 제어하는 예제를 살펴보겠습니다. NPC를 제어하는 방법 중 하나인 두 지점을 자동으로 왕복하는 기능을 구현할 것입니다.

> **TIP** NPC란 Non-Player Character로, 플레이어(사람)가 아닌 캐릭터를 의미합니다. 보통 상점 주인이나 마을 안내역을 맡은 캐릭터가 대부분입니다.

1 도구 상자에서 재료 추가하기

01 예제에서 사용할 재료를 도구 상자(Tool Box)에서 선택하겠습니다. 상단 메뉴의 [보기] 탭–[도구 상자]를 클릭합니다. 화면 왼쪽에 도구 상자 목록이 나타납니다.

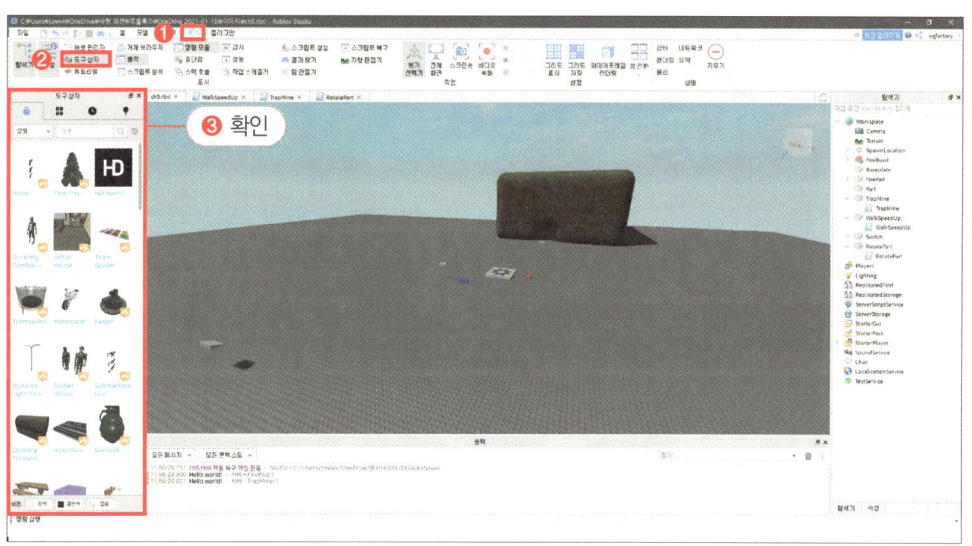

그림 5-47 | 로블록스의 도구 상자

> **잠깐만요** **도구 상자에 있는 재료들**
>
> 도구 상자에는 로블록스 게임을 만들 때 자유롭게 사용할 수 있는 다양한 모델들이 있습니다. 감시탑, 좀비, 나무, 총 등 전 세계의 로블록스 개발자들이 자신이 만든 게임 아이템들을 업로드하면 다른 개발자들이 도구 상자를 이용하여 게임을 만들 때 활용할 수 있습니다.
>
> 우리가 실습에 사용할 재료는 깃대(Flag stand) 2개와 좀비(Zombie) 캐릭터입니다. 깃대는 왕복하는 포인트를 지정하는 역할을 하게 됩니다.

02 도구 상자 검색 창에 'flag stand'라고 검색어를 입력하면 'flag stand'를 포함한 많은 종류의 재료들이 검색됩니다.

그림 5-48 | 도구 상자에서 'flag stand'로 검색

03 배치를 원하는 모델을 한 번 클릭하면 로블록스 스튜디오의 템플릿에 자동으로 모델이 배치됩니다. 검색된 많은 모델 중에서 '빨간 깃대(Red Flag Stand)'와 '파란 깃대(Blue Flag Stand)'를 1개씩 선택하여 배치하고 적당한 위치로 옮깁니다.

그림 5-49 | 두 개의 Flag Stand 배치

04 마지막으로 좀비를 배치할 차례입니다. 좀비는 도구 상자에서 'Drooling Zombie'를 선택해 사용합니다. 'flag stand'를 검색한 것처럼 검색 창에서 'zoombie'를 검색한 후 'Drooling Zombie'를 클릭하여 워크스페이스에 추가합니다.

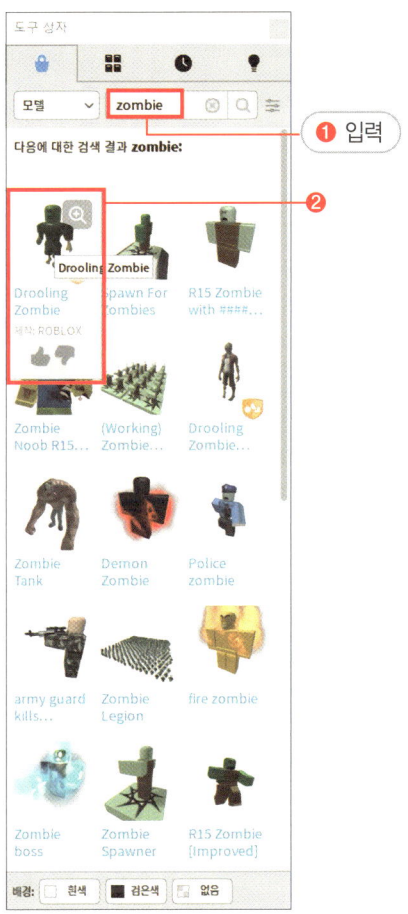

그림 5-50 | 'Drooling Zombie' 선택

그림 5-51 | 좀비와 깃대(Flag Stand) 배치 완료

05 좀비의 움직임을 제어하는 스크립트를 만들어야 합니다. 이때 새로운 스크립트를 추가하지 않고 기존에 있는 좀비 스크립트(Zombie Script)를 사용할 것입니다. 좀비 스크립트 위치는 탐색기 창의 [Workspace]-[Dooling Zombie]-[Script]에 있습니다.

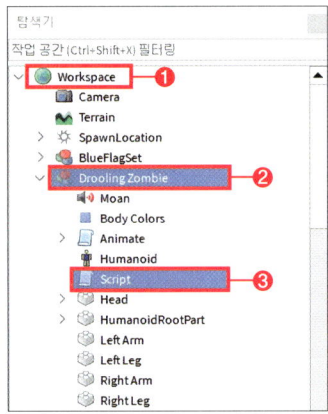

그림 5-52 | 좀비 스크립트 위치

2 스크립트에 코드 입력하기

기존에 있는 좀비 스크립트의 내용을 모두 지우고 아래의 코드를 입력합니다.

코드 | 파일명: DroolingZombie.lua

```lua
local zombie = game.Workspace["Drooling Zombie"]    --Zombie를 변수에 담기
local humanoid = zombie.Humanoid                     --좀비의 휴머노이드 속성 담기



local pointA = game.Workspace.BlueFlagSet            --Blue 깃대 변수에 담기
local pointB = game.Workspace.RedFlagSet             --Red 깃대 변수에 담기


local nextPoint = pointA                             --다음 이동 지점을 알려주기 위한 변수 설정


local PATROL_DELAY = 2                               --변수로 지체 시간 2초로 설정


while wait(PATROL_DELAY) do                          --반복 동작 만들기
    humanoid:MoveTo(nextPoint.PrimaryPart.Position)  --다음 위치 변수로 이동
    humanoid.MoveToFinished:wait()                   --목적지 도착 후 잠시 대기


    if nextPoint == pointA then   --조건문 시작 nextPoint가 PointA와 같으면 아래 코드 실행
        nextPoint = pointB                           --nextpoint를 pointB로 변경
```

```
        else                         --if문 조건이 거짓이면(nextPoint가 PointB이면)
            nextPoint = pointA       --nextPoint를 PointA로 변경
        end
    end
end
```

게임을 실행하면 좀비가 두 깃대(Flag Stand) 사이를 왕복하는 것을 볼 수 있습니다.

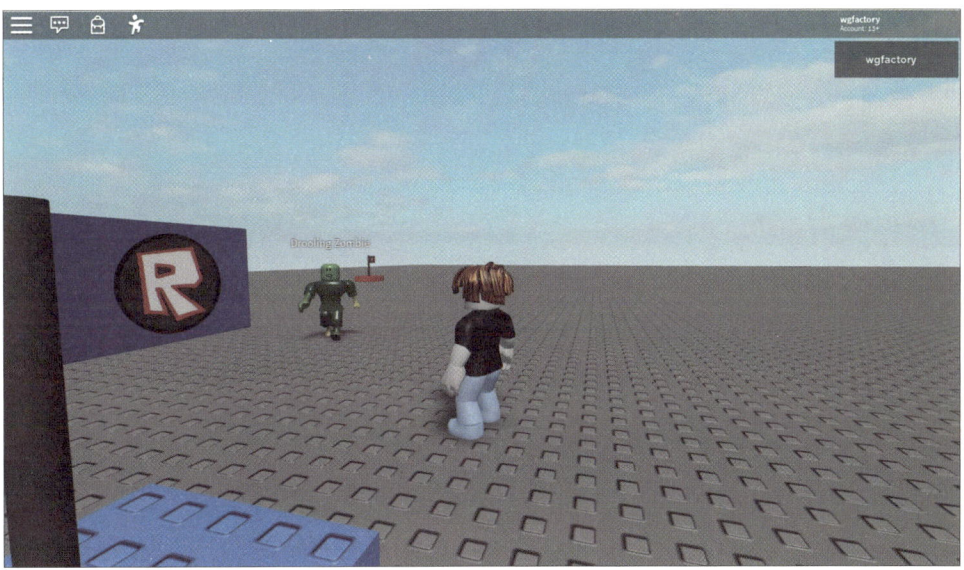

그림 5-53 | 깃대 사이를 왕복하는 좀비

CHAPTER 08 대화하는 캐릭터 만들기

이번 예제에서는 사용자가 클릭하면 준비된 대사를 말하는 매우 간단한 NPC를 구현해 보겠습니다.

1 NPC 추가하기

01 NPC를 추가하기 위해 도구 상자의 검색 창에 'npc'를 입력하여 검색합니다. 이 중에서 **그림 5-55**와 같은 NPC를 클릭하여 배치합니다.

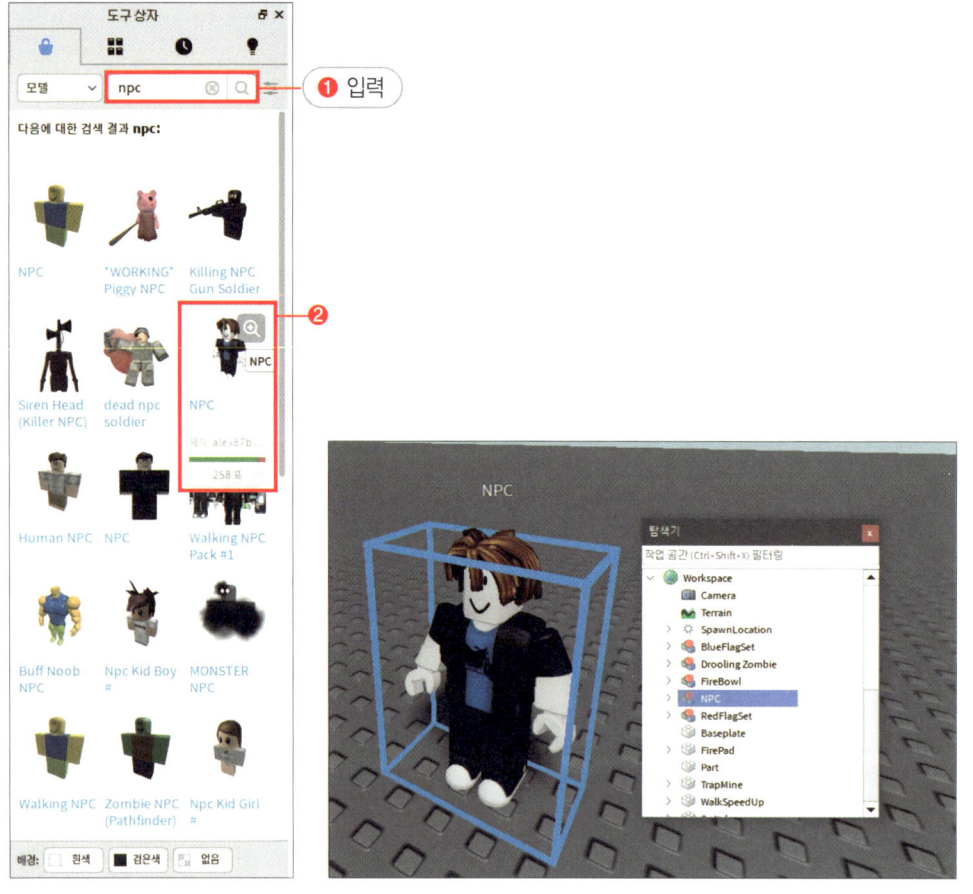

그림 5-54 | 도구 상자 npc 검색   그림 5-55 | NPC 배치

02 위에서 배치한 NPC는 동작에 관련된 기본적인 스크립트가 내장되어 있습니다. 실습을 위해서 지금 당장 필요 없는 스크립트는 삭제하겠습니다. 삭제할 스크립트인 'Move', 'Respawn'를 선택하고 Delete 키를 눌러 삭제합니다.

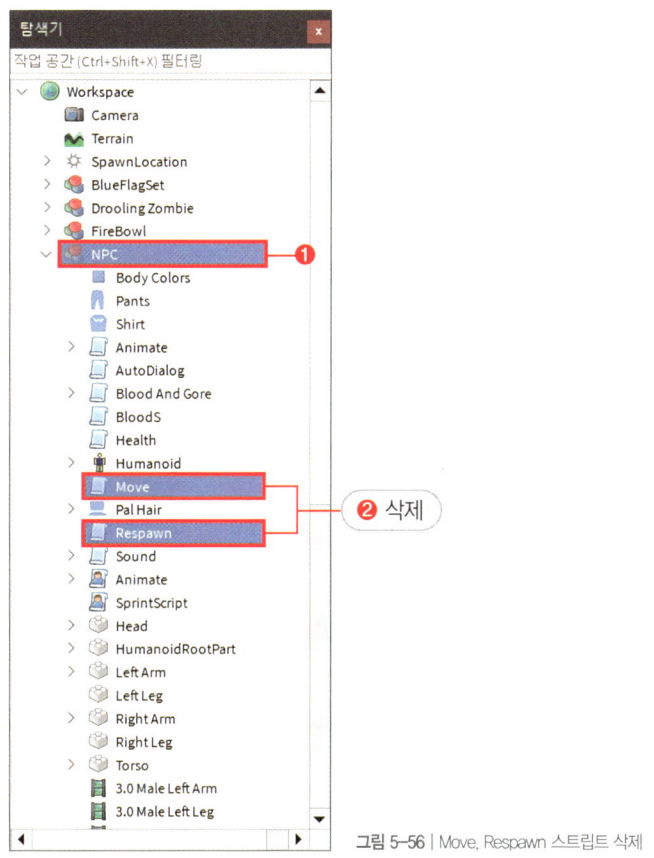

그림 5-56 | Move, Respawn 스트립트 삭제

03 탐색기 창에서 'NPC'의 [추가](+) 아이콘을 클릭한 후 'ClickDetector(클릭 디텍터)'를 추가합니다. 클릭 디텍터는 플레이어의 마우스 클릭을 감지하는 기능을 갖고 있습니다.

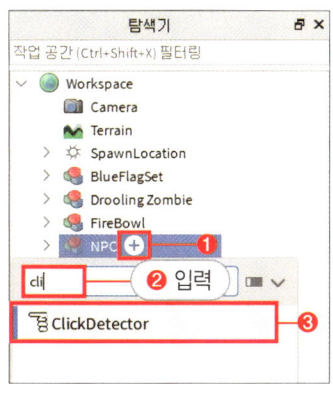

그림 5-57 | 클릭 디텍터 추가

04 클릭 디텍터(ClickerDetector)를 추가했으면, 탐색기 창에서 'NPC'의 하위 목록에서 'AutoDialog' 스크립트를 더블 클릭해 엽니다.

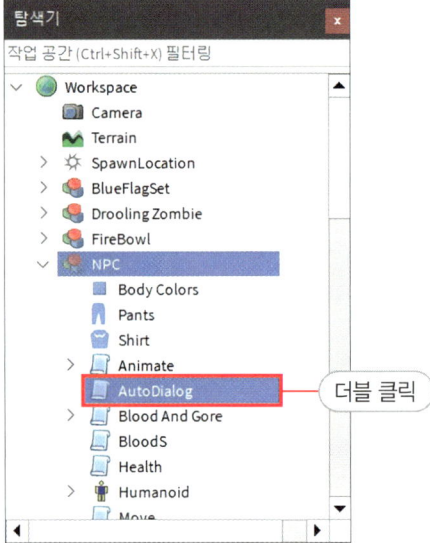

그림 5-58 | AutoDialog 기존 코드 삭제

2 스크립트에 코드 입력하기

기존에 있는 코드를 전부 삭제한 후 아래의 코드를 입력합니다.

코드 | 파일명: AutoDialog.lua

```lua
local ChatService = game:GetService("Chat")      --Chat Service 가져오기
local npc = script.Parent                         --NPC 변수에 담기

local head = npc.Head                             --NPC의 Head 파트 변수에 담기
local click = npc.ClickDetector                   --ClickerDetector 변수에 담기
local dialogue= {}                                --dialog 배열 선언

local function speak()                            --speak 함수 선언
    dialogue = "안녕하세요? 반갑습니다. ^^"        --dialog 배열에 대사 담기
    ChatService:Chat(head, dialogue)              --Chat Service를 이용한 NPC 위치는 head, 대사는 dialog
end

click.MouseClick:Connect(speak)                   --ClickDetector가 클릭을 감지하면 speak 함수 실행
```

게임 실행 후 NPC의 머리에 마우스 포인터를 가져가면 포인터가 손가락 모양으로 변합니다. 이때 마우스를 클릭하면 추가한 대사가 NPC의 머리 위에 나타납니다.

그림 5-59 | 말하는 NPC

지금은 대사가 한 개만 있습니다. 만약 여러 개의 대사를 말하게 하려면 기존에 선언한 dialogue 배열에 대사를 추가하고 speak 함수를 약간 수정하면 됩니다. 수정된 코드는 아래와 같습니다.

코드 | 파일명: AutoDialog2.lua

```lua
local ChatService = game:GetService("Chat")    --Chat Service 가져오기
local npc = script.Parent                       --NPC 변수에 담기
local head = npc.Head                           --NPC의 Head 파트 변수에 담기
local click = npc.ClickDetector                 --ClickerDetector 변수에 담기
--dialog 배열 선언
local dialogue= {"안녕하세요? 반갑습니다.^^", "전생에 당신은 전설의 용사였습니다.", "대마왕이 부활했습니다!!", "용사여!! 어서 깨어나세요!!"}
local index = 1                                 --index 초깃값 1

local function speak()                          --speak 함수 선언
    local talk = dialogue[index]                --talk 변수에 미리 준비된 대사 담기
    ChatService:Chat(head, talk)   --Chat Service를 이용한 NPC 대사 위치 Head, 대사 dialogue
    if index == #dialogue then     --index가 dialogue 배열의 크기와 같으면 아래 코드 실행
        index = 1
    else                           --그 이외에 index가 #dialogue 길이와 같지 않은 경우
        index = index + 1
```

TIP dialogue 배열의 내용은 한 줄로 이어 써야 오류가 나지 않습니다. 책에는 지면 관계상 두 줄로 보이는 것입니다.

```
        end
    end

click.MouseClick:Connect(speak)        --ClickDetector가 클릭을 감지하면 speak 함수 실행
```

위 코드는 미리 여러 개의 대사를 dialogue 배열에 저장한 후 대사를 배열의 인덱스(index) 번호로 차례대로 불러옵니다. 즉, 클릭할 때 마다 dialogue 배열에 미리 집어넣었던 대사를 차례대로 이야기합니다. 로블록스에서 사용하는 루아 언어에서 배열의 인덱스는 1부터 시작합니다.

그림 5-60 | 대사가 늘어난 NPC

CHAPTER 09 점수를 획득하는 아이템 배치하기

이번에는 게임의 주요 요소인 '아이템'과 '점수 획득'을 구현해 보겠습니다.

1 서버 스크립트 서비스에 스크립트 작성하기

01 로블록스에서 점수 획득은 로블록스 서버(Sever)에서 관리합니다. 따라서 점수 기능을 구현하려면 서버 스크립트 서비스(ServerScriptService)에 스크립트를 작성해야 합니다.

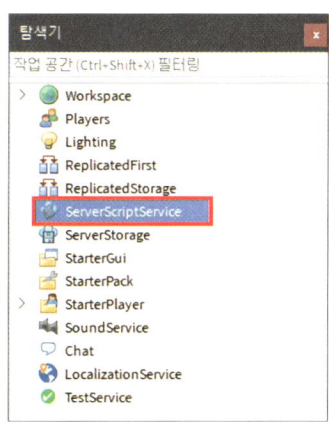

그림 5-61 | 서버 스크립트 서비스

02 서버 스크립트 서비스는 로블록스 전체 게임의 규칙을 작성하는 곳이며, 오직 로블록스 서버에서 실행됩니다. 서버 스크립트 서비스에 스크립트를 추가하고 이름을 'PlayerSetup' 으로 변경합니다.

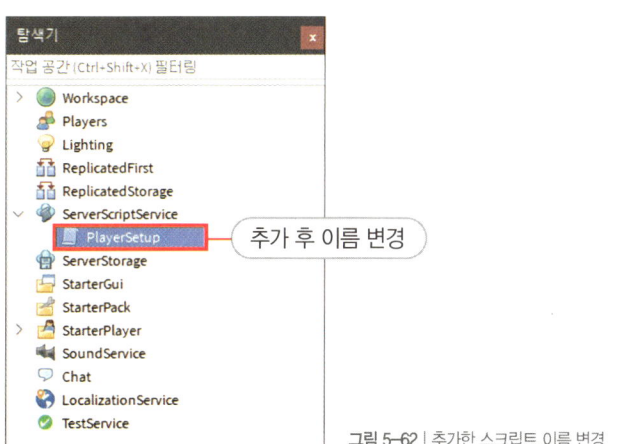

그림 5-62 | 추가한 스크립트 이름 변경

03 PlayerSetup 스크립트에 아래 코드를 입력합니다. 스크립트를 이용하여 점수를 담을 공간을 만듭니다.

코드 | 파일명: PlayerSetup.lua

```lua
--onPlayerJoin 함수 : 점수 담는 공간을 만드는 함수
local function onPlayerJoin(player)                  --함수 정의
    local leaderstats = Instance.new("Folder")       --새로운 폴더 만들기
    leaderstats.Name = "leaderstats"                 --폴더 이름 leaderstsats로 변경
    leaderstats.Parent = player                      --폴더의 Parent를 player로 지정
    --표시할 점수 항목 만들기
    local points = Instance.new("IntValue")          --정수(Int) 타입의 값 만들기
    points.Name = "Points"                           --이름을 Points로 변경
    points.Value = 0                                 --Points의 초깃값을 0으로 지정
    points.Parent = leaderstats                      --Points의 Parent를 leaderstats 폴더로 지정

    local items= Instance.new("IntValue")            --정수(Int) 타입의 값 만들기
    items.Name = "Items"                             --이름을 Items로 변경
    items.Value = 0                                  --Items의 초깃값을 0으로 지정
    items.Parent = leaderstats                       --Items의 Parent를 leaderstats 폴더로 지정

    local spaces = Instance.new("IntValue")          --정수(Int) 타입의 값 만들기
    spaces.Name = "Spaces"                           --이름을 Spaces로 변경
    spaces.Value = 0                                 --Spaces의 초깃값을 0으로 지정
    spaces.Parent = leaderstats                      --Spaces의 Parent를 leaderstats 폴더로 지정
end
--Player가 게임에 들어오면 onPlayerJoin 함수 실행
game.Players.PlayerAdded:Connect(onPlayerJoin)
```

04 onPlayerJoin 함수는 게임에 플레이어가 추가되면 실행됩니다. 지금은 점수를 획득하는 기능은 구현하지 않았지만 로블록스 스튜디오의 상단 메뉴에서 [플레이]를 클릭해서 실제로 어떻게 코드가 동작되는지 확인해 봅시다. **그림 5-63**처럼 탐색기 창의 Players에 어떤 항목이 추가되는지 확인할 수 있습니다. 여기서는 leaderstats 폴더와 게임 화면 GUI가 바뀐 모습을 확인할 수 있습니다.

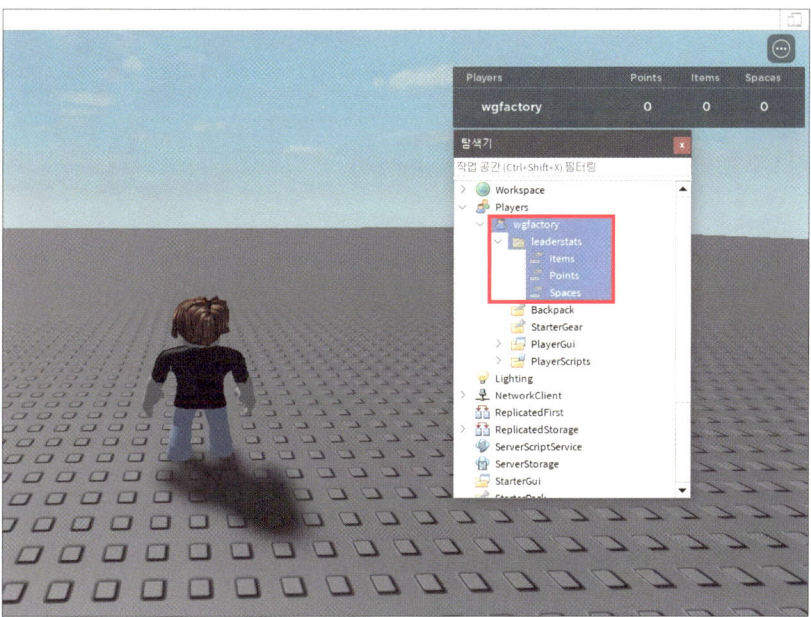

그림 5-63 | leaderstats 폴더 위치 확인

2 아이템 추가하고 획득하면 점수가 오르는 기능 설정하기

01 이제 점수를 계산하는 큰 틀을 만들었으니 아이템을 획득했을 때 점수가 올라가는 기능을 구현해야 합니다. 먼저 아이템을 추가해 봅시다. 도구 상자 창에서 '모델' 항목을 '메시'로 변경하고 검색 창에서 'apple'을 검색하여 원하는 사과 메시 모델(Mesh Model)을 배치합니다.

그림 5-64 | 메시로 만든 사과 배치 배치

02 탐색기 창에서 배치된 사과(apple) 아이템에 스크립트를 추가하고 이름을 'GetPoints'로 변경합니다.

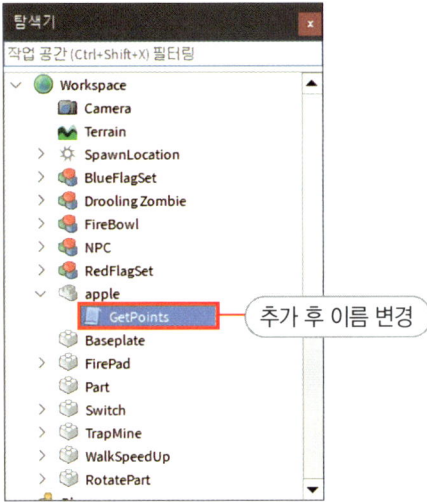

그림 5-65 | GetPoints 스크립트 추가

03 GetPoints 스크립트에 아래의 코드를 입력합니다.

코드 | 파일명: GetPoints.lua

```lua
local pointPart = script.Parent                    --apple 파트를 변수에 담기
local applePoints = 30                             --획득 점수 변수에 담기
local Players = game:GetService("Players")         --"Players" Service 변수에 담기

local function givePoints(player)                  --점수를 획득하는 givePoints 함수
    --Player의 "leaderstats" 폴더를 변수에 담기
    local playerStats = player:WaitForChild("leaderstats")
    --leaderstats의 "Points"를 변수에 담기
    local playerPoints = playerStats:WaitForChild("Points")
    playerPoints.Value = playerPoints.Value + applePoints    --점수 획득
    pointPart:Destroy()                            --점수 획득 후 아이템 사라지게 하기
    local playerCharacter = player.Character       --플레이어 캐릭터 변수에 담기
    --ParticleEmitter Effect 변수에 담기
    local particle = Instance.new("ParticleEmitter")
    --ParticleEmitter Effect를 플레이어 캐릭터 머리에 적용
    particle.Parent = playerCharacter:WaitForChild("Head")
    wait(1)                                        --1초 기다리기
    particle:Destroy()                             --ParticleEmitter Effect 없애기
end
```

TIP GetPoints 스크립트는 192쪽의 PlayerSetup 스크립트가 있어야 작동합니다.

```lua
--partTouch 함수 : 사과와 플레이어의 Touch Event 함수
local function partTouched(otherPart)
    --플레이어 변수에 담기
    local player = game.Players:GetPlayerFromCharacter(otherPart.Parent)
    if player then                  --player에 값이 있으면 아래 코드 실행
        givePoints(player)          --givePoints 함수 실행
    end
end

--사과 아이템에 Touch Event가 있으면 partTouch 함수 실행
pointPart.Touched:Connect(partTouched)
```

GetPoints 스크립트는 크게 2가지로 나뉩니다. 첫 번째는 실제 점수를 추가하는 givePoints 함수이고, 두 번째는 터치 이벤트(Touch Event)를 제어하는 partTouched 함수입니다. 이렇게 함수를 두 개로 나눈 이유는 점수를 저장하는 공간이 game.Players.[캐릭터 이름]이지만 실제 터치 이벤트가 발생하는 공간은 game.Workspace.[캐릭터 이름]이기 때문입니다. 이제 완성한 사과 아이템을 여러 개로 복사하여 배치하면 사과를 먹을 때 마다 점수가 올라가는 것을 확인할 수 있습니다.

그림 5-66 | 여러 개의 사과 먹기

CHAPTER 10 순간이동 기능 만들기

1 Teleport 파트와 스크립트 만들기

01 로블록스에서 순간이동을 구현해 보겠습니다. 먼저 순간이동을 해 줄 발판이 필요합니다. 블록 파트를 배치하고 이름을 'Teleport'로 변경합니다. 파트의 크기와 색상도 적당히 조정합니다. Teleport 파트에 스크립트도 추가한 후 스크립트 이름도 'Teleport'로 변경합니다.

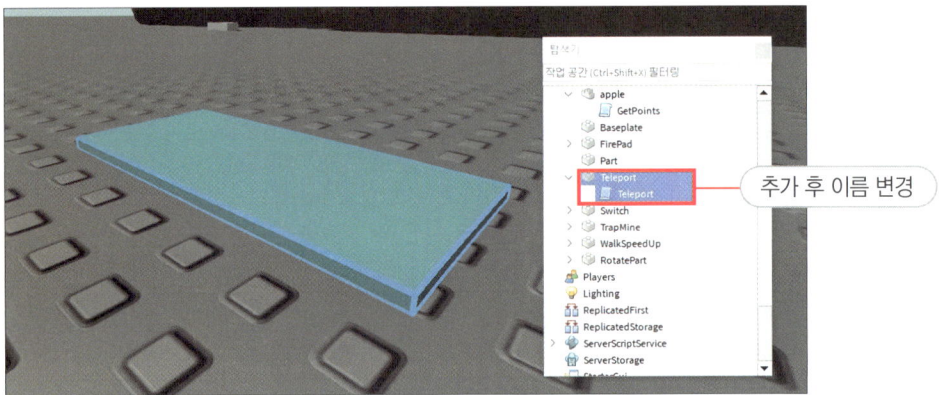

그림 5-67 | Teleport 파트와 스크립트

02 이제 이동할 좌표를 설정해야 합니다. 이동할 좌표는 다른 파트를 이용해서 간접적으로 좌표를 가져올 예정입니다. 또 다른 블록 파트를 순간이동 목적지에 배치합니다. 이름은 'Destination'으로 변경합니다. Teleport 스크립트에서 투명하게 처리할 예정이므로 색상이나 크기는 그대로 둡니다.

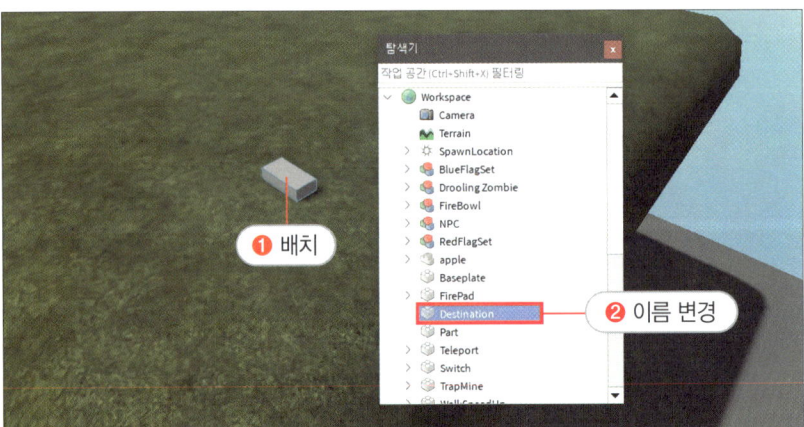

그림 5-68 | Destination 파트

2 스크립트에 코드 입력하기

이제 준비가 다 끝났습니다. Teleport 스크립트에 아래의 코드를 입력합니다.

코드 | 파일명: Teleport.lua

```lua
local teleportPart = script.Parent        --Teleport 파트 변수에 담기


--teleport 함수 : 플레이어 캐릭터를 순간이동하는 함수
local function teleport(otherPart)
    local character = otherPart.Parent    --플레이어 캐릭터 변수에 담기
    --humanoid 변수에 플레이어 캐릭터에서 Humanoid 담기
    local humanoid = character:FindFirstChildOfClass("Humanoid")
    local destination = game.Workspace.Destination  --Destination Part 변수에 담기
    destination.Anchored = true           --Destination 파트 위치 고정
    destination.CanCollide = false        --Destination 파트 CanCollide 기능 끄기
    destination.Transparency = 1          --Destination 파트 안 보이게 투명화하기
    
    if humanoid then    --humanoid 변수에 값이 있으면 아래 코드 실행
        --플레이어 캐릭터의 좌표를 Destination 좌표로 바꾸기
        humanoid.RootPart.CFrame = CFrame.new(destination.Position)
    end
end

teleportPart.Touched:Connect(teleport)  --Teleport 파트에 캐릭터가 닿으면 teleport 함수 실행
```

게임을 실행하고 Teleport 파트를 밟으면 정상적으로 갈 수 없는 Destination 파트로 캐릭터가 이동합니다.

그림 5-69 | 플레이어 캐릭터의 순간이동

CHAPTER 11 의상을 마구 골라 입기

1 로블록스에서 캐릭터에 옷 입히기

로블록스에서 캐릭터의 옷의 형태는 셔츠(Shirts), 바지(Pants) 그리고 티셔츠(T-Shirts) 3가지입니다. 셔츠와 티셔츠는 모두 상의이지만 티셔츠는 셔츠나 바지와 다르게 템플릿(Template)이 없습니다. 티셔츠를 만들 때 사용한 이미지가 상의에 그대로 나옵니다.

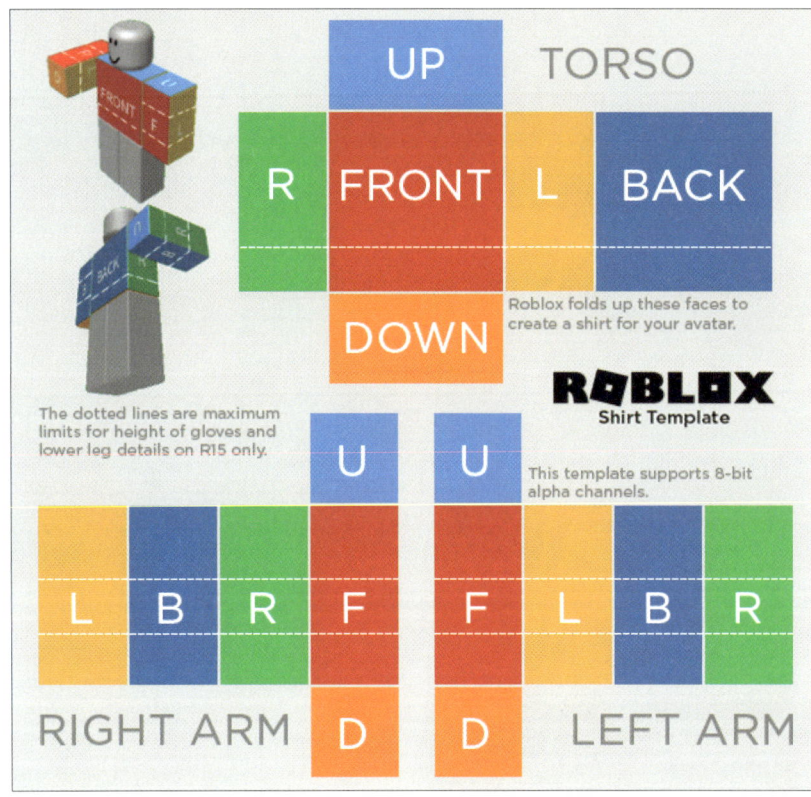

그림 5-70 | 로블록스 셔츠 템플릿

또 다른 점은 티셔츠는 누구나 가볍게 만들 수 있지만 셔츠와 바지는 로블록스를 구독(Subscribe)해야 하며 새로운 셔츠와 바지를 업로드하려면 10로벅스를 지불해야 합니다. 로블록스의 상점에서 판매가 가능하다는 것입니다.

이번에는 게임 공간에서 의상을 바꾸어 입는 기본적인 방법을 알아보겠습니다. 이번 의상 갈아 입기 대상에 알쓰로(Rthro) 아바타는 적용되지 않습니다.

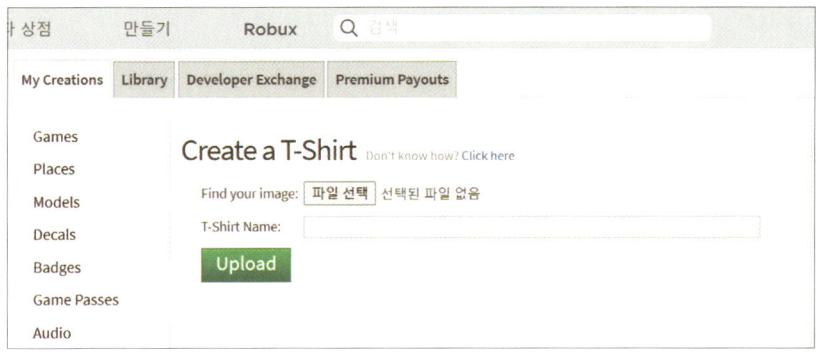

그림 5-71 | 티셔츠 업로드 비용(무료)

> **잠깐만요 알쓰로란**
> 알쓰로(Rthro)란 로블록스 Anthro의 줄임말입니다. 의미는 로블록스+Anthropomorphic(의인화)입니다. 마치 레고 케릭터와 같은 로블록스의 아바타 캐릭터를 사람의 비율과 가깝게 조정한 형태입니다.
>
>
>
> 그림 5-72 | 알쓰로 케릭터(출처 : https://blog.로블록스.com/2018/10/로블록스-avatar-expansion/)

2 의상 이미지 파일 업로드하기

실습을 하기 위해 의상 사진 파일을 업로드해야 합니다. 이때 게임 환경이 로블록스 서버에 게시(Publish)가 되어 있지 않으면 애셋(Assets)에 이미지 업로드가 불가능합니다. 내 게임이 게시되었는지 가장 간단하게 확인하고 싶을 때는 로블록스 웹 사이트에 로그인한 후 [내 작품(My Creation)]의 [게임(Games)] 항목에서 확인합니다. 로블록스 웹사이트의 [내 작품]에서는 오직 게시된 게임 환경만 확인할 수 있습니다. 이미 게시(Publish)된 게임 환경을 수정하고 싶으면 [수정(Edit)] 버튼을 클릭하면 자동으로 로블록스 스튜디오가 실행됩니다.

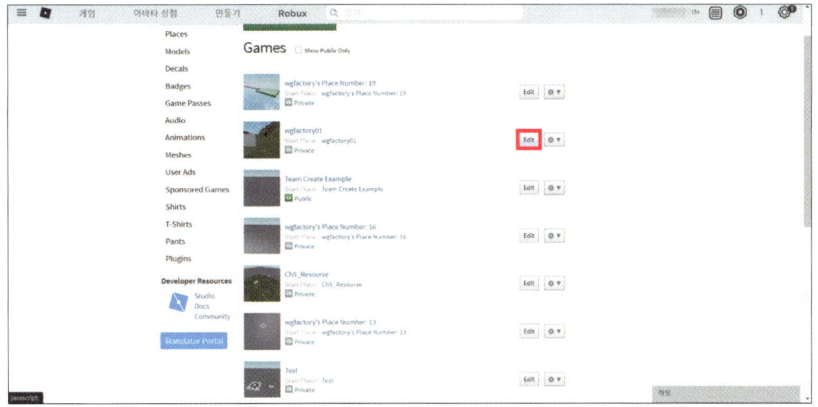

그림 5-73 | 게시된 게임 환경 수정

> **잠깐만요** **로블록스 제대로 저장하기**
>
> 게시된 게임 환경을 저장할 때 저장이 완료되지 않은 상태에서 서둘러 로블록스 스튜디오를 종료하면 작업한 정보가 저장되지 않는 경우가 많습니다. 그러므로 게시된 게임 환경을 수정하고 종료할 때는 작업한 정보가 서버에 전부 저장될 때까지 기다렸다가 종료해야 합니다. 게시된 게임 환경을 저장하려면 [파일] 메뉴에서 [Roblox에 저장]을 클릭합니다.
>
>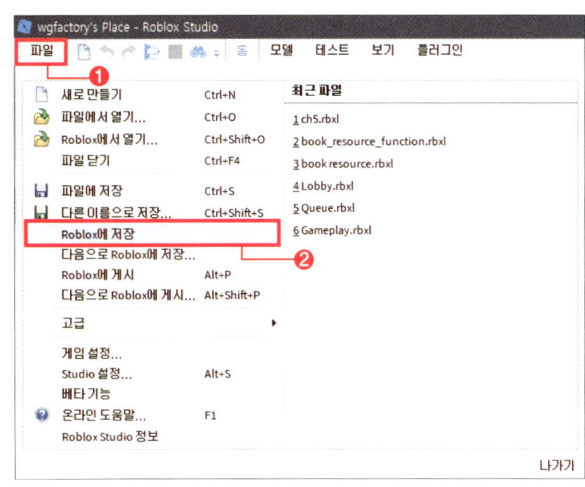
>
> 그림 5-74 | 게시된 게임 환경 저장하기
>
> 정상적으로 저장된다면 출력 창에 "[게임환경 이름] was saved successfully."라는 메시지가 출력됩니다.
>
>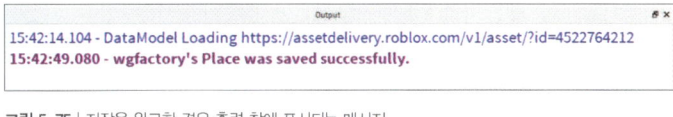
>
> 그림 5-75 | 저장을 완료한 경우 출력 창에 표시되는 메시지

01 의상 실습을 하기 위한 테스트용 이미지 파일을 준비합니다. 이미지 파일은 https://github.com/wgfactory/Roblox_Game_Maker/tree/master/chapter_05/Image에서 다운 받습니다. 링크를 들어가면 3개의 파일이 보이는데, 다운로드할 파일을 클릭합니다.

TIP QR코드를 찍어 이미지 파일을 다운로드할 수 있는 사이트로 이동할 수 있습니다.
완성 파일 사용 방법에 대한 자세한 안내는 8쪽을 참고하세요.

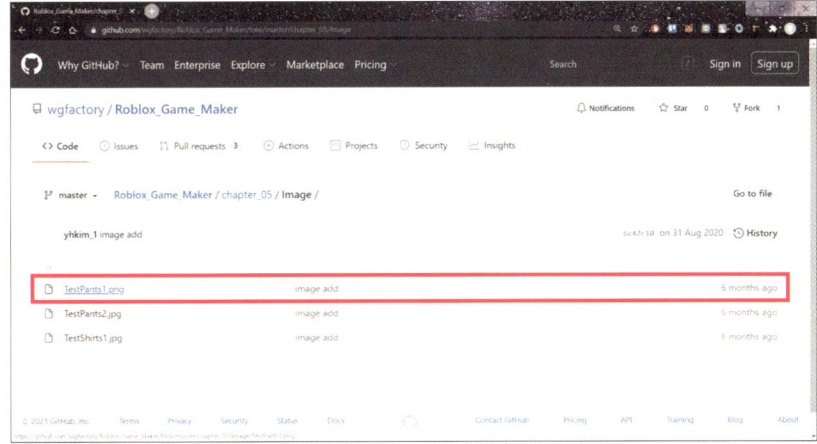

그림 5-76 | 그림 다운로드 – 1

사진이 보이고 이때 [Download] 버튼을 누르면 그림을 다운로드 받을 수 있습니다.

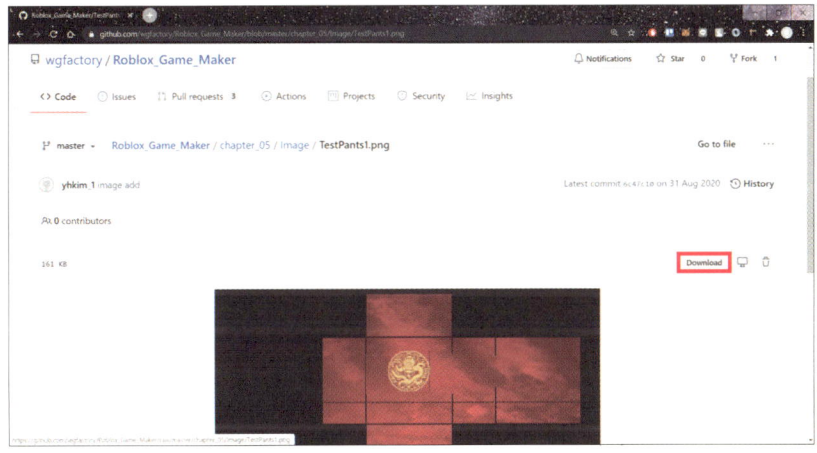

그림 5-77 | 그림 다운로드 – 2

02 다운로드 받은 이미지는 내 컴퓨터의 적당한 폴더에 저장합니다.

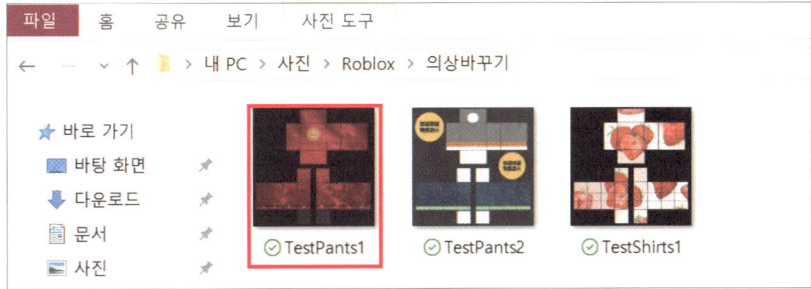

그림 5-78 | 테스트 이미지를 내 컴퓨터에 저장

Part 05 응용 예제로 기본기 다지기 ■ 201

03 다운로드한 이미지를 로블록스 스튜디오에 업로드합니다. 로블록스 스튜디오 상단 메뉴에서 [보기] 메뉴를 클릭하고 [애셋 관리자]를 클릭하면 로블록스 스튜디오 화면의 왼쪽에 애셋 관리자 창이 나타납니다. [이미지] 폴더를 마우스 오른쪽 단추로 클릭하여 나타나는 항목에서 [이미지 추가]를 클릭하고 저장할 이미지를 선택합니다.

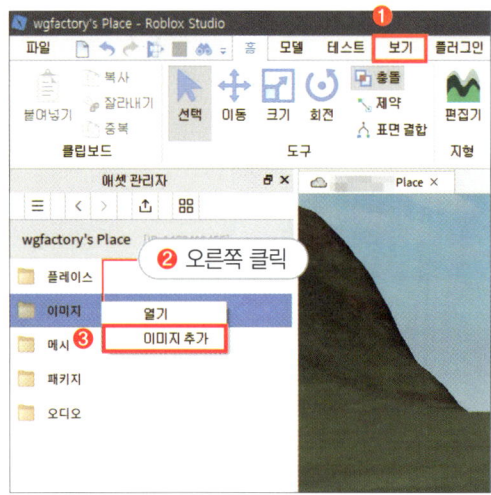

그림 5-79 | 애셋 관리자 사용 이미지 업로드

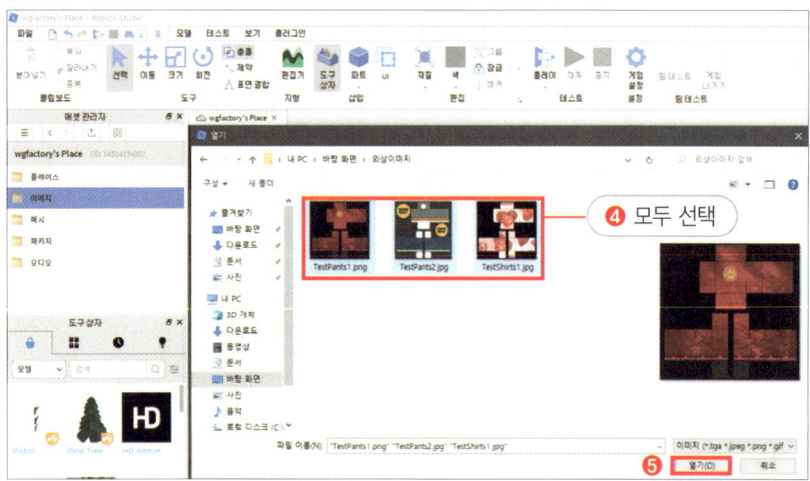

그림 5-80 | 업로드할 이미지 선택

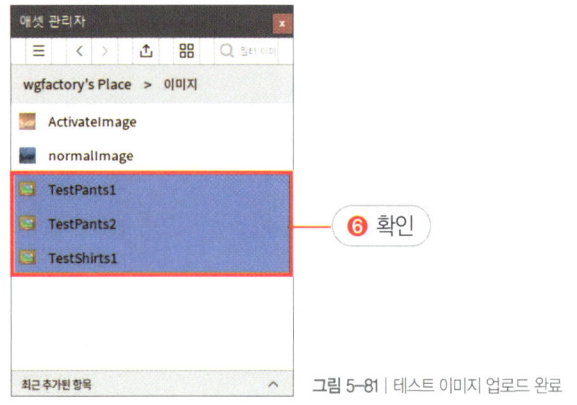

그림 5-81 | 테스트 이미지 업로드 완료

3 마네킹 캐릭터 만들기

01 옷 가게에 가면 마네킹에 의상을 입혀 놓은 것을 볼 수가 있습니다. 이번 예제에서는 옷 가게의 마네킹 역할을 하는 캐릭터를 만들어야 합니다. 마네킹 캐릭터는 상단 메뉴의 [플러그인] 탭에서 [빌드 리그(Build Ria)]를 클릭하여 가져올 수 있습니다.

그림 5-82 | 마네킹 역할 캐릭터 가져오기

02 빌드 리그를 클릭하면 다양한 형태를 고를 수 있는데, 이때 남성 리그(Man Rig) 또는 여성 리그(Women Rig)를 선택하면 됩니다. 의상 파일은 총 3개이므로 3개의 마네킹 캐릭터를 사용하고 3개의 의상 갈아입기 위한 터치 이벤트 블록 파트를 만들어야 합니다.

> **TIP** 이때 알쓰로를 선택하면 제대로 반영되지 않을 수 있습니다.

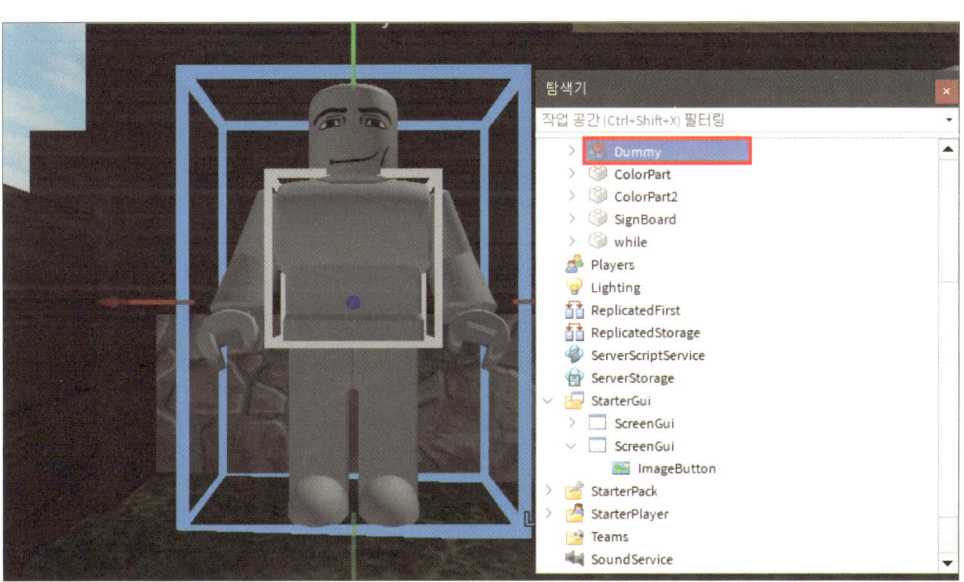

그림 5-82 | 캐릭터 배치

03 처음 캐릭터를 불러오면 이름이 'Dummy'로 되어 있는 것을 탐색기 창에서 확인할 수 있습니다. 앞으로 만들 마네킹과 구분하기 위해서 이름을 'Clothes1'로 변경합니다.

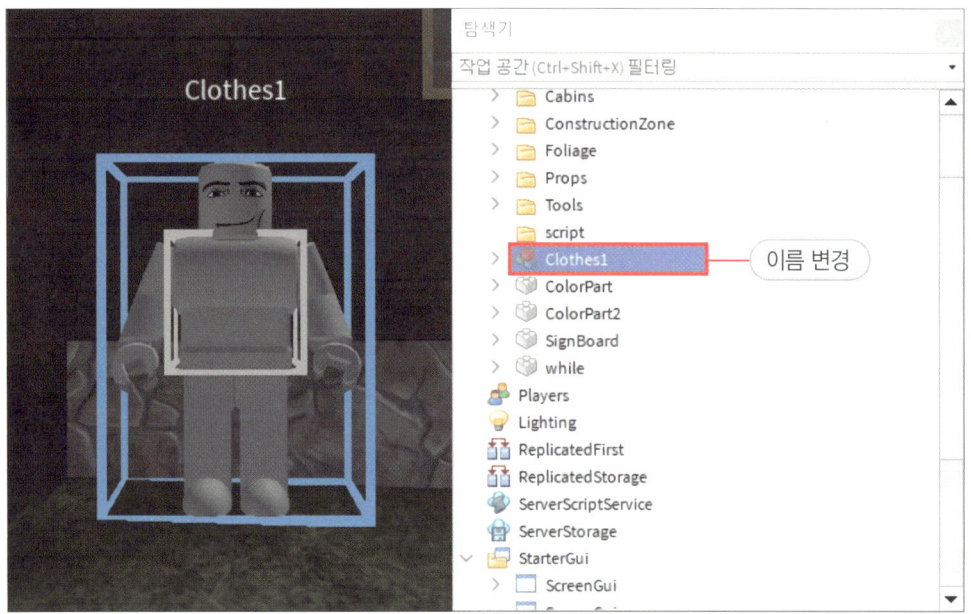

그림 5-84 | 모델 이름 변경

04 이제 옷 입는 기능을 할 파트(Part) 배치하고 이름을 'Change1'로 변경합니다.

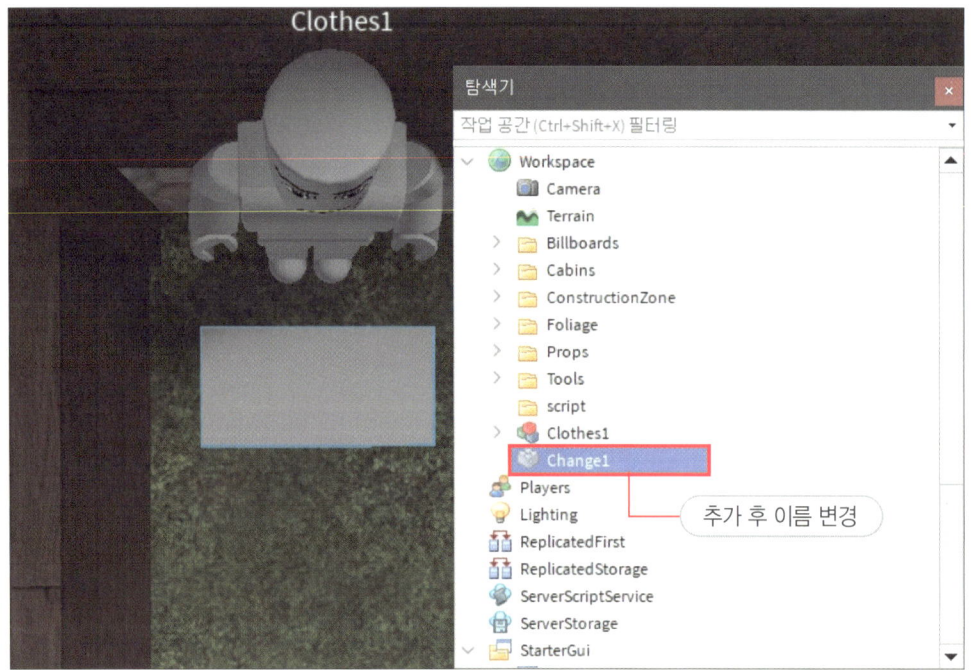

그림 5-85 | 캐릭터 배치

204 ■ 로블록스 게임 제작 무작정 따라하기

05 마네킹 역할 캐릭터에게 바지와 셔츠를 입혀야 합니다. 탐색기 창에서 'Clothes1' 캐릭터를 선택하고 파트의 효과를 추가하는 것과 같이 [추가]( ) 아이콘을 클릭한 후 개체 검색란에서 '바지(Pants)' 개체를 검색해 마네킹 캐릭터에 추가합니다.

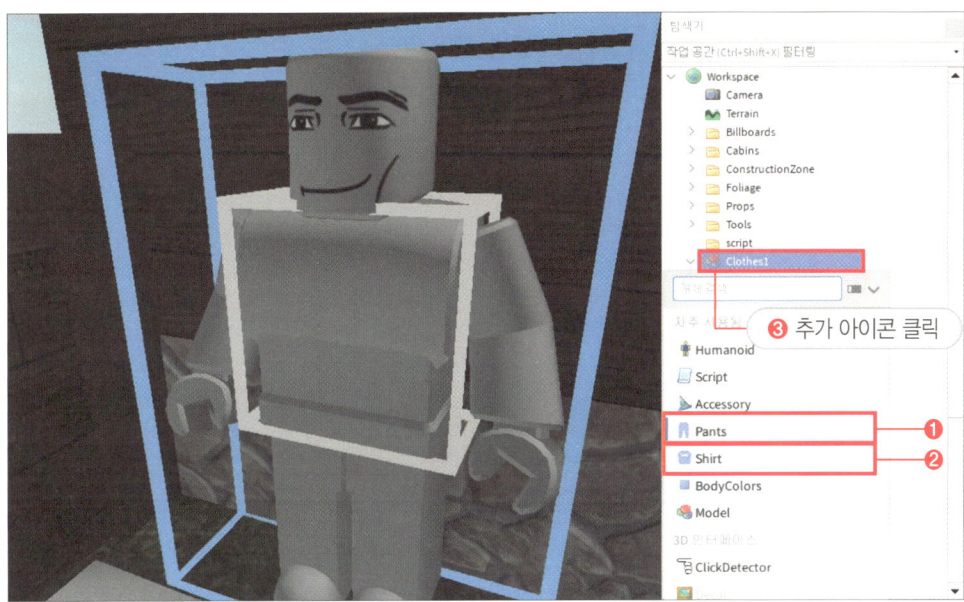

그림 5-86 | 바지 개체 추가

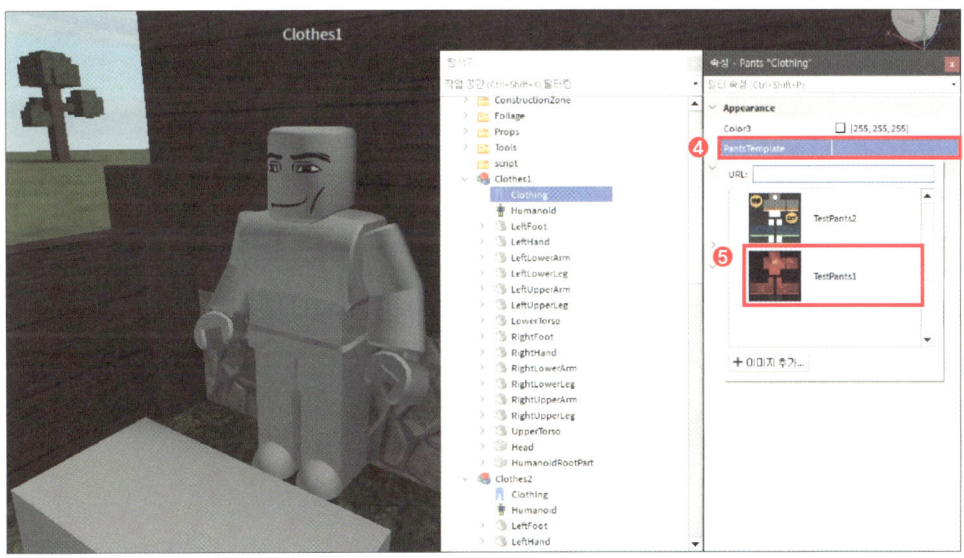

그림 5-87 | 'Pants 템플릿'에서 TestPant1 선택

06 바지 개체를 추가하면 이름이 'Clothing'으로 바뀝니다. 'Clothing'을 클릭하고 속성 창을 보면 이미지 템플릿을 선택할 수 있습니다. 속성 창의 '바지 템플릿(Pants Template)' 오른쪽 칸을 클릭하여 미리 업로드한 이미지를 선택해서 반영합니다.

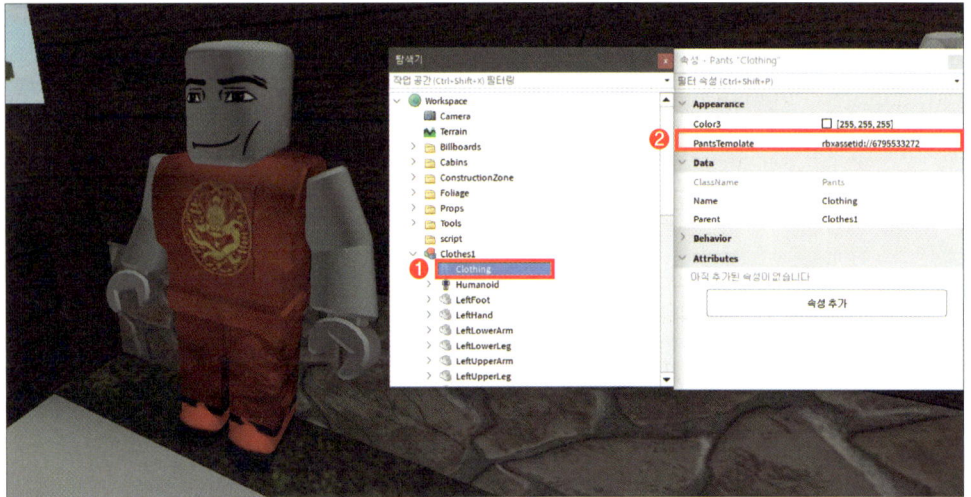

그림 5-88 | 의상 템플릿이 반영된 모습

07 같은 방법으로 마네킹과 터치 파트를 2개 더 만들고 이름을 각각 'Clothes2/Change2', 'Clothes3/Change3'으로 변경합니다. 이때 Clothes2에는 Clothes1과 마찬가지로 바지(Pants) 개체를 추가하고 'Clothes3'에는 셔츠(Shirts) 개체만 추가합니다. 의상 개체를 마네킹에 추가하면 아이콘 모양만 바뀌고 이름은 'Clothing'으로 자동 변경됩니다.

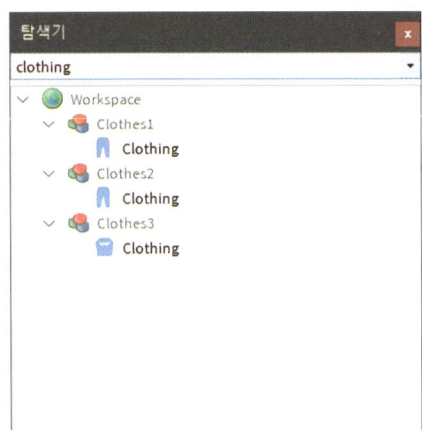

그림 5-89 | 마네킹에 의상 개체 추가 결과

08 각각의 개체 추가를 완료 하였으면 'Clothes1'에 미리 업로드한 의상 템플릿을 적용한 것과 같은 방법으로 'Clothes2'에는 TestPants2 이미지를, 'Clothes3'에는 TestShirts3 이미지를 적용합니다.

그림 5-90 | 마네킹 캐릭터 3가지 모습

4 스크립트에 코드 입력하기

01 마지막으로 파트에 의상 교체 기능 스크립트를 만들어야 합니다. 각 마네킹 앞에 놓여 있는 파트에 스크립트를 추가합니다.

그림 5-91 | 파트 아래 스크립트 만들기

02 아래의 코드를 입력합니다.

코드 | 파일명: changePants.lua(바지만 갈아입는 Change1/Change2의 경우)

```lua
--터치 시 의상을 교체하기
local changePart = script.Parent                    --changePart 변수에 파트 담기

local function replaceClothes(otherPart)            --replaceClothe 함수 정의
    local character = otherPart.Parent              --character변수에 캐릭터 담기
    if character then                               --character 변수에 값이 있으면 아래 실행
        --셔츠가 있는지 찾아보기
        local shirt = character:FindFirstChildOfClass("Shirt")
        --바지가 있는지 찾아보기
        local pants = character:FindFirstChildOfClass("Pants")
        if not shirt then                           --없으면 바지와 셔츠 새로 만들기
            shirt = Instance.new("Shirt", character)
        end

        if not pants then
            pants = Instance.new("Pants", character)
        end
        --샘플로 제공된 템플릿 이미지를 업로드하고 아이디를 복사해서 테스트
        --아래 코드는 수정 셔츠와 바지 선택
        pants.PantsTemplate = "[바지 아이디]"
    end
end

changePart.Touched:Connect(replaceClothes)          --터치되면 replaceClothes 함수 호출
```

코드 | 파일명: changeShirts.lua(셔츠만 갈아입는 Change3의 경우)

```lua
--터치 시 의상을 교체하기
local changePart = script.Parent                    --changePart 변수에 파트 담기

local function replaceClothes(otherPart)            --replaceClothe 함수 정의
    local character = otherPart.Parent              --character 변수에 캐릭터 담기
    if character then                               --character 변수에 값이 있으면 아래 실행
        --셔츠가 있는지 찾아보기
        local shirt = character:FindFirstChildOfClass("Shirt")
```

```lua
                                    --바지가 있는지 찾아보기
            local pants = character:FindFirstChildOfClass("Pants")

            if not shirt then                    --없으면 바지와 셔츠 새로 만들기
                shirt = Instance.new("Shirt", character)
            end

            if not pants then
                pants = Instance.new("Pants", character)
            end
            --샘플로 제공된 템플릿 이미지를 업로드하고 아이디를 복사해서 테스트
            --아래 코드는 수정 셔츠와 바지 선택
            shirts.ShirtsTemplate = "[셔츠 아이디]"
        end
    end

    changePart.Touched:Connect(replaceClothes)    --터치되면 replaceClothes 함수 호출
```

03 위 코드는 수정이 필요합니다. [셔츠 아이디], [바지 아이디]에 실제 의상의 아이디를 넣어야 합니다. 예제에서 셔츠 아이디를 확인하는 방법은 Game에서 추가한 이미지를 마우스 오른쪽 버튼을 클릭한 후 [ID를 클립보드에 복사(Copy ID to Clipboard)]를 선택하면 의상 아이디가 메모리에 임시 저장됩니다.

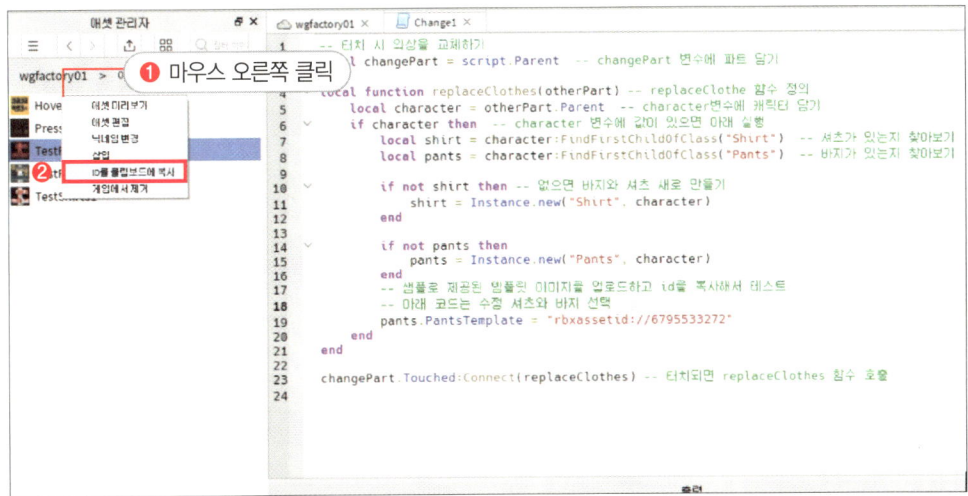

그림 5-92 | 셔츠와 팬츠 아이디 복사 후 사용

04 이렇게 저장된 의상 아이디를 [셔츠 이미지], [바지 이미지] 부분에 붙여 넣으면 코드가 완성됩니다. 의상 아이디의 경우 각 개인마다 다르기 때문에 주의해야 합니다. 예제에서 의상 아이디는 다음과 같습니다.

```
Clothes1(TestPants1) => pants.PantsTemplate = "rbxassetid://6795533272"

Clothes2(TestPants2) => pants.PantsTemplate = "rbxassetid://6795533165"

Clothes3(TestShirts1) => shirts.ShirtsTemplate = "rbxassetid://6795533060"
```

05 이제 로블록스 스튜디오에서 플레이를 하고 의상교체를 체험해 봅시다. Change 파트에 캐릭터가 다가가 터치 이벤트가 일어나면 마네킹과 똑같은 의상으로 옷을 갈아입습니다.

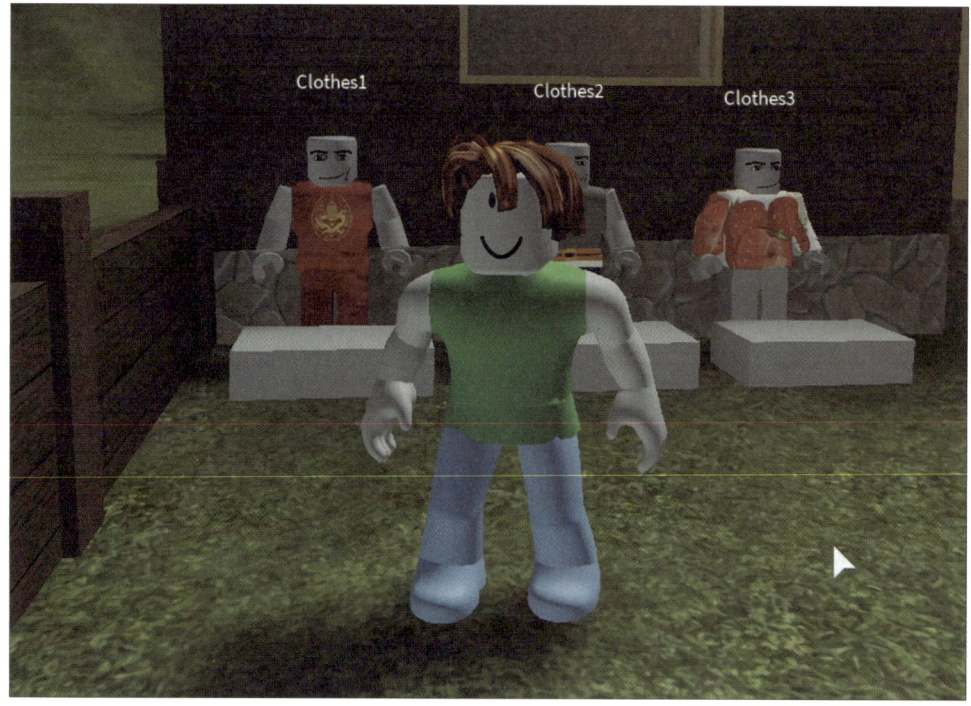

그림 5-93 | 의상 갈아입기 전

그림 5-94 | 곤룡포 의상으로 갈아 입은 모습

> **잠깐만요** **바지와 셔츠**
> 그림 5-94는 TestPants1의 바지를 입은 모습입니다. 따라서 Clothes2의 이벤트 파트인 Change2를 터치하면 Clothes2로 갈아입지만 Change3를 터치하면 바지는 그대로인 상태에서 Clothes3의 셔츠만 상의로 입습니다. 한번 체험해 보세요!

CHAPTER 12 죽었던 위치에서 다시 시작하기

이번에는 게임을 만들면서 게임 진행하는 지역마다 스폰로케이션(SpawnLocation)을 배치하여 탈락 시 마지막 스폰로케이션에서 다시 시작하는 방법을 실습해 보겠습니다. 즉, 각각의 스폰로케이션에 체크 포인트 기능을 적용하여 매우 간접적인 '중간 저장'을 구현해 보겠습니다.

1 파트 추가하고 속성 바꾸기

01 테스트 환경을 구성하기 위해 베이스플레이트를 기반으로 새로운 게임 환경을 구성합니다. 제일 먼저 스폰로케이션 3개를 적절한 위치에 배치합니다. 이때 탑 뷰(Top View) 시점에서 배치하면 작업하기 좋습니다.

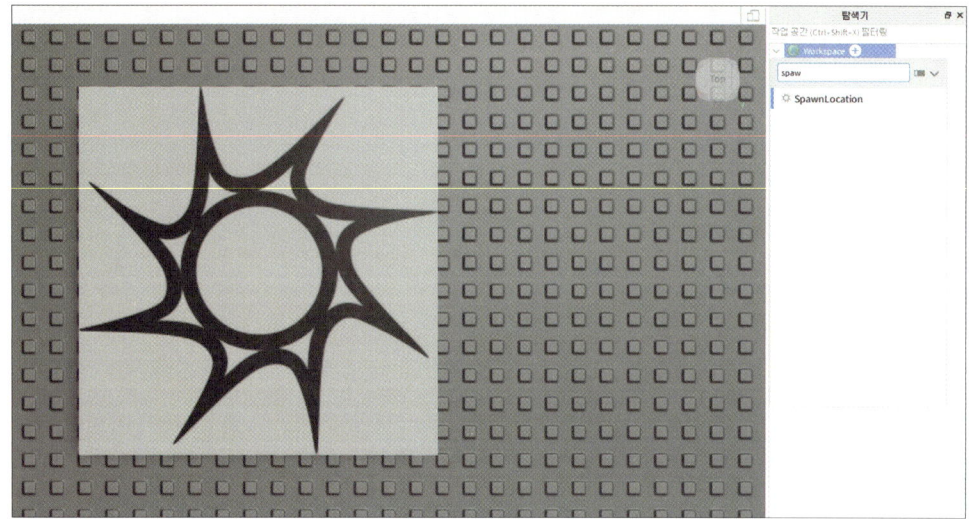

그림 5-95 | 스폰로케이션 배치하기

02 스폰로케이션을 전부 배치한 후 스폰로케이션 파트의 이름을 수정합니다. 이름을 수정한 후에 두 번째, 세 번째 스폰로케이션의 브릭 색상(BrickColor)을 변경하기 위해 속성 창의 'Color'에서 색상을 선택합니다.

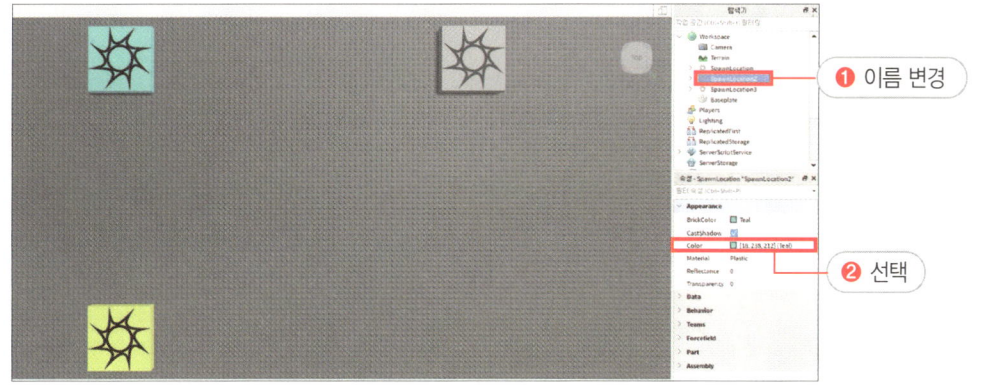

그림 5-96 | 스폰로케이션을 3개 배치하고 이름 수정

03 스폰로케이션 중간에 징검다리 파트를 만들어야 합니다. 상단 메뉴의 [홈] 탭-[파트]-[원통]을 클릭하여 중간 징검다리 파트를 배치합니다.

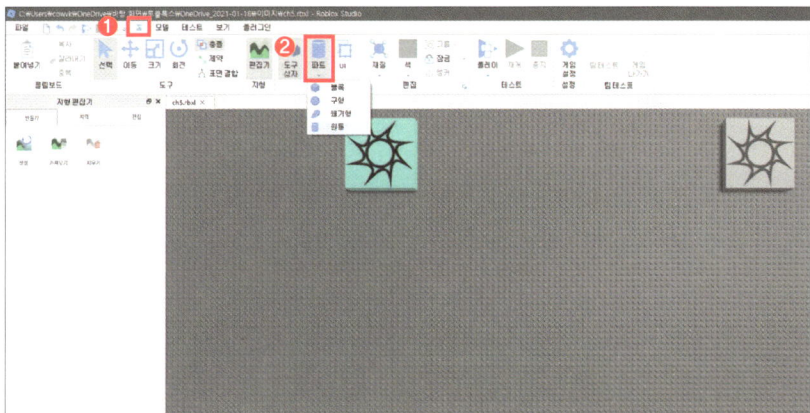

그림 5-97 | 원통 파트 배치

04 탐색기 창에서 원통 파트의 이름을 'Road'로 변경합니다.

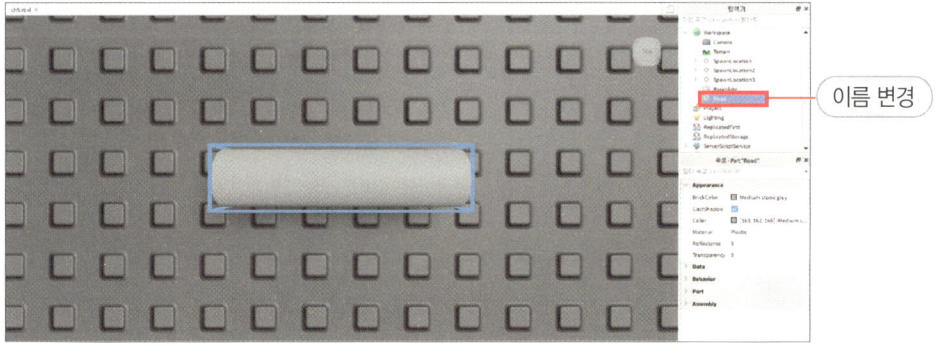

그림 5-98 | 원통 파트 이름 변경

Part 05 응용 예제로 기본기 다지기 ▪ **213**

05 징검다리의 모양은 납작한 원판 모양이니 상단 메뉴의 [회전]을 클릭하여 Road 파트를 회전하고 [크기]를 클릭해 알맞게 변경합니다.

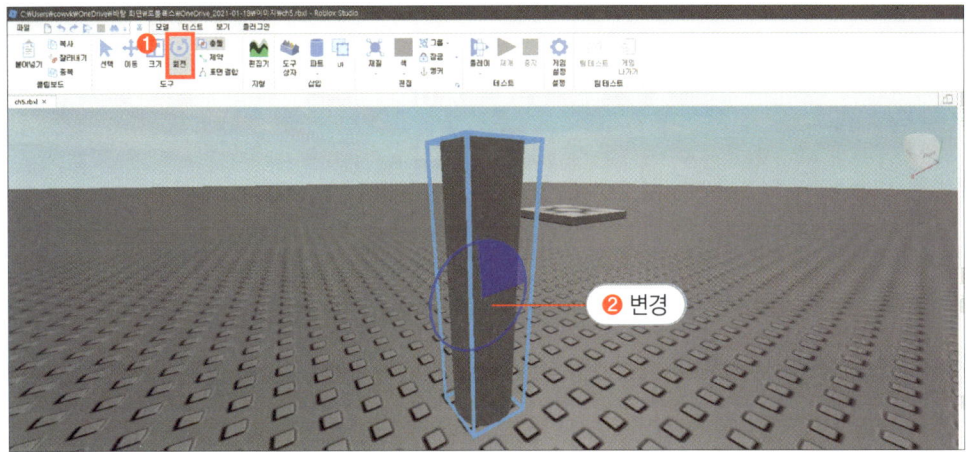

그림 5-99 | 회전(Rotate) 기능 사용하여 방향 전환

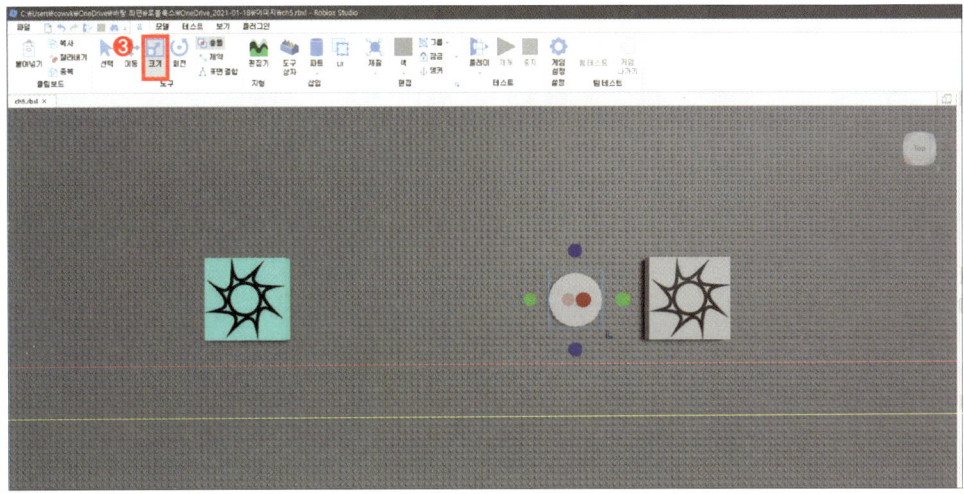

그림 5-100 | 적절한 크기로 변경

2 모델 배치하고 속성 바꾸기

01 탐색기 창의 워크스페이스의 [추가](＋) 아이콘을 클릭한 후 개체 검색란에서 'model'을 검색해 [모델(Model)]을 추가합니다.

그림 5-101 | 워크스페이스에 모델 추가

02 추가된 모델 이름을 'Roads'로 수정하고 기존 Road 파트를 Roads 모델에 드래그해서 넣습니다.

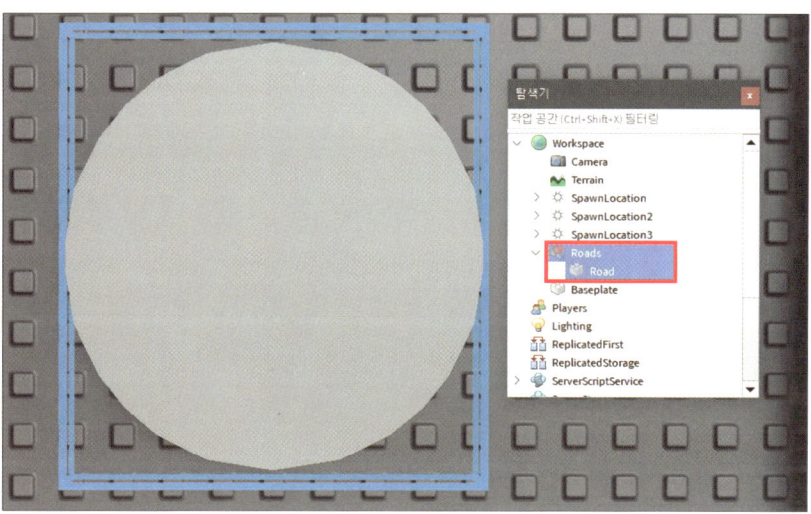

그림 5-102 | Roads 모델에 Road 파트 이동

03 Roads 모델 안에 있는 Road 파트를 선택하고 Ctrl+D 키를 두 번 누르면 Roads 모델 안에 있는 Road 파트가 복사가 됩니다. 이때 복사된 파트는 이미 있던 Road 파트에 차곡차곡 쌓입니다.

> **TIP** Ctrl+C는 파트를 컴퓨터 어딘가에 기억해 놓았다가 복사하는 것이고 Ctrl+D는 따로 기억하지 않고 바로 복제하는 기능입니다.

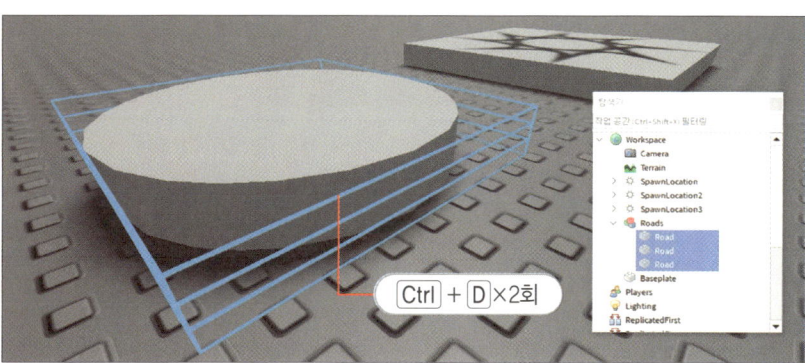

그림 5-103 | 차곡차곡 쌓인 Road 파트

04 각각의 Road 파트를 옮겨서 스폰로케이션 사이에 징검다리를 만들어 줍니다.

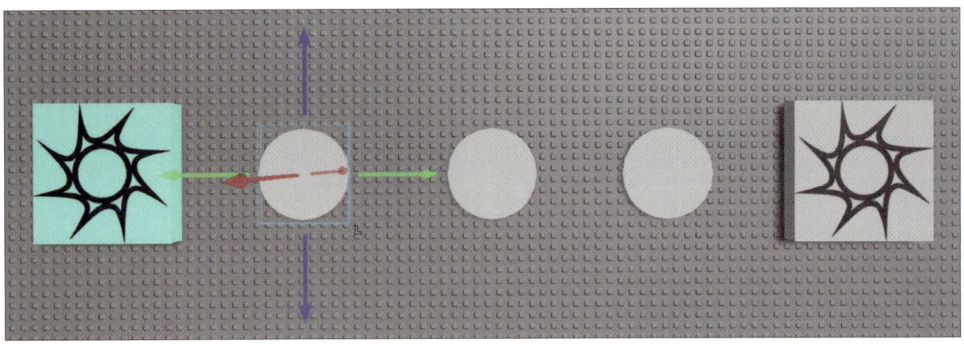

그림 5-104 | Road 파트 이동

05 이제 완성된 Roads 모델을 복사하고 배치를 마칩니다.

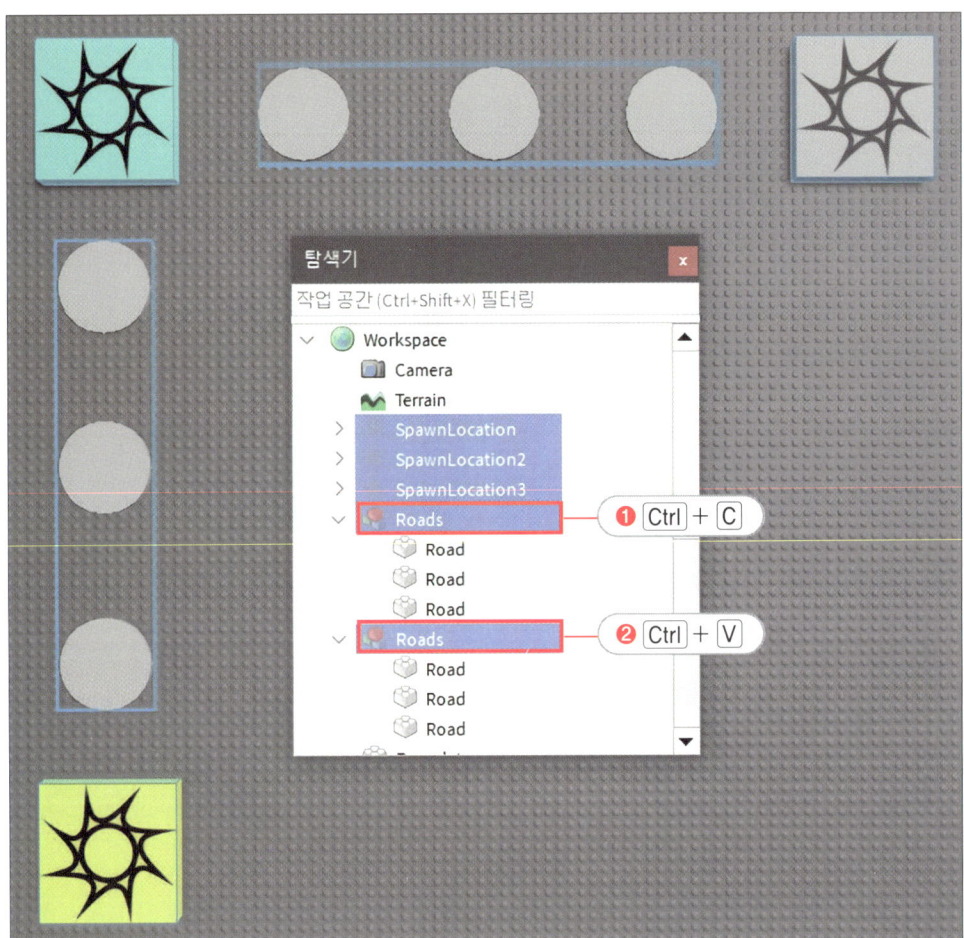

그림 5-105 | 징검다리 배치 완료

06 스폰로케이션과 Roads 모델을 위치를 고정합니다. 위치 고정을 위해 속성 창의 'Anchored'에 체크합니다. 만약 스폰로케이션과 Roads 모델을 고정하지 않으면 게임을 플레이할 때 아래로 떨어집니다.

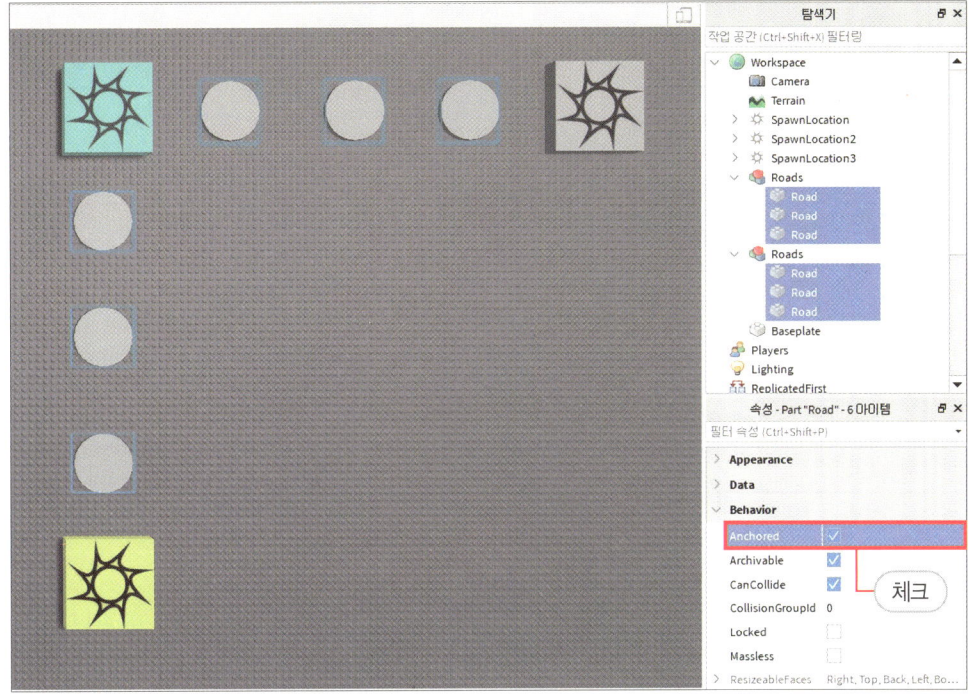

그림 5-106 | 파트 선택 후 위치 고정

07 탐색기 창에서 워크스페이스 아래에 베이스플레이트를 선택하고 Delete 키를 눌러 삭제합니다. 베이스플레이트가 삭제되어 배경이 바뀌었습니다.

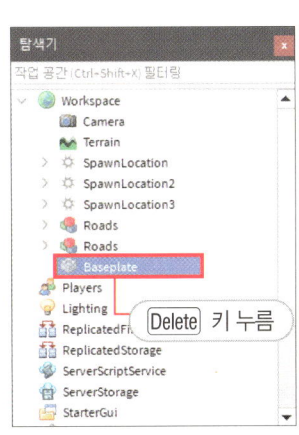

그림 5-107 | 베이스플레이트 삭제

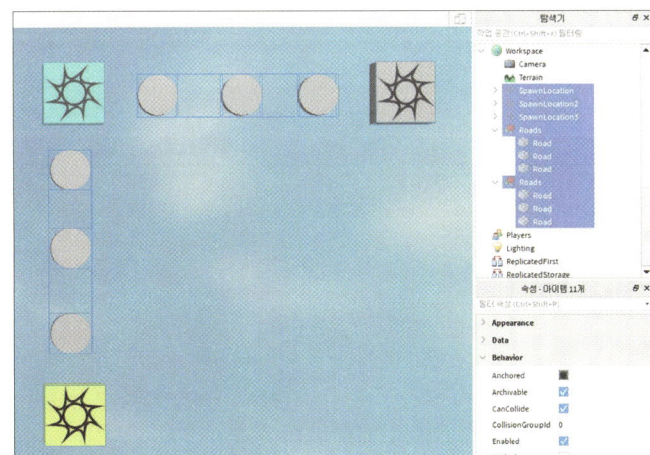

그림 5-108 | 베이스플레이트가 삭제된 모습

Part 05 응용 예제로 기본기 다지기

08 이제 각각의 스폰로케이션의 속성 창에서 'Team Color' 기능을 사용하여 체크포인트를 만들어야 합니다.

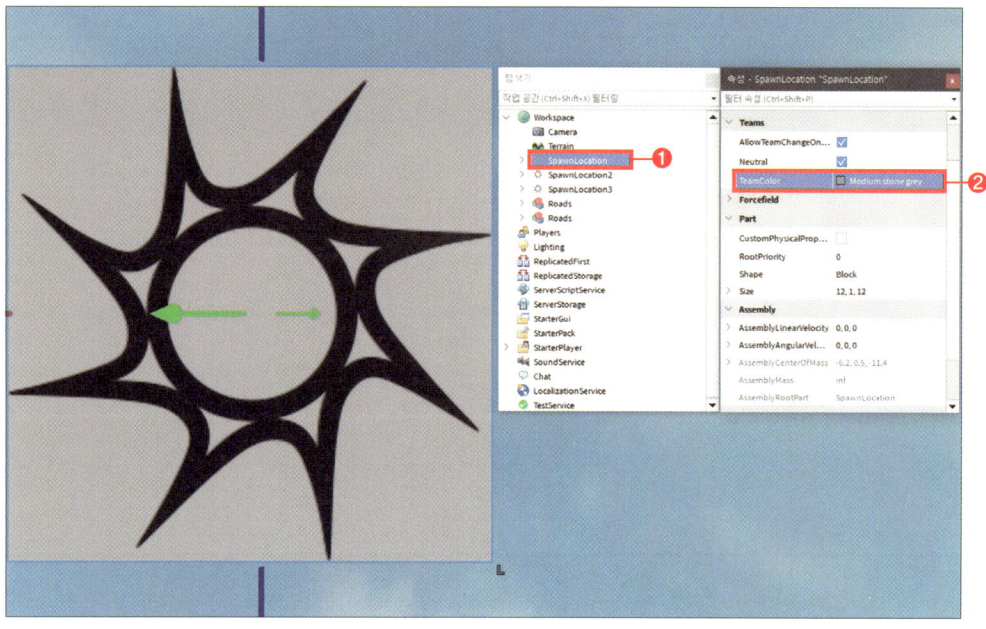

그림 5-109 | 스폰로케이션 팀즈 속성

09 첫 번째 스폰로케이션을 선택한 후 아래 속성 창에서 'AllowTeamChangeOnTouch(팀 바꾸기)'에 체크하여 활성화합니다. 두 번째, 세 번째 스폰로케이션은 팀바꾸기만 활성화하고, 'Neutral(중립)'의 체크 표시를 해제하여 비활성화합니다. 그리고 브릭 색상과 같은 색으로 'TeamColor(팀 색상)'을 맞추도록 합니다. 팀 바꾸기와 팀 색상은 스폰로케이션 속성 창의 팀(Teams) 속성에서 변경할 수 있습니다. 스폰로케이션2, 스폰로케이션3의 팀 색상을 스폰로케이션의 색상과 똑같이 맞추어 줍니다.

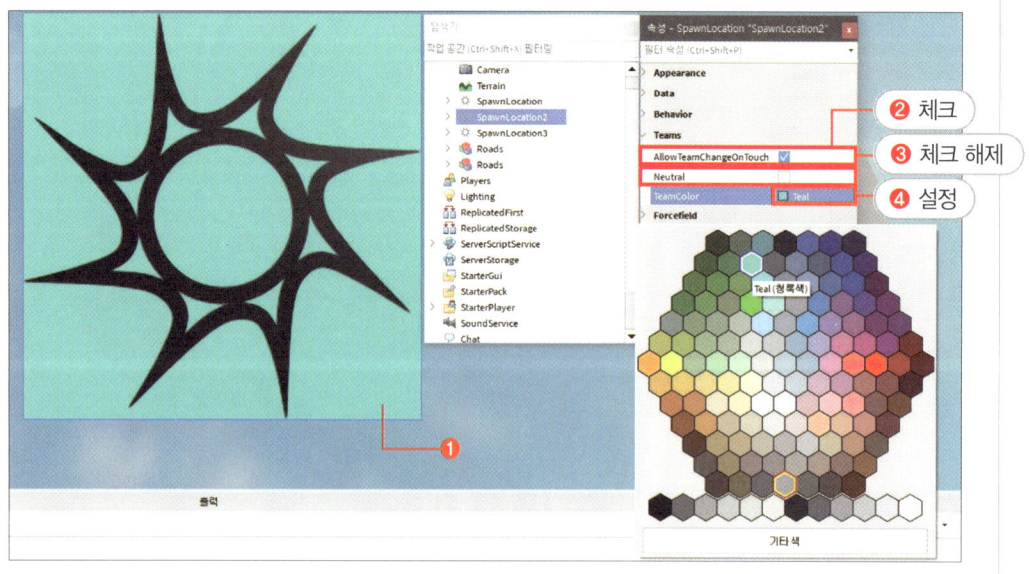

그림 5-110 | 스폰로케이션 팀 색상 변경

10 이제 팀을 만들어야 합니다. 팀은 탐색기 창에서 'Teams' 폴더 아래에 만들 수 있습니다. 하지만 로블록스 탐색기 창에서는 'Teams' 폴더가 보이지 않습니다.

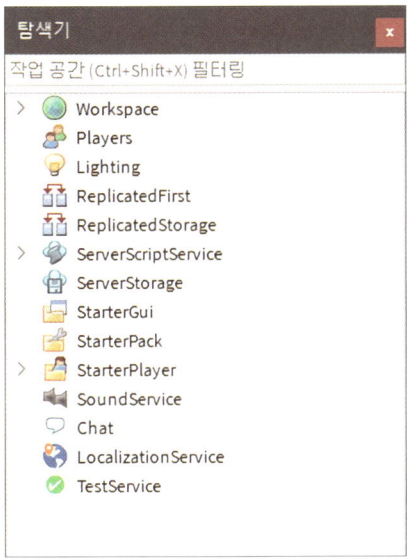

그림 5-111 | 탐색기 창에 나타나지 않음

11 'Teams' 폴더를 추가하려면 로블록스 스튜디오 상단 메뉴에서 [모델] 탭을 클릭하고 [서비스]를 클릭합니다. '서비스 삽입' 창이 나타나면 'Teams'를 선택하고 [삽입] 버튼을 클릭합니다.

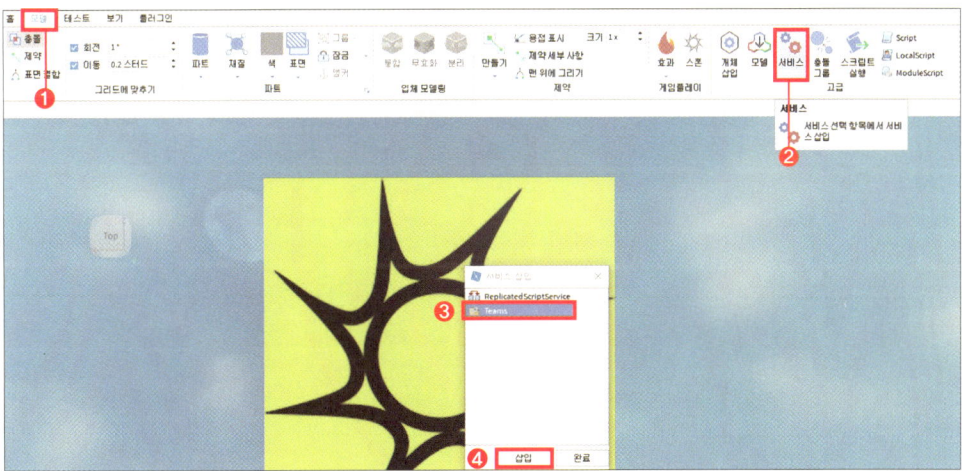

그림 5-112 | Teams 폴더 추가

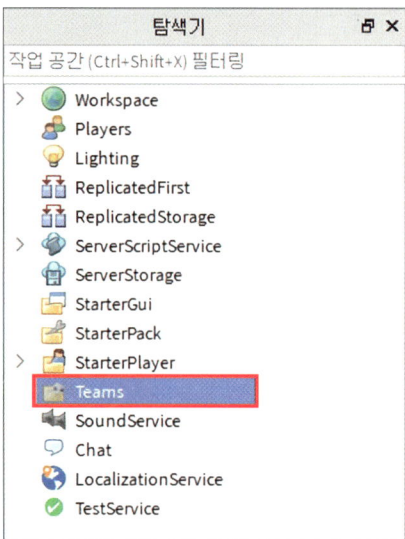

그림 5-113 | Teams 폴더 확인

12 추가된 'Teams' 폴더 아래 Team을 스폰로케이션 숫자와 같이 3개를 생성합니다. 생성한 후에 이름을 'Team', 'Team2', 'Team3'으로 변경합니다.

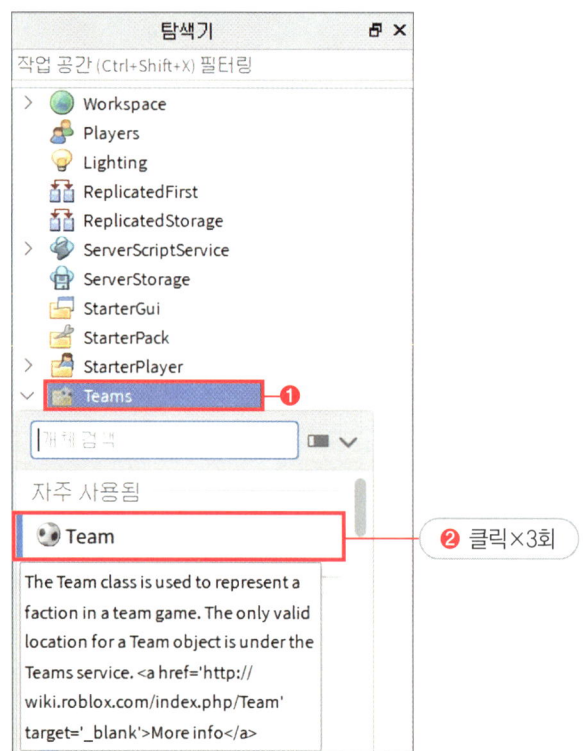

그림 5-114 | Teams 폴더에 Team 추가하기

13 추가된 세 개의 Team에 TeamColor(팀 색상)를 스폰로케이션의 팀 색상과 맞추어 변경합니다.

> **TIP** 첫 번째 출발 Team 속성에서 AutoAssignable 속성만 체크해주시고 나머지 Team 속성에서는 체크 해제를 해야 합니다.

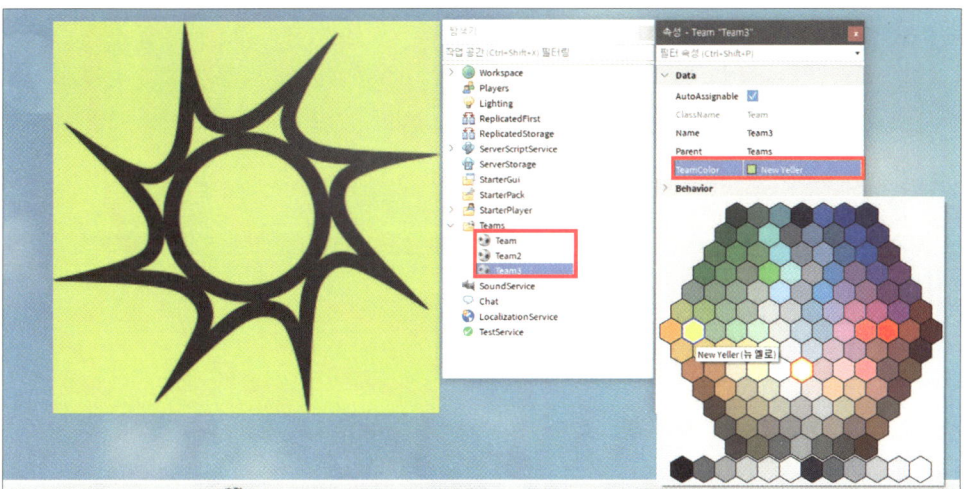

그림 5-115 | 팀 색상 맞추기

14 Team, Team2, Team3 각각 선택하여 속성 창의 TeamColor(팀 색상)를 스폰로케이션의 브릭 컬러와 같은 색으로 맞춰 줍니다. 팀 색상은 팀의 속성에서 데이터(Data) 항목에서 변경할 수 있습니다.

이제 전부 완성되었습니다. 별다른 코딩 없이 중간 저장을 구현하였습니다. 완성한 게임을 플레이 모드에서 확인해 보도록 합시다. 첫 번째 스폰로케이션에서 시작하여 두 번째 스폰로케이션까지 도달하면 오른쪽 팀 GUI에서 캐릭터의 팀이 변경되는 것을 확인할 수 있습니다. 현재 위치에서 추락하면 다시 Team2 위치에서 다시 시작하는 것을 확인할 수 있습니다.

그림 5-116 | 플레이 모드 중간 지점 Team2에서 플레이어 아이디 확인

PART 06 친구들과 함께 만들기

로블록스에서 만난 친구들과 함께 메시지를 주고 받으며 같은 게임을 할 수도 있습니다. 뿐만 아니라 로블록스 스튜디오를 이용하여 친구끼리 같이 게임을 개발하는 흥미로운 경험도 할 수 있습니다.

다른 플레이어와 로블록스 친구를 맺는 방법과 게임을 함께 만드는 기능을 익혀 보겠습니다.

CHAPTER 01 로블록스에서 친구 만들기

로블록스에서 친구를 만드는 방법은 매우 간단합니다. 로블록스 친구를 만들려면 로블록스 웹사이트에서 친구 신청을 해야 합니다. 로블록스 사이트에 로그인을 하고 아래 내용을 따라하세요.

1 친구를 검색하여 추가하기

01 화면 왼쪽 상단의 [네비게이션 메뉴(Navigation Menu)](≡) 아이콘을 클릭하면 숨겨진 메뉴가 나타납니다. 여기서 '친구'를 클릭하세요.

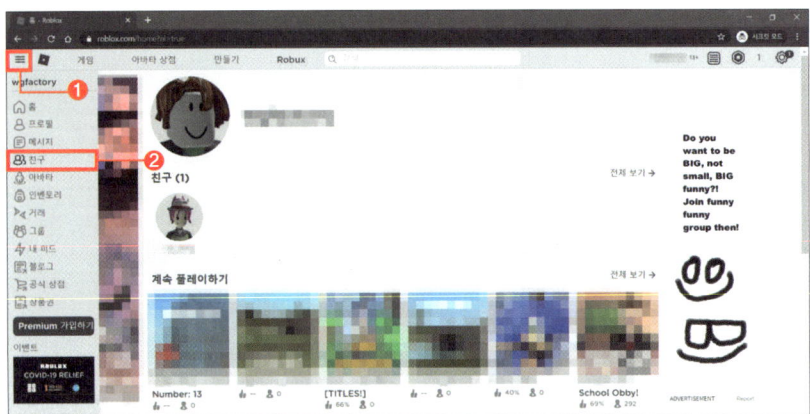

그림 6-1 | 로블록스 사이트 네비게이션 메뉴(Navigation Menu)

02 '친구' 페이지가 열립니다.

그림 6-2 | 로블록스의 '친구' 페이지

03 '친구' 페이지에서는 친구 목록과 팔로잉, 팔로워 그리고 요청 관련 정보를 확인할 수 있습니다. 현재 친구의 로블록스 접속 여부도 알 수 있습니다. 이때 친구의 아이콘을 클릭하면 친구에 대한 더 자세한 정보를 확인할 수 있습니다.

그림 6-3 | 로블록스 친구 정보 페이지

04 로블록스에서 친구를 만드는 방법은 매우 간단합니다. 로블록스 사이트의 맨 위 검색 창에서 친구의 아이디를 검색합니다. 이때 입력한 친구 아이디를 입력하고 하위 메뉴에서 [플레이어에서 [입력한 단어] 검색]을 클릭하면 검색 창에 입력한 단어를 가진 모든 플레이어를 검색합니다.

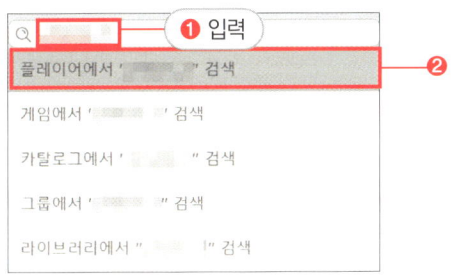

그림 6-4 | 로블록스의 검색 창

05 만약 친구 아이디가 로블록스의 수많은 아이디와 중복되지 않으면 한 명만 보이지만 흔한 단어이면 매우 많은 플레이어가 검색됩니다.

그림 6-5 | 'pabl'을 검색한 결과

06 친구를 정확히 검색한 후 검색 결과 목록에서 [친구 추가] 버튼을 클릭합니다.

그림 6-6 | [친구 추가] 버튼 클릭

07 [친구 추가] 버튼이 [요청 전송]으로 상태가 바뀝니다. 이때 요청받은 친구가 친구 요청을 수락을 하면 로블록스 친구 맺기가 완료됩니다.

그림 6-7 | 친구 요청 완료

2 친구 요청 수락하기

01 친구 요청을 받은 쪽에서는 로블록스 사이트 오른쪽 위 메시지 창에 친구 요청이 왔다는 메시지가 나타납니다.

그림 6-8 | 친구 요청 알림 메시지

02 이때 해당 요청을 수락하거나 무시할 수 있습니다. [수락]을 클릭하면 서로가 친구 목록에 추가되며 이때부터 같이 게임을 만들거나 플레이할 수 있고 간단하게 채팅을 할 수도 있습니다.

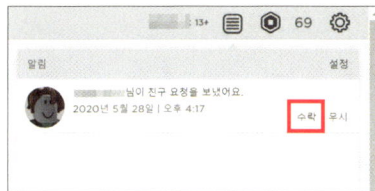

그림 6-9 | 친구 [수락] 버튼 클릭

03 '친구' 페이지에서 앞서 수락한 친구들의 목록이 나타납니다.

그림 6-10 | 새롭게 추가된 친구

04 앞서 소개한 바와 같이 친구와 다양한 활동을 할 수 있습니다.

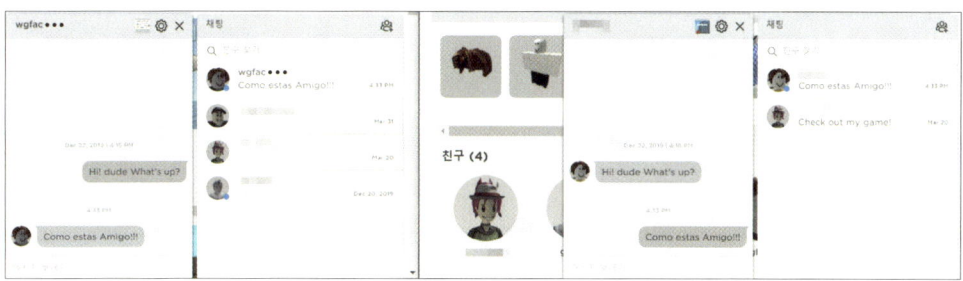

그림 6-11 | 로블록스 친구와 대화

> **잠깐 만요**
>
> **온라인에서 대화를 할 때 주의하세요!**
>
> 온라인 공간은 익명성이 보장되는 공간입니다. 익명성은 행동의 제약이 줄어드는 장점도 있지만 악플, 가짜 뉴스의 확산하는 데 주원인으로 거론될 만큼 단점도 굉장히 많습니다. 또한 아무리 온라인 공간이라고 하여도 상대방은 컴퓨터와 같은 기계가 아닌 사람임을 생각하고 있어야 합니다. 따라서 온라인 채팅을 할 때 실제 사람과 대화하는 것처럼 상호 존중을 바탕으로 채팅을 해야 합니다.
>
> 그리고 가장 중요한 점은 온라인 채팅으로 절대 자신의 개인 정보, 예를 들어 계정 및 계정 비밀번호, 연락처, 집주소, 본명, 다니는 학교 등은 절대로 노출하면 안 된다는 것입니다. 온라인 공간에 전부 나쁜 사람만 있는 건 아니지만 익명성 뒤에 숨어 나쁜 일을 하는 사람이 있을 수 있으니 아무리 달콤한 말로 알려 달라고 하여도 개인정보는 온라인 채팅으로 이야기를 하지 맙시다.

CHAPTER 02 친구와 함께 로블록스 게임 만들기

로블록스 게임을 만들 때 '공동 작업' 기능을 이용하여 친구들과 함께 만들 수 있습니다. 로블록스 시작 화면의 상단에 있는 [만들기]를 클릭하고 [만들기 시작] 버튼을 클릭해 로블록스 스튜디오를 실행합니다. 하지만 팀 만들기를 하기 위해서 먼저 현재 내가 만들고 있는 게임을 로블록스 서버에 게시(Publish)해야 합니다.

1 게임을 서버에 게시하기

01 이제 베이스플레이트(BasePlate)로 새로운 게임 환경을 만들고 팀 만들기를 진행해 보도록 하겠습니다. 제일 먼저 로블록스 스튜디오를 실행하고 [새로 만들기] 메뉴의 [베이스플레이트(Baseplate)]를 클릭해 새로운 게임 환경을 만듭니다.

그림 6-12 | 베이스플레이트로 게임 만들기

02 베이스플레이트 게임 환경 준비가 완료되면 [파일]-[다음으로 Roblox에 저장]을 클릭하여 로블록스 서버로 게시(Publish)합니다.

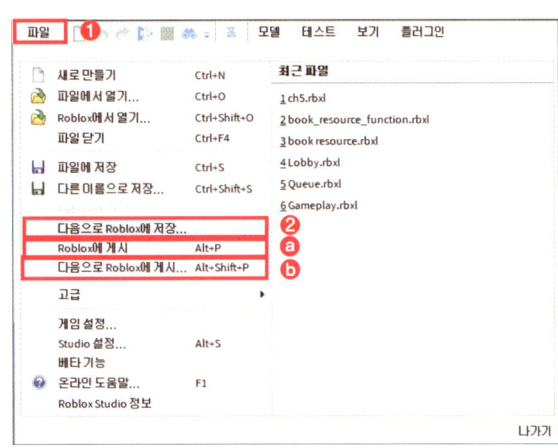

그림 6-13 | 로블록스 서버로 게시하기

> **TIP** 게시하는 방법에는 ⓐ 'Roblox에 게시(Publish to Roblox)'와 ⓑ '다음으로 Roblox에 게시(Publish to Roblox As)' 두 가지가 있습니다. 'Roblox에 게시'는 로블록스에 저장할 때 이름을 지정하지 않고, '다음으로 Roblox에 게시'는 이름을 지정하여 게시할 수 있습니다.

03 '플레이스 게시' 창이 나타납니다. 이때 화면 왼쪽 하단의 [새 게임 만들기...]를 클릭합니다.

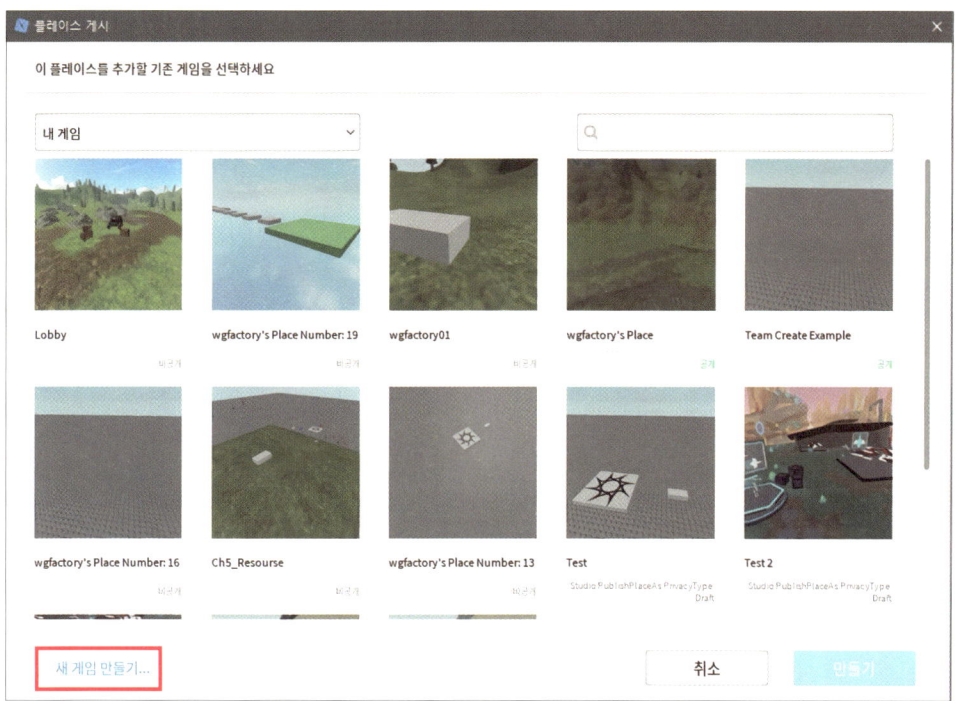

그림 6-14 | 새 게임 만들기

04 '기본 정보(Basic Info)'에서 게임의 이름을 입력합니다. 이 책에서는 'Team Create Example'로 입력하였습니다. [만들기(Create)] 버튼을 클릭하여 게임 환경을 만들어 줍니다.

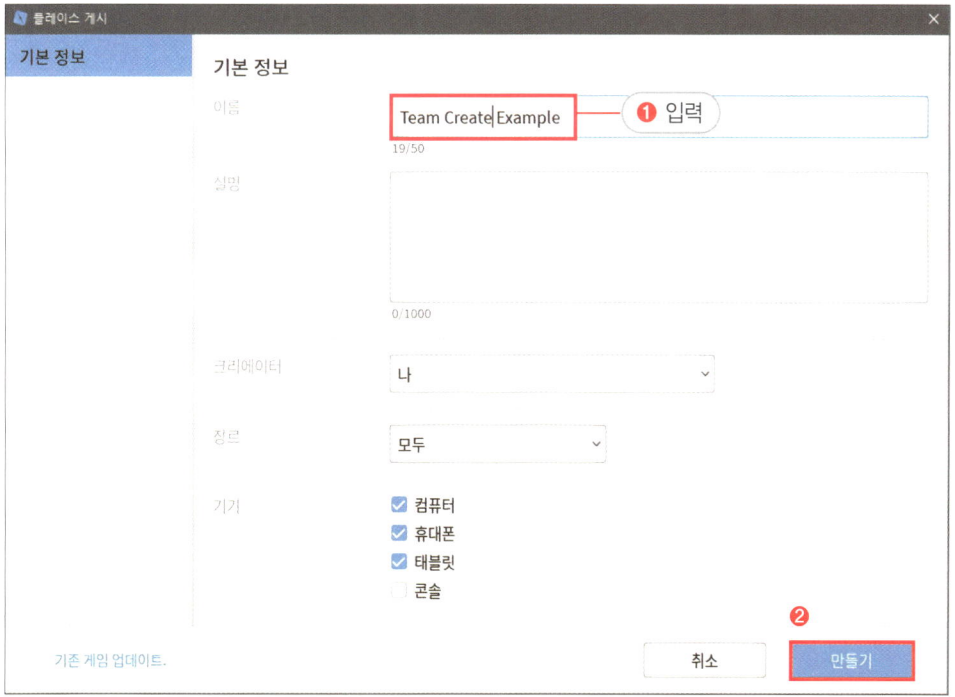

그림 6-15 | 이름을 입력하고 [만들기(Create)] 버튼 클릭

Part 06 친구들과 함께 만들기 ■ 229

05 새로운 게임을 게시하는 데 성공하였다는 메시지가 나타납니다.

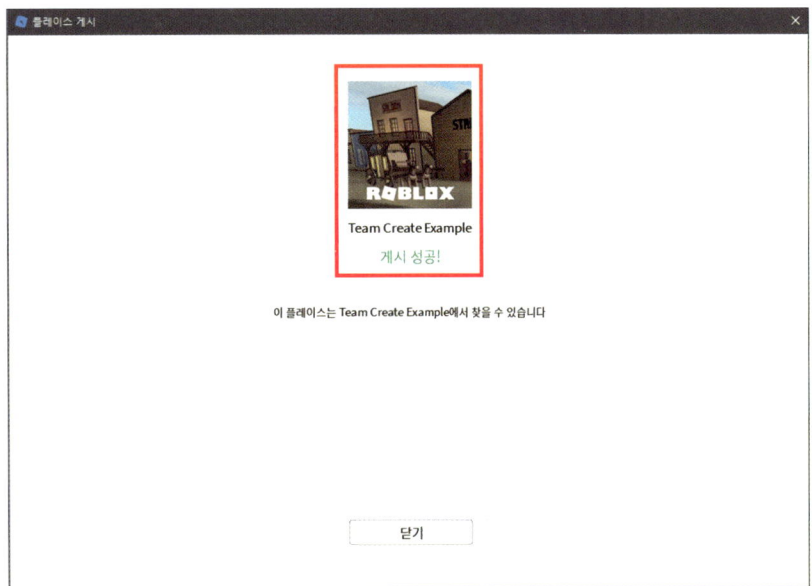

그림 6-16 | 새로운 게임 환경 완성

2 팀 만들기

01 상단 메뉴에서 [홈] 탭-[게임설정]을 클릭합니다.

그림 6-17 | 공동 편집 활성화하기

02 하위 메뉴 중 [기타]-[공동 편집 활성화]를 클릭하여 초록색으로 활성화하고 저장합니다.

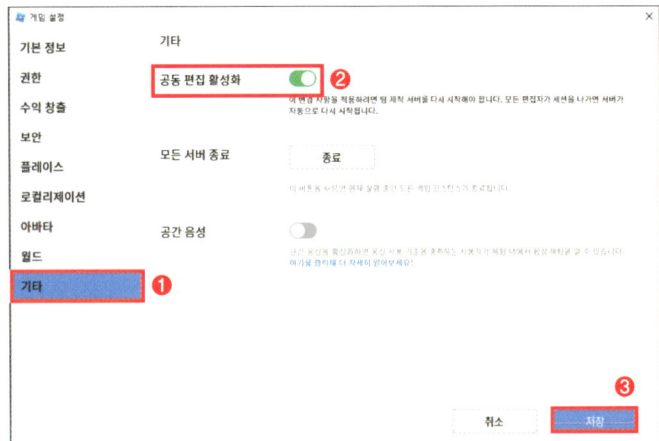

그림 6-18 | 공동 편집 기능 켜고 저장

03 스튜디오 우측 상단에 [공동 작업] 메뉴를 클릭합니다. 이렇게 하면 친구에게 공동 작업을 할 수 있도록 [편집] 또는 [플레이] 권한을 설정할 수 있습니다.

TIP 공동 작업을 하면 공동 개발과 베타테스트 등을 친구와 함께 진행할 수 있습니다.

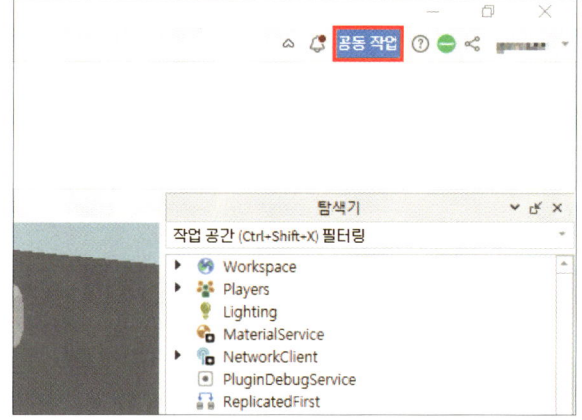

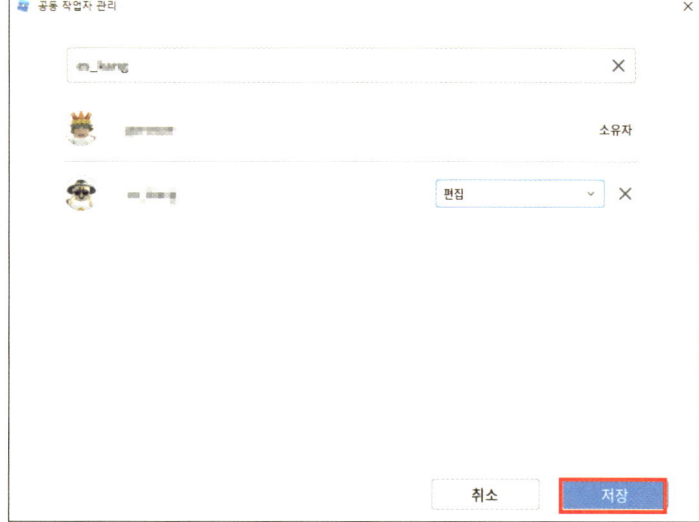

그림 6-19 | [공동 작업] 메뉴 클릭

04 같은 시간에 친구와 로블록스 스튜디오에 접속해 있으면 팀 만들기(Team Create) 창에 접속한 친구가 나타납니다.

그림 6-20 | 로블록스에 접속한 친구 확인

05 이때 게임 환경을 만든 사람(Owner)과 초대된 사람(Edit)이 개발 중인 게임을 로블록스 스튜디오에서 확인하려면 각기 다른 장소에서 찾아야 합니다. 먼저 게임 환경을 만든 사람(Owner)은 로블록스 스튜디오의 시작 화면의 [내 게임] 탭에서 간단하게 찾을 수 있습니다.

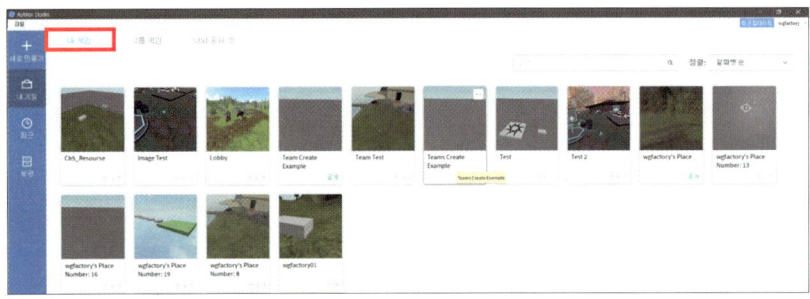

그림 6-21 | 게임을 만든 사람은 [내 게임] 탭에서 확인

06 하지만 게임 만들기에 초대된 사람은 [나와 공유]에서 함께 만드는 게임을 확인할 수 있습니다.

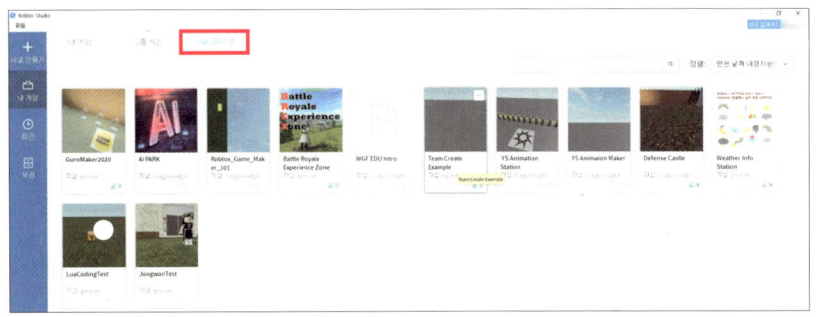

그림 6-22 | 초대된 사람은 [나와 공유] 탭에서 확인

> **잠깐만요**
>
> **스크립트 커밋**
>
> 2022년 10월 로블록스 스튜디오가 업데이트되면서 협업 모드가 기본으로 설정되었습니다. 우리는 [게임 설정]-[기타]-[공동 편집 활성화] 기능을 켜서 사용할지만 결정하면 됩니다. 그런데 이로 인해 주의해야 할 사항이 생겼습니다.
>
> 스크립트(Script)를 만들어 코딩을 하면, 커밋(Commit, 변경 기록)을 반드시 하고 [파일]-[로블록스 게시]로 저장해야 공간에 제대로 반영이 됩니다. 게임을 만들다 이 창이 보이면 당황하지 말고 커밋(Commit)을 진행하고 최종 저장 또는 게시를 클릭하면 됩니다.
>
>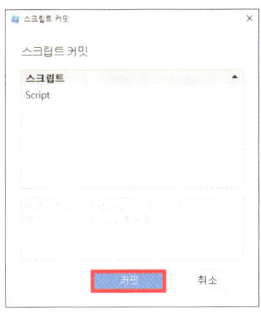
>
> 참고로 깃허브(GitHub)라는 무료 플랫폼이 있는데 여기서도 커밋(Commit)을 많이 사용합니다. 2008년 설립된 깃허브는 최근 사용자가 1200만명으로 늘어 프로그래머들을 위한 소셜 코딩 커뮤니티로 성장하고 있습니다. 이처럼 커밋 기능은 프로그래밍에서 자주 만나게 되는 용어니 기억해두면 좋을 것입니다.
>
> - 깃허브 주소: https://github.com
>
>

3 친구와 함께 파트와 지형 디자인하기

여러 사람과 같은 시간에 게임을 개발할 경우 이를 로블록스 스튜디오에서 어떻게 확인할 수 있을까요? 만약 친구와 동시에 게임 개발 환경에 접속해 있다면 같이 만들고 있는 게임 환경에서 친구의 카메라 위치와 바라보는 방향을 확인할 수 있습니다.

그림 6-23 | 친구 카메라 위치와 방향

파트와 지형은 실시간으로 게임 개발 환경에 반영됩니다. 만약 내가 파트를 여러 개 겹쳐 쌓는다면 팀 공동 작업 때 상대방 화면에도 동시에 똑같이 반영됩니다. 여기서 특이한 점은 배치한 파트 중 친구가 선택한 파트는 색상이 변경되어서 친구가 어떤 파트를 선택하여 작업 중인지 쉽게 알 수 있다는 것입니다.

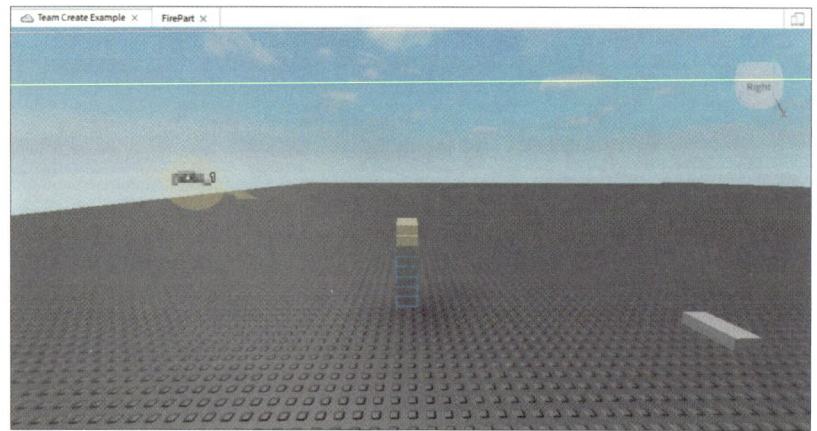

그림 6-24 | 친구가 선택한 파트 방향

친구가 특정 파트를 선택하고 작업 중이라고 해도 다른 사람이 파트를 움직이거나 다른 작업이 가능합니다. 하지만 게임을 친구와 같이 만들 때 다른 사람이 작업하고 있는 파트는 서로 상의 없이 동시에 건드리지 않는 것이 좋습니다.

지형도 동시에 작업이 가능합니다. 이때 화면에 지형 편집기(Terrain Editor)의 브러시(Brush)가 여러 개 보이는데, 나의 브러시는 지형 편집기의 그리드(Grid)가 보입니다. 파트와 마찬가지로 지형을 같이 그리게 된다면 지역을 나누어서 하거나 미리 지형을 구상하고 역할을 나누어서 하지 않으면 게임을 제작하는 데 혼란이 올 수 있습니다. 이 점은 항상 유의하기 바랍니다.

4 친구와 함께 스크립트 만들기

친구와 함께 스크립트 작업을 하려면 혼자 할 때보다 복잡한 절차가 필요합니다. 그 이유는 두 사람이 하나의 스크립트를 수정할 때 예상하지 못한 충돌과 이로 인한 혼란을 방지하기 위해서입니다.

또 다른 이유는 각자의 컴퓨터에서 코드를 시험하고 정상적으로 작동하는 코드만 공동 작업 중인 게임에 적용하기 위해서입니다. 각 스크립트에 대한 변경 사항은 상단 메뉴의 [보기] 탭-[초안]을 클릭하여 초안(Draft) 창에서 확인할 수 있습니다. 공동 작업할 때 초안 창을 항상 켜놓고 작업해야 합니다.

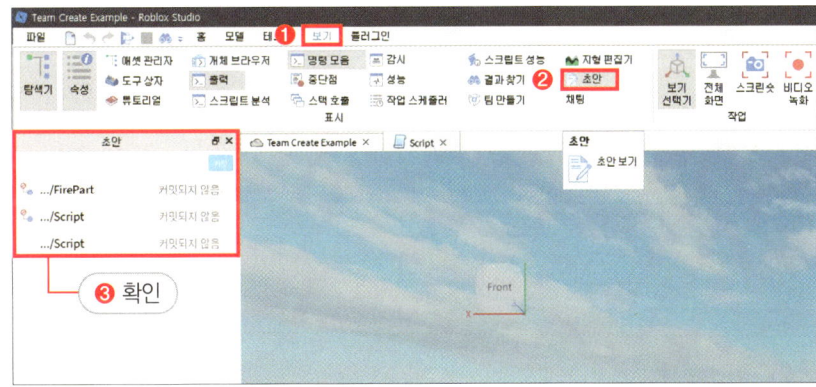

그림 6-25 | 초안 창 켜두기

맨 처음 초안 창을 켜 놓으면 변경된 사항이 없기 때문에 아무것도 없는 '비어 있음' 상태로 보입니다.

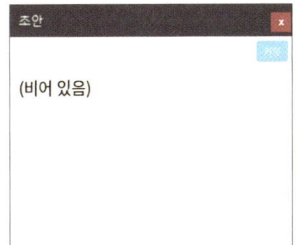

그림 6-26 | 초안 창 모습

이제 여기에 파트를 배치하고 불을 붙이는 루아 스크립트를 작성해 봅시다. 파트와 스크립트를 추가하고 코드를 작성하면 초안 창에 스크립트의 이름과 함께 [커밋] 버튼이 비활성화된 상태인 것을 확인할 수 있습니다.

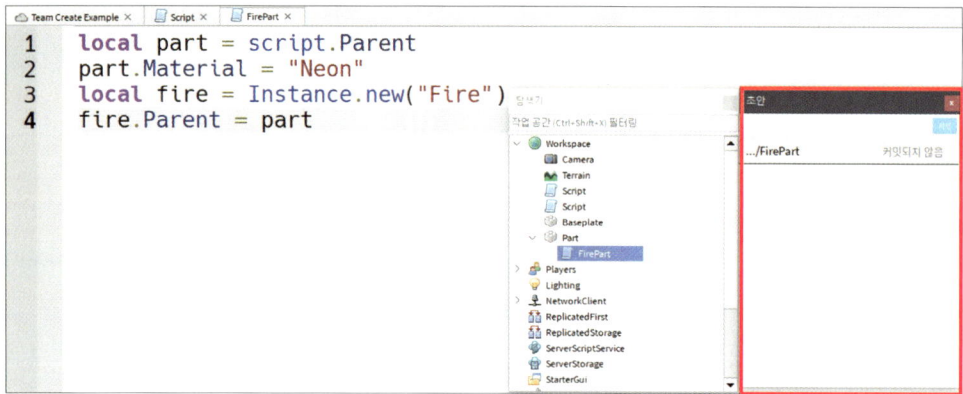

그림 6-27 | FirePart 코드 작성

이때 코드가 정상적으로 작동하는지 확인한 후 파란색 [커밋(Commit)] 버튼을 클릭해야 실제 코드에 적용이 됩니다. 그럼 커밋(Commit)을 하기 전에 초대된 친구는 어떻게 보이는지 확인해 볼까요?

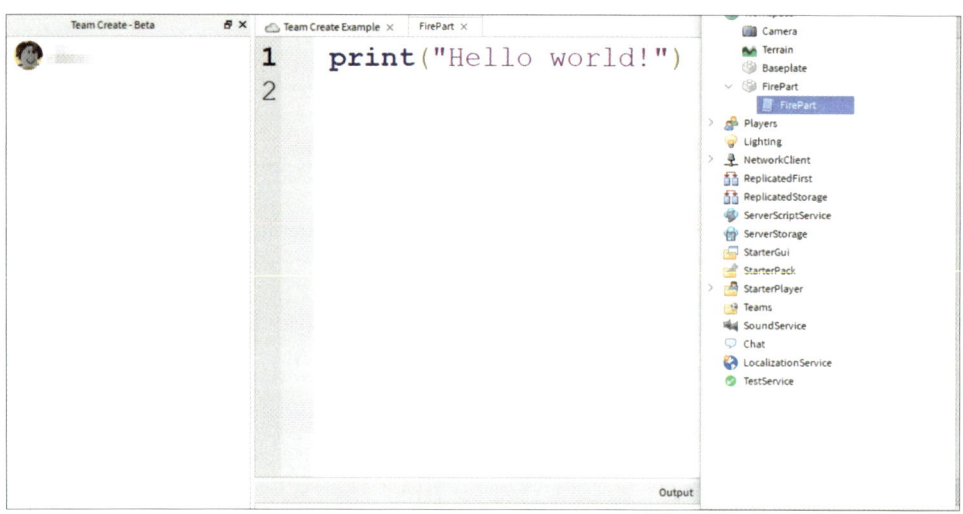

그림 6-28 | 커밋하기 전 친구가 보는 FirePart 스크립트

커밋을 하지 않았기 때문에 **그림 6-29**처럼 친구가 보는 FirePart 스크립트에는 가장 기본적인 내용만 있습니다. 이제 작성한 FirePart 스크립트의 초안 창에서 [커밋] 버튼을 클릭하고 변경되었는지 확인해 보겠습니다.

그림 6-29 | 커밋(Commit) 전 코드 테스트

그림 6-30 | 초안 창에서 [커밋] 버튼 클릭

[커밋] 버튼을 클릭하면 상태가 '변경 없음(Empty)'으로 변경되고 작성한 코드는 정상적으로 반영됩니다. 커밋(Commit)을 마쳐야 모든 팀원들이 작성한 스크립트가 개발 중인 게임에 적용된 것을 확인할 수 있습니다.

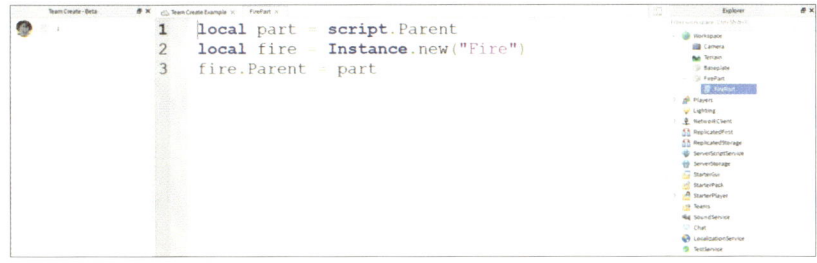

그림 6-31 | 커밋 후 친구가 확인한 fire 파트 스크립트

이번에 수정(Edit) 권한을 가진 친구가 FirePart의 효과를 불(fire)이 아니라 반짝(Sparkles) 효과로 변경해 보겠습니다. fire 변수에 "Fire"부분을 "Sparkles"로 변경합니다.

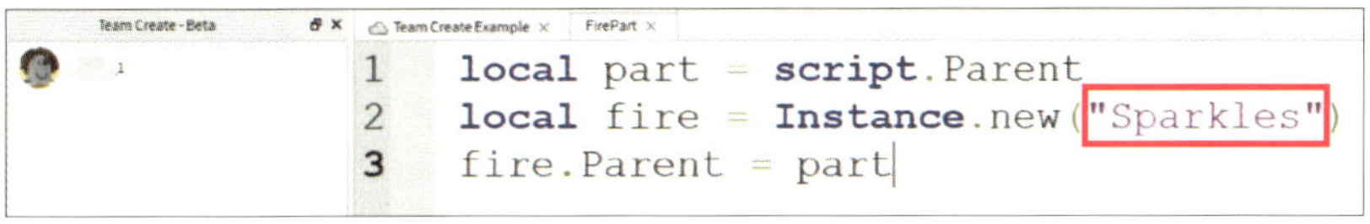

```
local part = script.Parent
local fire = Instance.new("Sparkles")
fire.Parent = part
```

그림 6-32 | FirePart 스크립트 변경

그림 6-33 | 커밋 전 테스트

커밋(Commit)을 하기 전 다른 친구는 어떻게 보이는지 확인해 봅시다.

그림 6-34 | 수정한 스크립트를 커밋하지 않았을 때

이처럼 친구와 함께 스크립트 작업을 할 때 커밋(Commit)을 하지 않으면 작성한 코드가 게임에 적용되지 않습니다. 또한 공동 작업을 할 때 친구와 스크립트 작성 규칙, 예를 들어 스크립트 이름 및 변수 이름 규칙, 각자의 역할 등을 정하고 개발해야 혼란 없이 친구와 같이 게임을 제작할 수 있습니다.

> **잠깐만요** **스크립트 변경 추적**
>
> 스크립트를 서로 변경하면 어떤 부분이 변경되었는지 확인해야 합니다. 특히 커밋(Commit) 전에 수정한 스크립트에 변수 이름이 같아 충돌하지 않는지, 혹은 중복된 코드 등을 확인해야 합니다. 이때 사용하는 기능이 '서버와 비교(Compare with Server)'입니다. 커밋하기 전에는 모든 스크립트 내용은 자기 컴퓨터에만 저장되어 있으며 커밋을 해야 로블록스 서버로 스크립트 내용이 반영되어 팀원들이 변경된 내용을 확인할 수 있습니다.
>
> 위 예제 코드에 파트의 재질을 변경하는 코드를 한 줄 추가하고 '서버와 비교(Compare with Server)'를 클릭하면 현재 수정한 스크립트가 서버에 저장된 스크립트와 비교해서 보여줍니다.
>
>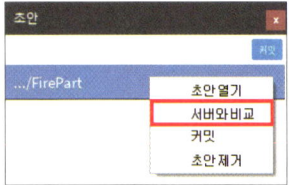
>
> 그림 6-35 | 수정한 스크립트를 커밋하지 않았을 때

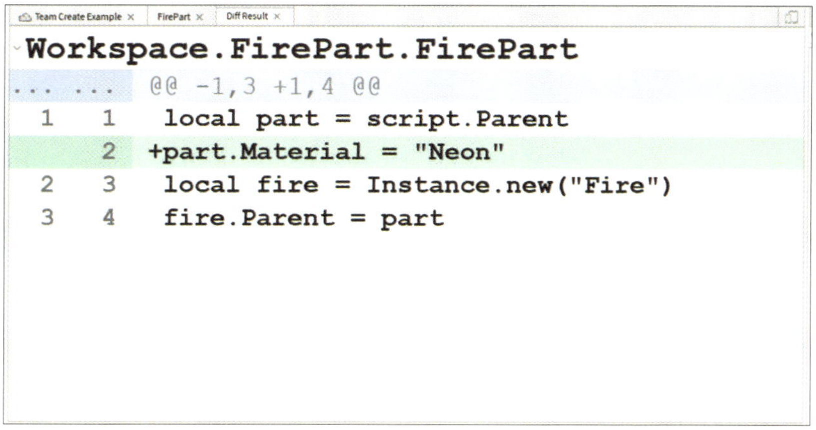

```
Workspace.FirePart.FirePart
... ...    @@ -1,3 +1,4 @@
 1   1    local part = script.Parent
     2   +part.Material = "Neon"
 2   3    local fire = Instance.new("Fire")
 3   4    fire.Parent = part
```

그림 6-36 | 서버에 저장된 스크립트와 비교

PART 07 메뉴 만들기

우리는 게임을 하면서 많은 메뉴를 보게 됩니다. 게임을 플레이할 때 캐릭터 행동에 선택지를 주거나 진행 상황을 저장을 하고 게임을 끝낼 때도 사용합니다. **PART 07**에서는 이러한 메뉴를 구성하는 GUI(Graphic User Interface)에 대해서 알아보고 로블록스에서 GUI를 구현하는 방법을 알아보겠습니다.

CHAPTER 01 화면에 GUI 안내판 만들기

1 스크린GUI와 텍스트 레이블 소개하기

게임에서 GUI는 다양한 방법으로 활용하여 적용할 수 있습니다. 플레이어에게 필요한 정보를 제공하거나 조작 버튼을 표시할 수도 있습니다. 로블록스 스튜디오에는 스타터GUI(StarterGUI)라는 기능을 통해 보다 쉽게 게임에 필요한 GUI를 구성할 수 있습니다.

가장 간단한 형태의 GUI는 이름이나 점수 등을 화면에 문자로 나타낼 수 있는 스크린GUI(ScreenGUI)입니다. 게임 캐릭터가 게임 환경에서 아무리 움직여도 스크린GUI는 화면에서 위치가 변하지 않고 정보를 나타낼 수 있습니다.

게임에서 스크린GUI를 추가하려면 로블록스 스튜디오 탐색기 창에서 '스타터GUI(StarterGUI)'를 찾아야 합니다.

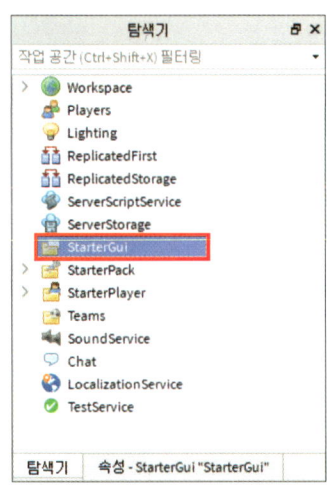

그림 7-1 | 탐색기 창의 스타터GUI

스타터GUI의 [추가](+) 아이콘을 클릭하고 'ScreenGui'를 클릭합니다.

TIP 개체 검색 창에서 'ScreenGui'를 검색한 후 검색 결과에서 선택해도 됩니다.

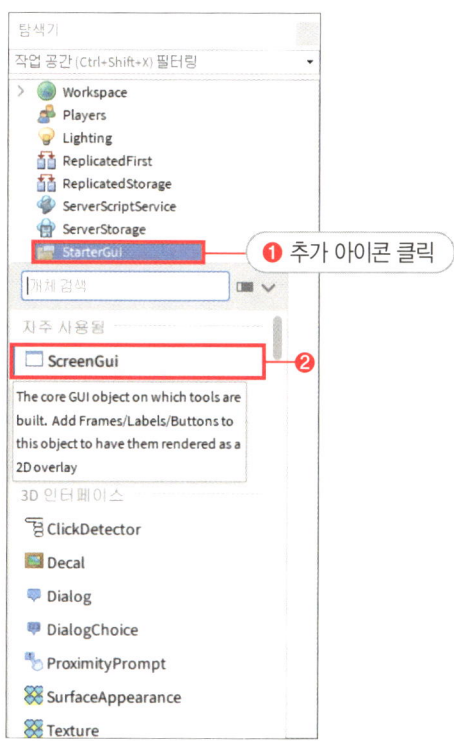

그림 7-2 | 스크린GUI 추가

스타터GUI에서 스크린GUI를 추가했지만 아직 화면에는 아무런 변화가 없습니다. 스크린 GUI에 필요한 추가 작업을 해야 합니다. 아직 스크린GUI는 빈 도화지와 같은 상태입니다.

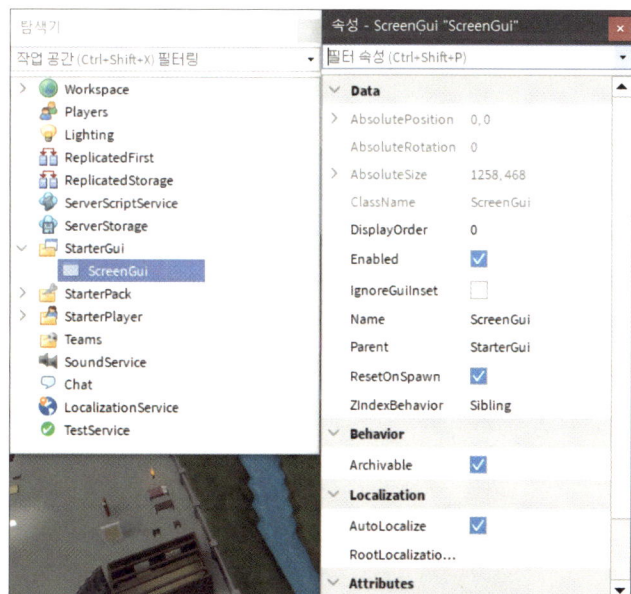

그림 7-3 | 스크린GUI와 스크린GUI의 속성 창

탐색기 창의 스크린GUI의 [추가](+) 아이콘을 클릭하고 '텍스트 레이블(TextLabel)'을 클릭하여 추가합니다. 이외에도 목적에 맞게 다양한 요소를 스크린GUI에 추가할 수 있습니다.

Part 07 메뉴 만들기 ■ 243

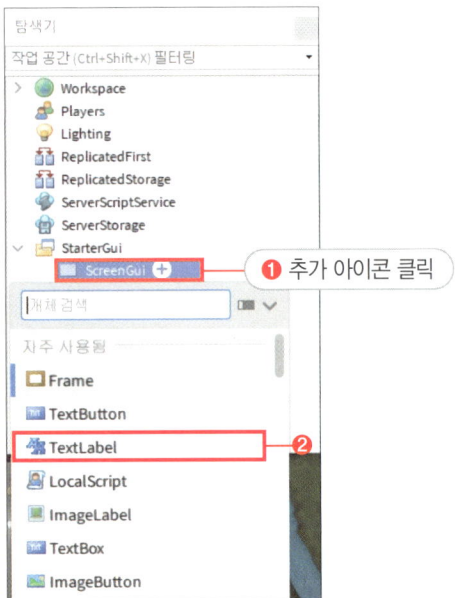

그림 7-4 | 스크린GUI에 텍스트 레이블 추가

텍스트 레이블을 추가하면 개발 화면 왼쪽 위에 GUI가 바로 적용되어 보입니다.

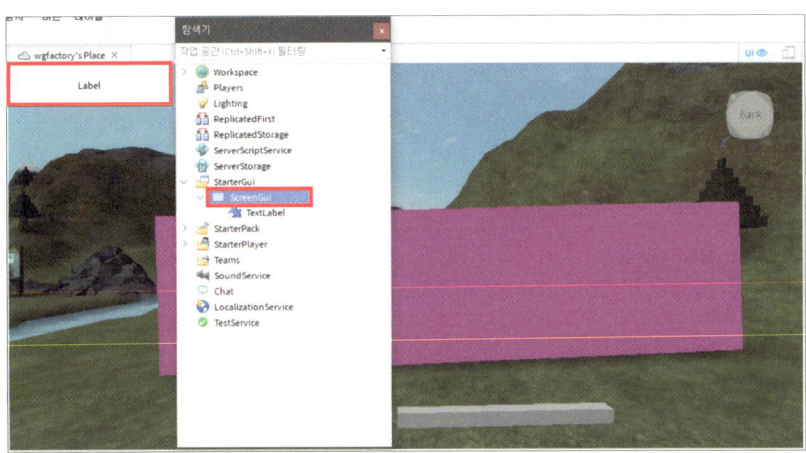

그림 7-5 | 화면에 추가된 텍스트 레이블

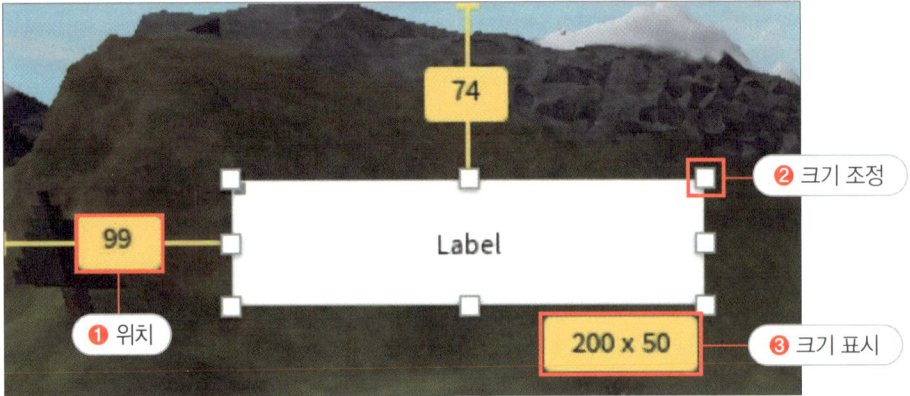

그림 7-6 | 확대한 텍스트 레이블

다음은 위 그림을 참조한 텍스트 레이블에 대한 설명입니다.

❶ **위치** : 텍스트 레이블의 거리를 나타냅니다. 텍스트 레이블 윗면과 왼쪽면이 화면에서 얼마나 떨어져 있는지에 대한 거리가 노란색 박스에 표시됩니다. 텍스트 레이블을 옮기면 거리값이 변합니다.

❷ **크기 조정** : 텍스트 레이블에는 8개의 작은 사각형이 있습니다 이곳에 마우스 포인터를 맞추고 드래그하면 크기를 조정할 수 있습니다.

❸ **크기 표시** : 크기를 조정하면 얼마나 큰지 숫자로 알려줍니다. 기본값은 200pix(폭)× 50pix(높이)입니다.

> **TIP** pix는 픽셀(pixel)을 의미하며, 모니터 화면을 구성하는 매우 작은 한 점을 말합니다.

텍스트 레이블을 더블 클릭하면 글 내용도 변경할 수 있습니다. 하지만 정밀하게 조정하려면 속성 창에서 변경해야 합니다.

2 텍스트 레이블 수정하기

텍스트 레이블(TextLabel)의 속성 창에는 텍스트 레이블에 관련된 다양한 항목들이 있습니다. 각 속성값들을 변경하면서 텍스트 레이블이 어떻게 변하는지 살펴보겠습니다.

텍스트

'텍스트(Text)'는 텍스트 레이블로 나타내고 싶은 글씨에 관한 속성을 모아 놓았습니다.

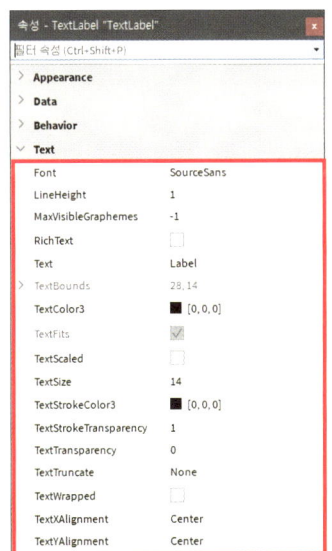

그림 7-7 | 텍스트 레이블의 텍스트(Text) 속성

그림 7-7과 같이 텍스트 항목에 글씨와 관련된 매우 많은 속성들이 있습니다. 가장 기본적인 내용만 살펴보겠습니다.

텍스트(Text) 항목은 텍스트 레이블의 내용을 변경할 수 있습니다. 영어, 한글 모두 지원하며 한글의 경우 로블록스의 기본 제공되는 여러 가지 글씨체(Font)를 적용해도 변화가 거의 없습니다.

글씨의 크기는 '텍스트 크기(TextSize)'의 값을 조정하여 변경할 수 있습니다. 기본 입력값은 '14'입니다. 글씨가 작아 보이니 '35'를 입력해 봅시다.

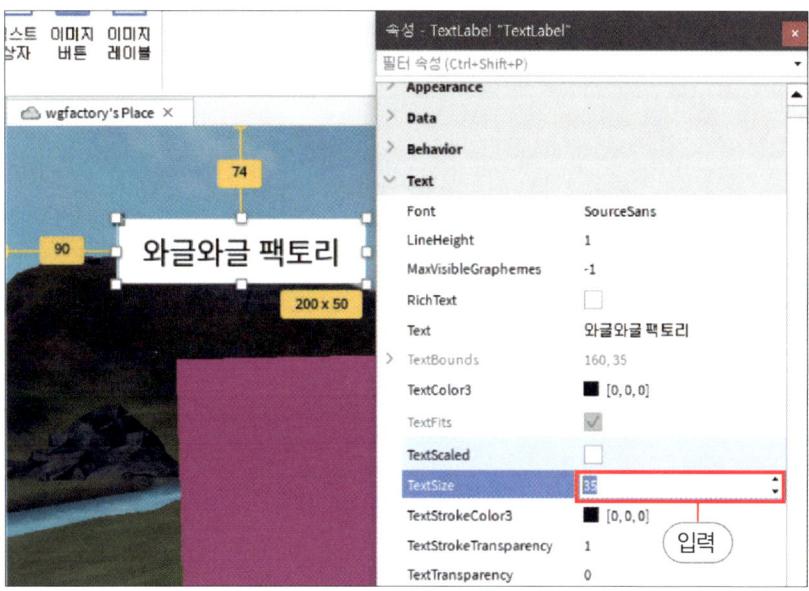

그림 7-8 | 글씨 크기 변경

3 텍스트 레이블 위치 변경하기

텍스트 레이블은 게임 환경에 구현된 것이 아니라 화면에 보이는 2차원 평면에 떠 있습니다. 쉽게 설명하면, 로블록스 게임 환경을 촬영하는 카메라의 렌즈 위에 텍스트 레이블이 붙어 있다고 생각하면 됩니다.

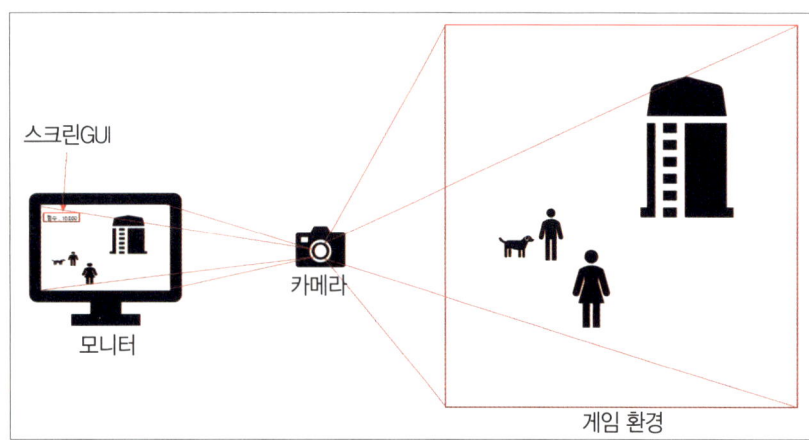

그림 7-9 | 게임 환경과 스크린GUI의 관계

텍스트 레이블의 위치를 정하려면 기준점이 필요합니다. 이때 기준이 되는 것이 모니터의 크기 또는 픽셀(Pixel)입니다. 텍스트 레이블의 위치는 데이터(Data) 항목의 위치(Position) 값을 수정하여 변경할 수 있습니다. 위치의 X, Y값은 {스케일(Scale), 오프셋(Offset)} 형태의 한쌍으로 가지고 있습니다.

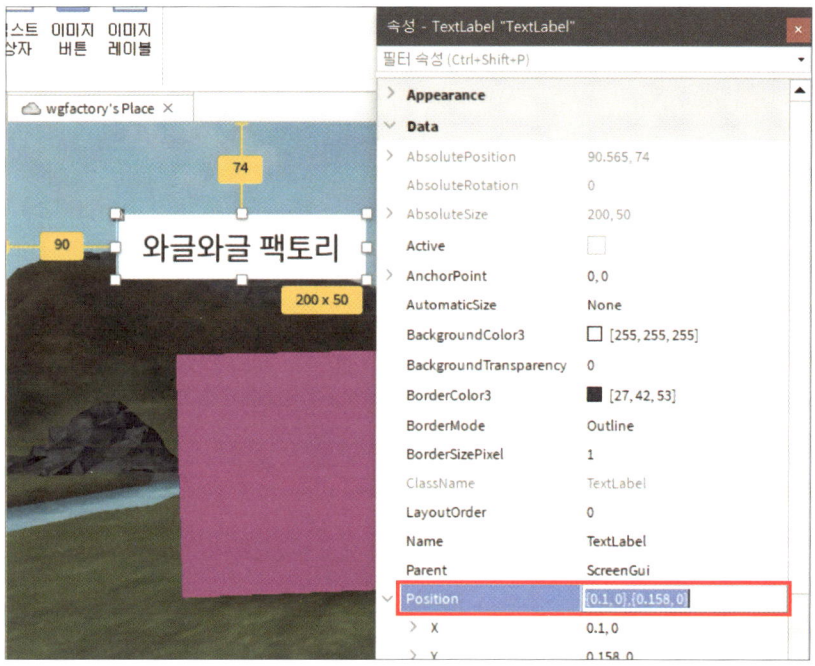

그림 7-10 | 위치의 데이터 형식인 {스케일, 오프셋}

스케일은 화면의 크기를 0~1의 값 사이로 나타낼 수 있습니다. 이때 원점이 되는 기준은 모니터 왼쪽 상단 모서리이고 X 스케일이 1에 가까워질수록 모니터 오른쪽으로, Y 스케일이 1에 가까워질수록 모니터 아래쪽에 위치하게 됩니다.

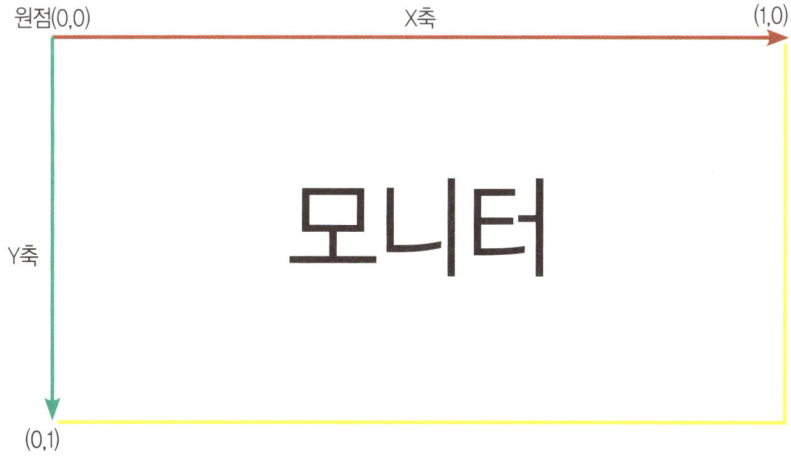

그림 7-11 | 위치 스케일 좌표계

만약 텍스트 레이블을 화면 정중앙으로 옮기려면 X값은 {0.5,0}, Y값은 {0.5,0}으로 입력하면 됩니다.

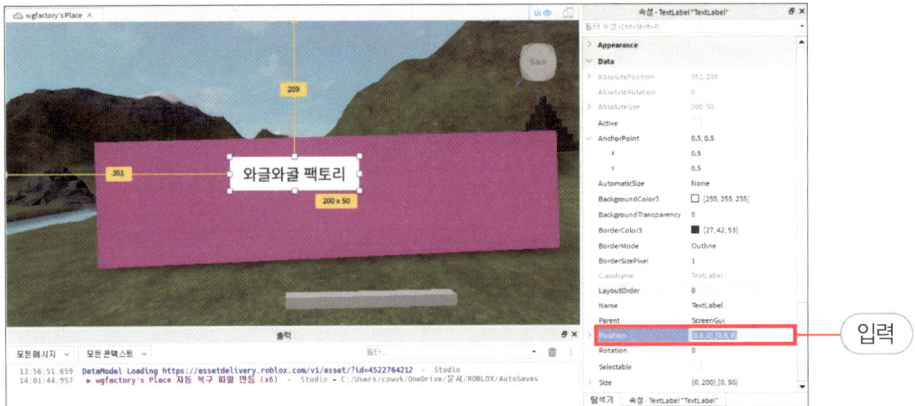

그림 7-12 | 텍스트 레이블을 화면 중앙으로 이동

> **잠깐만요** **텍스트 레이블 앵커 포인트**
>
> 텍스트 레이블(TextLabel)의 위치를 조정할 때 앵커 포인트(AnchorPoint)의 값도 중요합니다. 정확하게 이야기하면 텍스트 레이블의 위치는 앵커 포인트의 위치를 의미합니다. 위치의 스케일과 같이 X, Y는 0~1의 값을 가지며 (0, 0)은 원점으로 텍스트 레이블의 왼쪽 위입니다. 그림 7-12는 앵커 포인트를 텍스트 레이블의 정중앙(0.5, 0.5)으로 변경한 후 위치를 변경한 것입니다. 앵커 포인트를 (0, 0)으로 변경하면 텍스트 레이블의 왼쪽 위 모서리가 화면 중앙에 위치하게 됩니다.
>
>
>
> 그림 7-13 | 앵커 포인트가 (0, 0)일 때 텍스트 레이블의 위치

위치에서 오프셋(Offset)은 픽셀(Pixel) 값을 기준으로 위치를 조정합니다. 픽셀은 모니터 화면에 있는 매우 작은 점입니다. 우리가 흔히 모니터 해상도를 이야기할 때 쓰이는 숫자, 예를 들어 1920×1080과 같은 숫자가 픽셀이 가로는 1920개, 세로는 1080개를 의미하며 이때 모니터의 모든 픽셀의 개수는 가로(1920)×세로(1080)=2,073,600개입니다. 오프셋 기준도 원점이 화면 왼쪽 상단입니다. 스케일의 경우 화면 크기를 0~1 사이의 값으로 위치를 잡기 때문에 모니터의 크기에 따라 위치가 미묘하게 다를 수 있습니다. 특히 모니터의 가로 세로 비율이 바뀌면 차이가 많이 나게 됩니다.

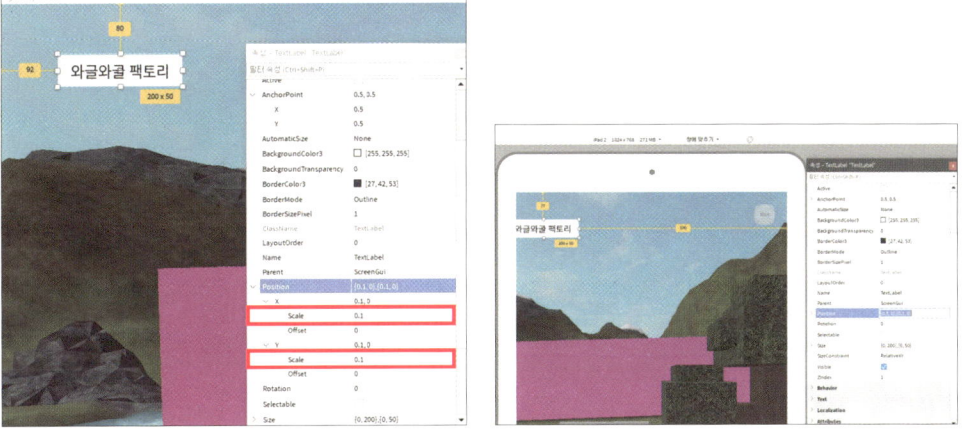

그림 7-14 | 스케일이 0.1, 0.1일때 컴퓨터 화면(왼쪽)과 아이패드 화면(오른쪽)의 차이

이 때문에 오프셋의 경우 화면 가장자리에 있어야 할 때 매우 유용하게 사용됩니다.

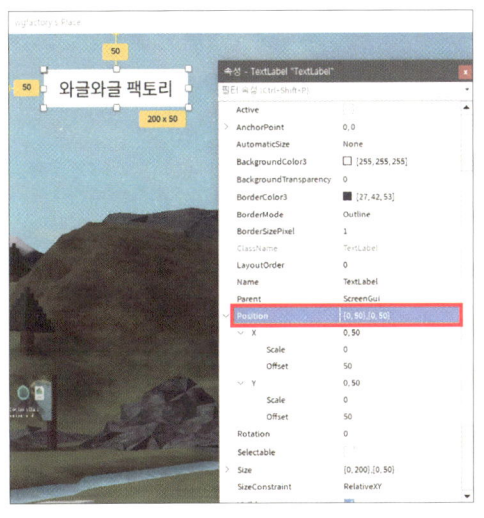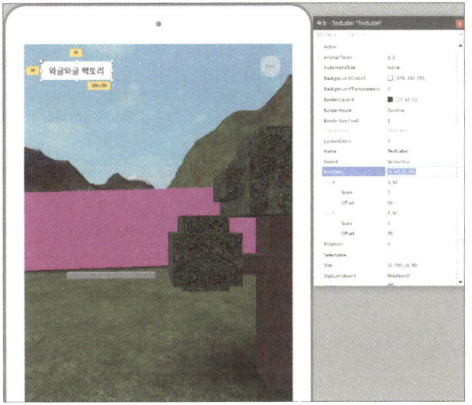

그림 7-15 | 오프셋이 50, 50일때 컴퓨터 화면(왼쪽)과 아이패드 화면(오른쪽)의 차이

CHAPTER 02 화면에 GUI 버튼 만들기

텍스트 레이블의 경우 단순히 정보를 알려주는 알림판과 같은 기능입니다. 이와는 다르게 GUI 버튼은 클릭이 가능합니다. GUI 버튼은 두 가지 형태가 있는데, 하나는 '텍스트 버튼(TextButtons)'이고 나머지 하나는 '이미지 버튼(ImageButtons)'입니다.

텍스트 버튼은 텍스트 레이블과 비슷한 속성(Properties)을 가지고 있으며 글씨가 들어간 버튼을 만드는 데 사용됩니다. 이미지 버튼은 그림을 사용하여 버튼을 만들 수 있습니다. 이번에는 이미지 버튼을 실습해 보겠습니다.

1 이미지 버튼 만들기

이미지 버튼은 스크린GUI에 추가할 수 있습니다. 또한 추가한 버튼을 다양하게 꾸밀 수 있습니다. 탐색기 창의 스타터GUI(StarterGUI)에 스크린GUI(ScreenGUI)를 추가하고 다시 이미지 버튼(ImageButton)을 추가하면 됩니다.

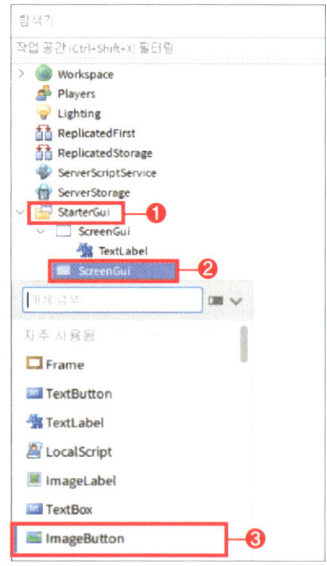

그림 7-16 | 스크린GUI 및 이미지 버튼 추가

이미지 버튼의 크기와 위치는 텍스트 레이블과 같습니다. 다른 점은 GUI를 표현하는 방법이 글씨인지 사진인지의 차이입니다.

먼저 이미지 버튼에 사진을 적용하기 위해서 두 장의 사진을 준비하고 이름을 바꿉니다. 하나는 'HoverImage', 다른 하나는 'PressedImage'로 바꾸어 줍니다. 로블록스에서 사진을 사용하기 위해서 먼저 만들고 있는 게임을 로블록스 서버에 게시해야 합니다. 게시를 하면 애셋 관리자(Asset Manager)를 볼 수 있으며 게임에 사용되는 이미지, 메시(Mesh) 등 애셋(asset)을 저장하고 관리할 수 있습니다. 애셋 관리자(Asset Manager)는 로블록스 스튜디오 상단 메뉴의 [보기(View)] 탭에서 확인할 수 있습니다.

그림 7-17 | 애셋 관리자 위치

애셋 관리자에 '이미지(Images)' 폴더에 마우스 오른쪽 버튼으로 클릭하면 애셋 이미지 추가 메뉴가 보입니다. '이미지 추가'를 클릭하여 준비해 둔 HoverImage와 PressedImage를 추가합니다.

그림 7-18 | 애셋 이미지 추가

이미지 추가가 완료되면 탐색기 창에서 '이미지버튼(ImageButton)'을 선택하고 속성 창에서 '호버 이미지(HoverImage)'와 '이미지(Image)' 그리고 '클릭 이미지(PressesdImage)' 항목에 업로드한 사진을 선택합니다. 이때 호버 이미지와 이미지는 업로드한 사진 파일 중 'HoverImage'를 선택합니다. 각 항목의 오른쪽 빈칸을 클릭하면 자동으로 이미지(Images) 폴더에 업로드한 사진을 확인할 수 있으며 업로드할 사진을 클릭해 선택하면 적용됩니다.

> **TIP** 이미지 버튼(Image Button)의 '이미지(Image)'는 평상시 보이는 그림 파일이고, '호버 이미지(HoverImage)'는 마우스 포인터를 이미지 버튼에 올려 놓았을 때 보이는 그림 파일입니다.

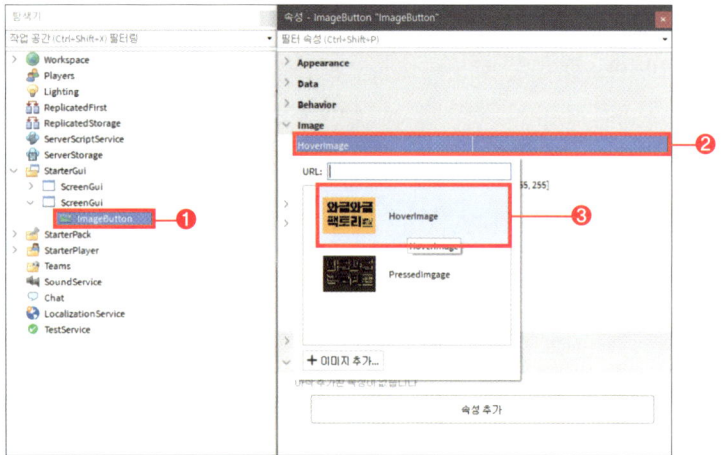

그림 7-19 | 호버 이미지 선택

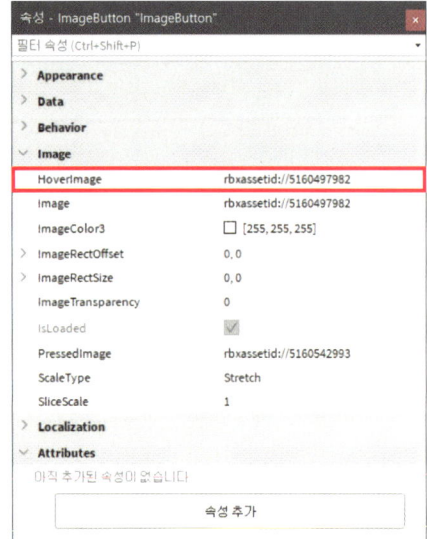

그림 7-20 | 호버 이미지 적용

호버 이미지, 이미지, 클릭 이미지를 전부 선택하면 추가된 이미지 버튼이 작동하는지 확인할 수 있습니다.

그림 7-21 | 이미지 버튼을 클릭하지 않았을 때

그림 7-22 | 이미지 버튼을 클릭했을 때

CHAPTER 03 게임 환경에 GUI 만들기

GUI는 상황에 따라 꼭 스크린GUI가 아니라 게임 환경 안에 구성해야 할 경우도 있습니다. 로블록스 스튜디오에서 게임 환경 안에 GUI를 만들려면 파트에 직접 표면GUI(SurfaceGUI) 기능을 사용해야 합니다. 먼저 게임 환경에 X값은 8, Y값은 4의 크기를 가진 블록 파트를 추가합니다. 이름은 'SignBoard'로 변경합니다.

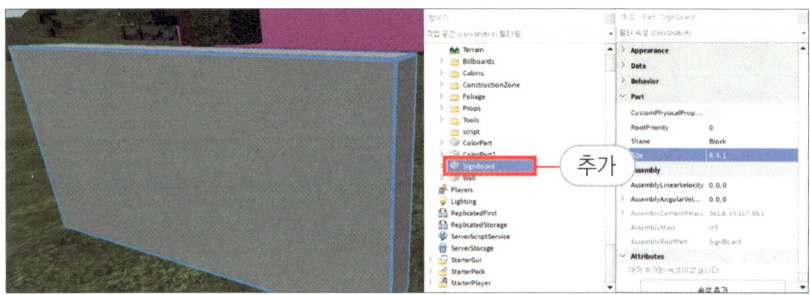

그림 7-23 | SignBoard 블록 파트 배치

배치한 SignBoard에 표면GUI(SurfaceGUI)를 추가합니다. 파트에 각종 효과(Effets)를 추가하는 방법과 동일합니다. SignBorad의 [추가](+) 아이콘을 클릭한 후 '표면GUI(SurfaceGUI)'를 검색하여 추가합니다.

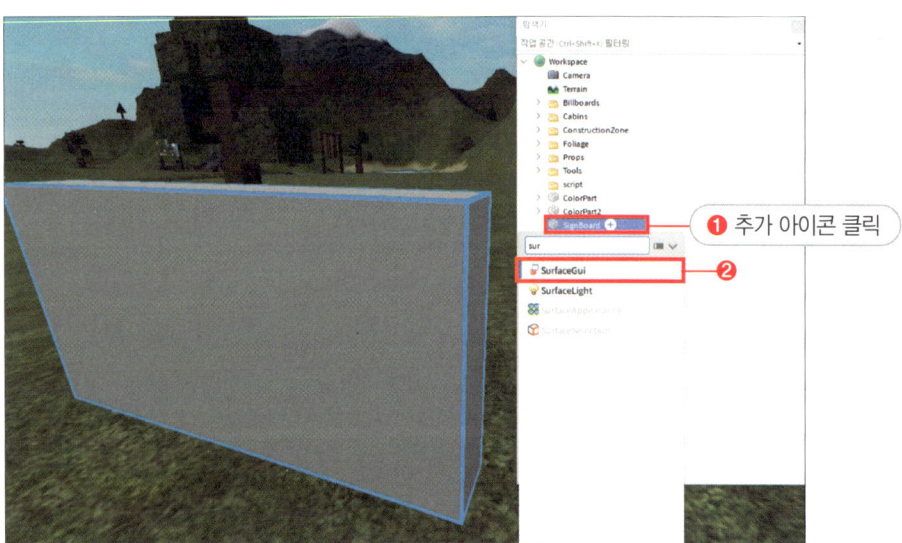

그림 7-24 | 표면GUI 추가

SignBoard에 표면GUI를 추가하고 다시 표면GUI에 텍스트 레이블을 추가합니다.

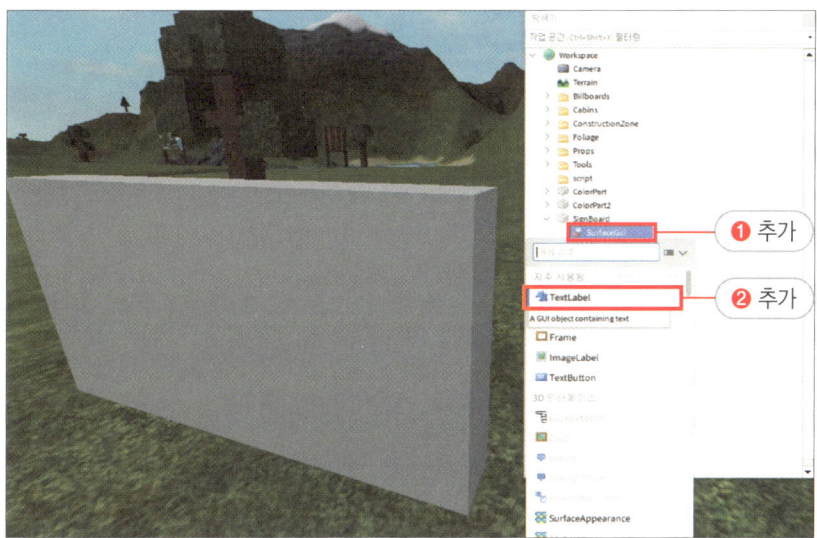

그림 7-25 | 표면GUI 추가

> **잠깐만요** **표면GUI의 보이는 면(Face)**
>
> 그림 7-26에 텍스트 레이블을 추가하면 보이지 않습니다. 왜냐하면 표면GUI가 나타나는 면(Face)은 기본값이 파트의 앞면(Front)인데, 그림 7-26은 파트의 보이는 면이 뒷면(Back)이기 때문입니다. 만약 텍스트 레이블의 보이는 면을 조정하려면 표면GUI의 속성 창에서 '면(Face)' 항목을 알맞게 변경해야 합니다.
>
>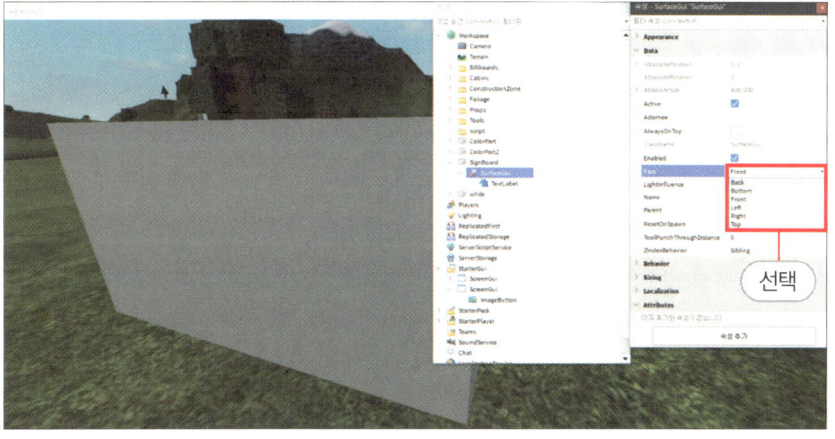
>
> 그림 7-26 | 속성 창에서 표면GUI의 보이는 '면(Face)' 변경

텍스트 레이블의 크기는 기본값이 200(가로)×50(세로) 픽셀입니다. 스크린GUI에서 살펴본 바와 같이 텍스트의 크기는 스케일(Scale)과 오프셋(Offset)으로 크기 조절이 가능합니다. 이때 SignBoard의 크기의 정확한 픽셀 값을 모르기 때문에 스케일 값으로 크기를 조정하면 됩니다. 이번 SignBoard의 전체 면에 표면GUI를 구성하기 위해서 스케일 값을 모두 '1'로 수정합니다.

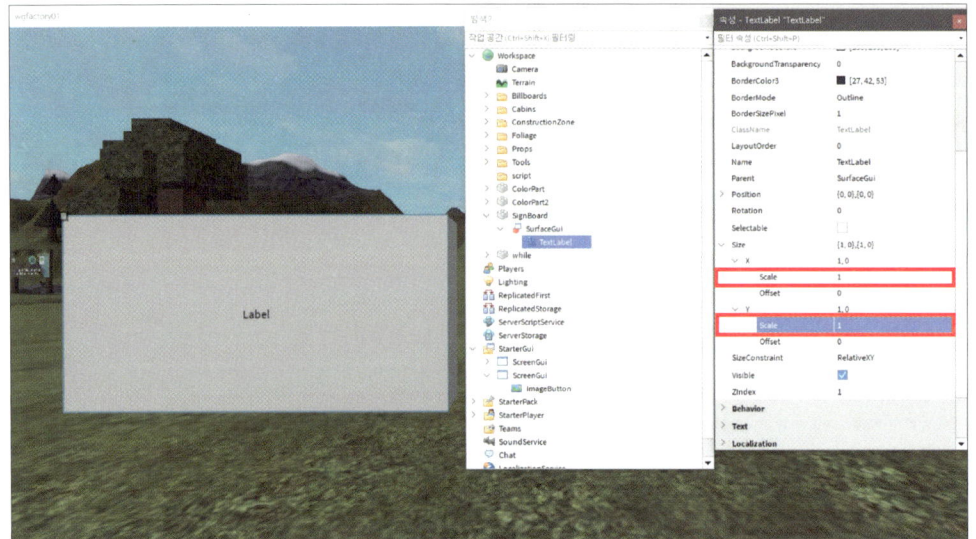

그림 7-27 | 텍스트 레이블의 크기 변경

텍스트 레이블의 내용을 변경하려면 속성 창의 '텍스트(Text)' 항목에서 필요한 작업을 해야 합니다.

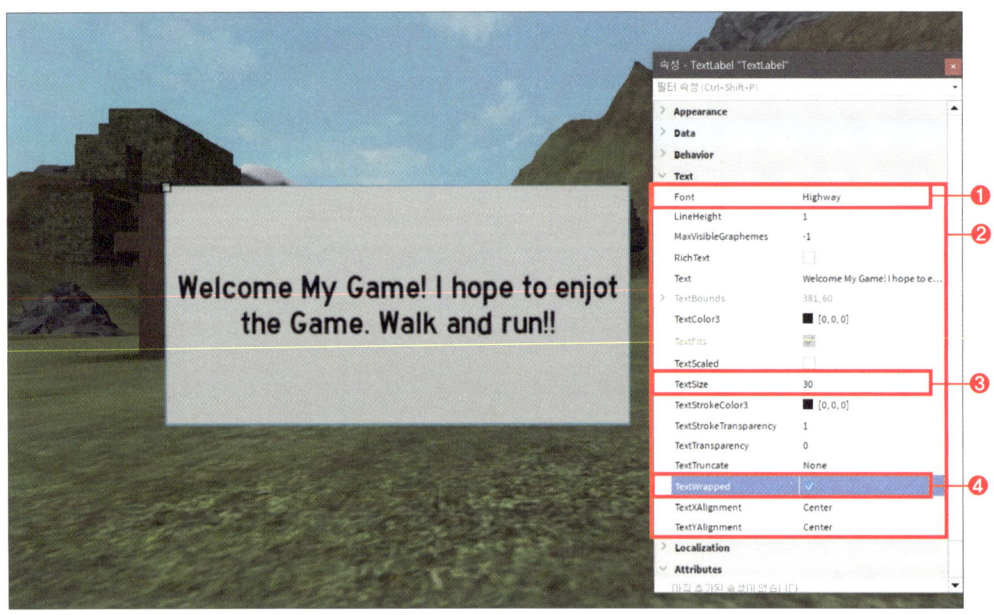

그림 7-28 | 텍스트 레이블의 속성 창에서 '텍스트' 항목 수정

그림 7-28처럼 텍스트 항목에서 변경해야 할 사항은 아래와 같습니다.

❶ **글씨체(Font)** : 글씨체를 변경할 수 있습니다. 기본값은 'SourceSan'입니다. '글씨체' 항목을 클릭하면 선택할 수 있는 글씨체가 보입니다. 변경을 하면 바로 적용됩니다.

❷ **텍스트(Text)** : 기본값은 'Label'입니다. 원하는 단어나 문장으로 변경합니다.

❸ **글씨 크기(TextSize)** : 기본값은 14입니다. 글씨의 크기를 조정할 수 있습니다. 예제에서는 '30'을 입력하였습니다.

❹ **글씨 감싸기(TextWrapped)** : 입력한 글씨가 텍스트 레이블의 크기를 벗어나지 않게 합니다. 기본값은 체크가 해제되어 있습니다. 체크를 하여 글씨가 텍스트 레이블 안에 전부 보이게 합니다.

이 중에서 '글씨 감싸기(TextWrapped)' 항목이 중요합니다. 만약 전체 글이 너무 긴 경우 '글씨 감싸기'에 체크하지 않으면 글씨가 텍스트 레이블 밖으로 나가게 됩니다.

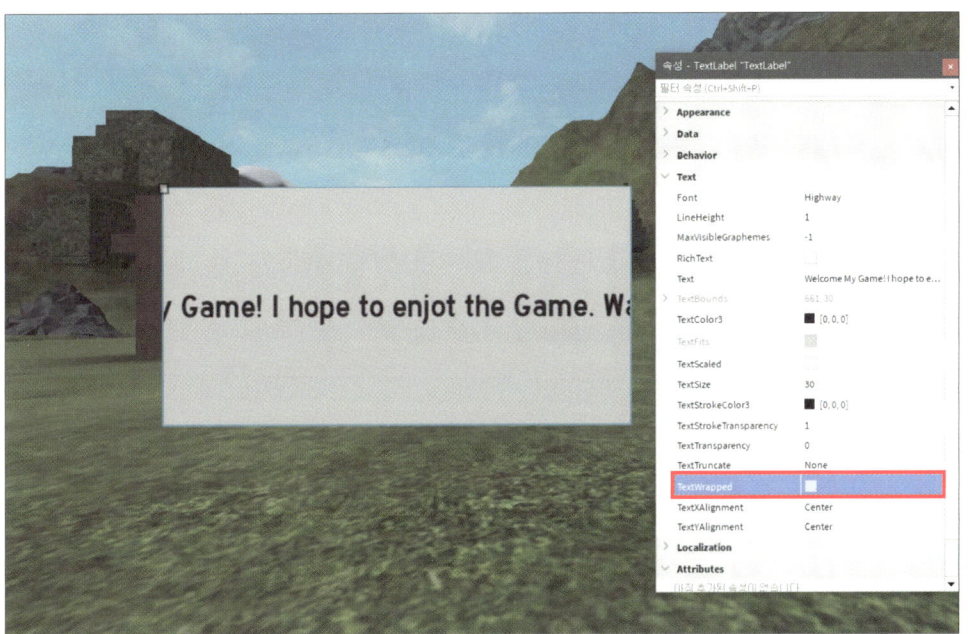

그림 7-29 | '글씨 감싸기'를 체크하지 않았을 때

여기까지 게임 환경에 GUI를 구성하는 기초 작업입니다. 실제 게임에서 어떻게 보이는지 상단 메뉴의 [플레이(Play)]를 클릭하여 살펴봅시다.

그림 7-30 | 게임 내에 구현된 표면GUI

PART 08 수익화하기

로블록스는 게임의 모든 요소, 예를 들어 의상, 아이템, 게임패스 등을 모든 사용자들이 스스로 만들고 소비하는 매우 독특한 플랫폼입니다. 이런 요소들은 로블록스의 가상화폐인 로벅스(Robux)로 구입할 수 있습니다. 게다가 자신이 만든 아이템이나 의상을 다른 로블록스 이용자에게 로벅스를 받고 판매를 할 수 있습니다. **PART 08**에서는 게임 캐릭터 의상 만들기를 통해 로벅스로 수익을 얻을 수 있는 방법을 알아봅시다.

CHAPTER 01 수익화 소개

로블록스는 DevEx(Developer Exchange)라는 제도를 운영하고 있습니다. 로블록스에서 획득한 로벅스를 현금으로 바꾸어 주는 제도입니다. 이 DevEx라는 제도를 이용하기 위해서는 아래와 같은 최소 요구 조건을 만족해야 합니다.

1 | 로블록스 프리미엄(Premium) 구독자
2 | 100,000 로벅스를 보유한 계정
3 | 검증된 이메일(E-mail)
4 | 유효한 DevEx 포털(Portal) 계정
5 | 만 13세 이상인 사람
6 | 로블록스 이용자 약관을 준수하는 로블록스 커뮤니티 멤버(Community Member)

> **TIP** DexEx를 처음 사용할 때 DevEx Portal 계정을 만듭니다.

1 수익화를 위한 4가지 방법

수익화를 위한 기본 방향은 크게 4가지입니다.

1. 내가 만든 게임을 다른 플레이어가 꾸준히 찾도록 업데이트합니다.

잘 만든 게임도 시간이 지나면 사람들이 금방 싫증을 내게 됩니다. 로블록스에서 매일매일 새로운 게임들이 만들어지기 때문에 내가 만든 게임의 개선점을 찾고 고치려는 노력을 해야 합니다. 그리고 다양한 이벤트를 통해 많은 사람들이 로벅스에 대한 부담 없이 게임을 즐기도록 해야 합니다. 잘 만든 게임도 너무 비싸면 사람들이 플레이하지 않기 때문입니다.

2. 페이 투 윈을 추구해서는 안됩니다.

'페이 투 윈(Pay to Win)'이란 게임 플레이하는 데 돈을 지불하면 게임 실력과 플레이한 시간과 상관 없이 캐릭터가 강력해지는 것을 말합니다. 현재 많은 모바일 게임들은 수익성을 높이기 위해서 페이 투 윈을 많이 도입하는데, 이러한 게임들은 많은 사람보다 소수의 부유한 사람들만 플레이하게 됩니다. 아이템 구매는 필수가 아니라 선택이 되어야 합니다.

3. 유료 게임 아이템은 캐릭터를 꾸미는 요소에 더 집중합니다.

유료로 판매하는 게임 아이템은 게임 캐릭터의 능력 또는 게임의 편의성보다 캐릭터를 꾸미는 요소에 더 집중해야 합니다. 예를 들어 옷과 장신구 같은 것들입니다.

4. 다른 사람들에게 게임에 대한 충분한 설명을 제공해야 합니다.

설명이 제대로 되지 않고 어려운 게임은 다른 사람들이 재미있게 플레이하기 어렵기 때문입니다. 따라서 게임에 따라 도움말(Tutorial, 튜토리얼)을 제공하기도 합니다.

그리고 게임을 플레이하는 데 오류가 없어야 합니다. 오류가 없는 게임을 만들기 위해서 출시하기 전까지 계속 시험을 하고 오류를 찾고 수정하는 과정을 거쳐야 합니다.

인터넷에 로벅스를 검색하면 무료로 로벅스를 얻는 방법에 대한 광고가 검색됩니다. 이러한 광고는 대부분 개인 정보를 노리는 사기입니다. 이런 광고는 로블록스 계정 정보를 이용하여 수집한 계정에 있는 로벅스와 게임 아이템을 훔치려는 목적이 대부분입니다. 이러한 일을 방지하려면 로블록스 계정 보안에 주의를 기울여야 합니다. 예를 들어 비밀번호와 민감한 개인정보는 다른 사람과 절대 공유하지 말아야 합니다.

PART 01에서 소개한 로벅스를 구매하는 방법 이외에 로벅스 획득하는 방법에는 4가지가 있습니다.

2 로벅스를 획득하는 방법

1. 게임 접속 권한 팔기

로블록스의 대부분의 게임은 입장권이 필요 없이 플레이할 수 있습니다. 만약 자신이 만든 게임이 너무나 재미있다면 사람들이 '입장권'을 구매해서 많은 플레이어들은 게임의 입장권을 구매하여 즐길 것입니다. 하지만 앞서 얘기했듯이 로블록스 게임의 입장이 거의 대부분 무료인 상황에서 입장권을 파는 방법이 과연 많은 플레이어가 찾는 방법인지 생각해 보아야 합니다. 특히 입장권의 가격을 얼마로 결정해야 하는지 많은 고민이 필요합니다.

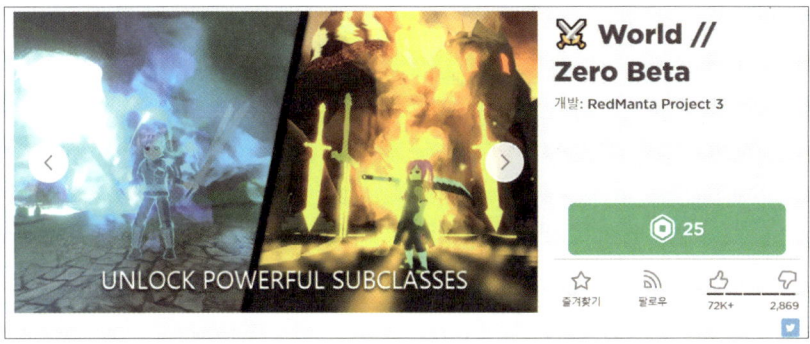

그림 8-1 | 입장권을 판매 중인 한 게임의 모습

2. 프리미엄 페이아웃

로블록스 게임을 제작하여 서비스를 시작하면 많은 플레이어가 여러분이 만든 공간에서 게임을 플레이할 것입니다. 이때 로블록스 프리미엄 멤버십(premuim membership)에 가입한 플레이어가 게임에 많이 참여하고 오래 게임을 플레이 할수록 자동으로 로벅스가 쌓입니다. 심지어 로블록스 그룹에서 그룹 게임을 만들면 그룹 페이아웃이 자동으로 실행됩니다. 이렇게 얻은 그룹 페이아웃은 그룹 멤버들에게 배분할 수도 있습니다.

3. 게임 패스 판매

게임 패스(Game Pass)란 플레이어가 로벅스를 사용하여 구입하는 일종의 아이템입니다. 일반 다른 아이템과 가장 큰 차이는 각 플레이어가 단 한 번만 구입할 수 있습니다. 따라서 게임 패스의 경우 특수한 기능이 매우 많습니다. 예를 들어 잠긴 지역 풀기, 게임 안에서 얻을 수 없는 특수 장비 아이템, 캐릭터 파워업 등이 있습니다.

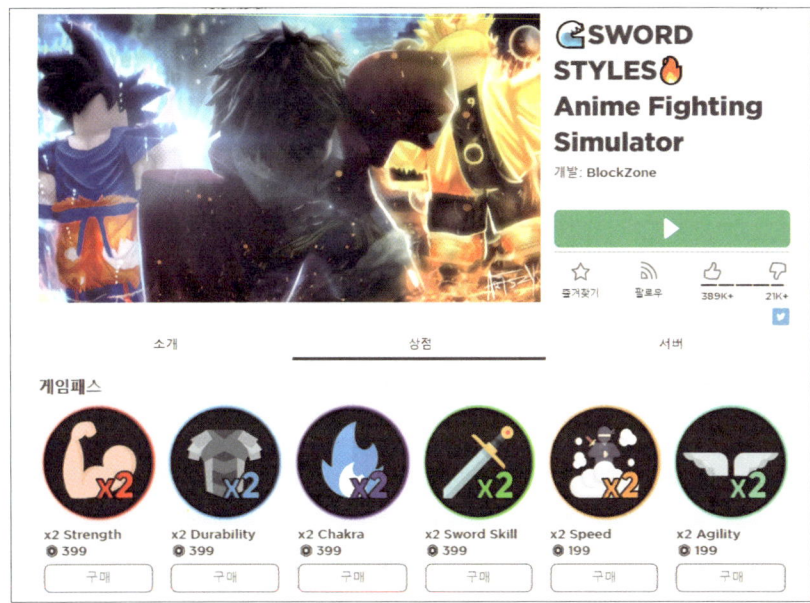

그림 8-2 | 게임 패스를 판매하고 있는 게임의 예

4. 캐릭터 의상 제작 판매

눈에 띄고 좋은 디자인으로 만든 의상들은 아바타를 꾸미기 좋아하는 플레이어에게는 매우 매력적인 아이템입니다. 따라서 로블록스 의상을 만들어 판매하는 것 또한 매우 매력적인 일입니다. 로블록스는 프리미엄 서비스를 이용 중이라면 누구나 셔츠(Shirts)와 바지(Pants) 템플릿을 만들어 판매할 수 있습니다. 필요한 것은 좋은 디자인 감각, 포토샵 등의 그래픽 프로그램을 이용해 의상 템플릿을 수정할 수 있는 능력입니다. 단, 셔츠와 바지를 로블록스에 등록하기 위해서 약간의 로벅스가 필요합니다.

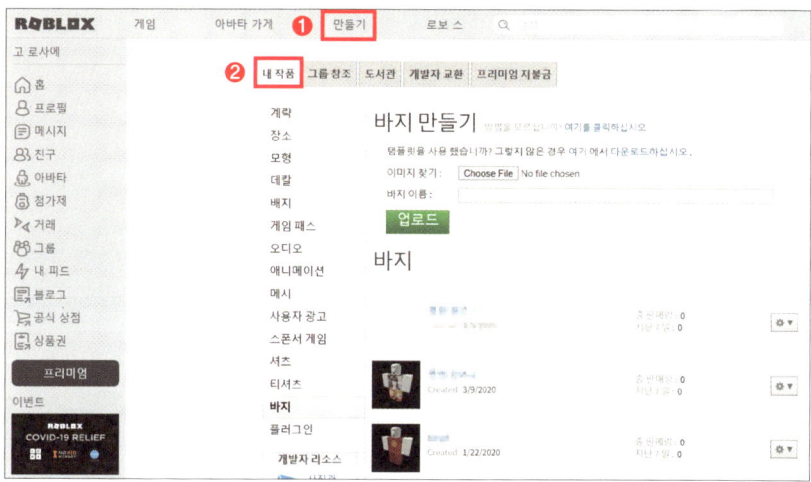

그림 8-3 | [만들기] 탭 – [내 작품]에서 게임 패스, 셔츠, 바지 제작 가능

CHAPTER 02 아바타 옷 만들기

아래 그림의 셔츠와 팬츠, 두 개 템플릿은 같은 크기이고 맨 위의 사각형은 로블록스 캐릭터의 상체(Torso) 모양을 나타냅니다. 밑의 사각형 모임은 바지의 경우 다리 부분을 나타내며 셔츠의 경우 팔 부분을 나타냅니다.

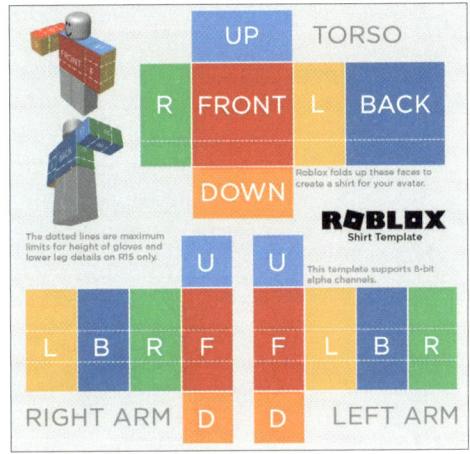

그림 8-4 | 로블록스 셔츠 템플릿

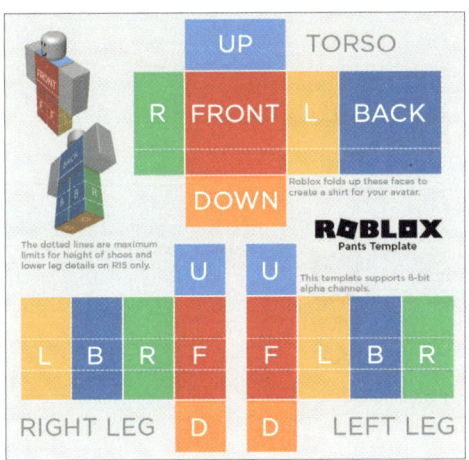

그림 8-5 | 로블록스 바지 템플릿

옷을 만들 때 이 템플릿을 수정하여 만들 수 있는데 전체 그림의 크기는 585(가로)×559(세로) 픽셀 제한이 되며 이 크기가 벗어나면 업로드가 되지 않습니다. 그림 파일의 경우 그래픽 관련 프로그램, 예를 들어 포토샵, GIMP 등을 사용하면 됩니다.

게다가 바지와 셔츠의 경우 프리미엄 멤버십에 가입해야만 제작한 옷을 업로드할 수 있습니다. 즉, 로블록스 유료 서비스를 사용해야 바지와 셔츠를 만들 수 있으며 디자인을 잘 한 옷들은 로블록스 상점에서 판매할 수 있습니다.

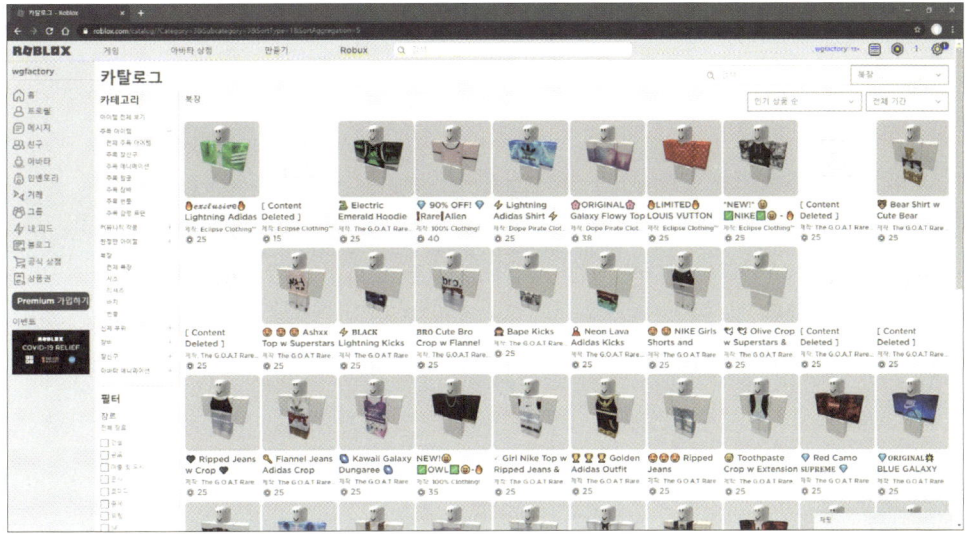

그림 8-6 | 로벅스로 살 수 있는 다양한 옷들

1 티셔츠 만들기

티셔츠(T-Shirts)를 만들기 위해서 간단한 그림이 필요합니다. 티셔츠의 경우 128(가로) × 128(세로) 픽셀 크기 제한을 받습니다.

티셔츠를 만드는데 가장 먼저 해야 할 일은 티셔츠에 넣고 싶은 그림을 구하는 것입니다. 그림을 선택할 때 저작권 반드시 확인하고 조심해야 하니 주의합니다. 만약 저작권으로 보호를 받는 그림을 무단으로 사용하여 수익을 얻으면 법적인 문제가 생기기 때문입니다. 따라서 원하는 그림을 얻는 방법은 저작권이 만료된 그림을 구하거나, 직접 마음에 드는 그림을 그리면 됩니다. 마지막으로 너무 마음에 드는 그림이라면 직접 그림의 저작권을 구매하여 사용해도 됩니다.

> **TIP** 3D 레이어 의상 시스템이 새로 나왔습니다. 아래 주소를 클릭하여 체험해 보세요.
> • https://www.roblox.com/games/8513446074
>
> 또한, 블렌더(Blender)라는 무료 3D 디자인 툴을 사용해 로블록스 의상은 물론 제페토 의상을 만들어 볼 수 있습니다. 아래 3D 의상 개발 가이드 링크를 참고하여 도전해 보세요.
> • https://create.roblox.com/docs/avatar/accessories/creating-in-blender

그림 8-7 | 티셔츠 넣을 그림 구하기

01 원하는 그림을 구했다면 하얀색 배경을 지워야 합니다. 하얀색 배경을 지우는 방법은 여러 가지인데 이 책에서는 무료 웹사이트 서비스인 'removebg 사이트(https://www.remove.bg/)'에서 하얀색 배경을 지울 것입니다. removebg 사이트의 시작 화면에서 오른쪽의 [Upload Image] 버튼을 클릭합니다.

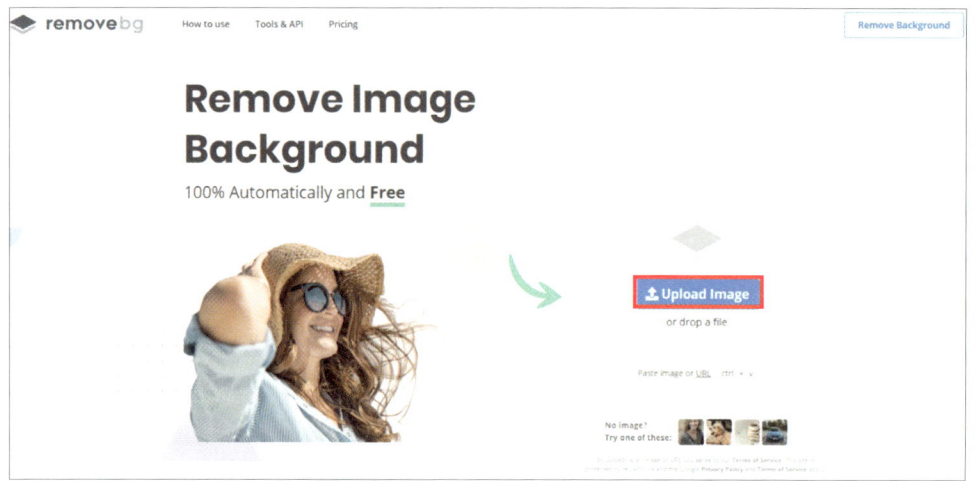

그림 8-8 | 배경을 없애는 removebg 사이트(https://www.remove.bg/)

02 티셔츠 그림을 클릭하면 자동으로 배경을 지워줍니다. [Download] 버튼을 클릭하세요.

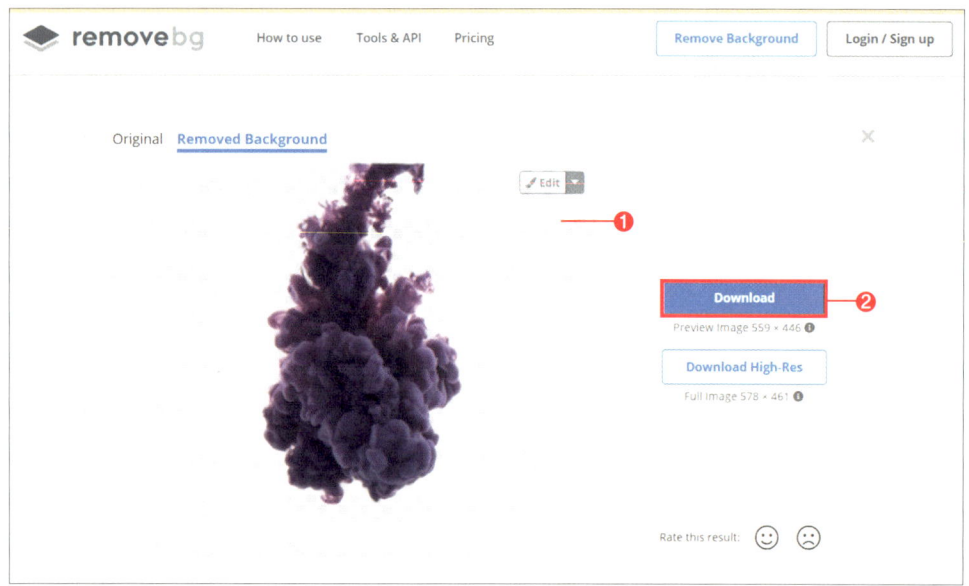

그림 8-9 | 하얀색 배경이 제거된 모습

03 내 컴퓨터에 하얀색 배경이 제거된 이미지를 저장합니다.

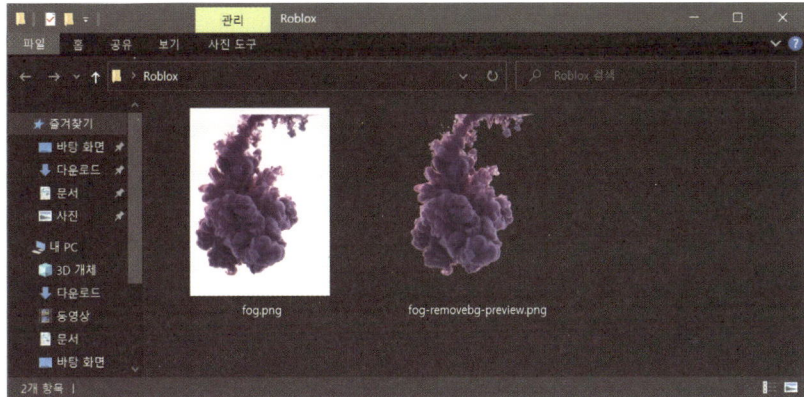

그림 8-10 | 오른쪽 사진이 배경이 제거된 사진

04 배경을 삭제한 사진을 마우스 오른쪽 버튼으로 클릭한 후 속성 창에서 '사진 크기'를 확인한 후 티셔츠 크기 제한이 벗어났다면 수정해야 합니다.

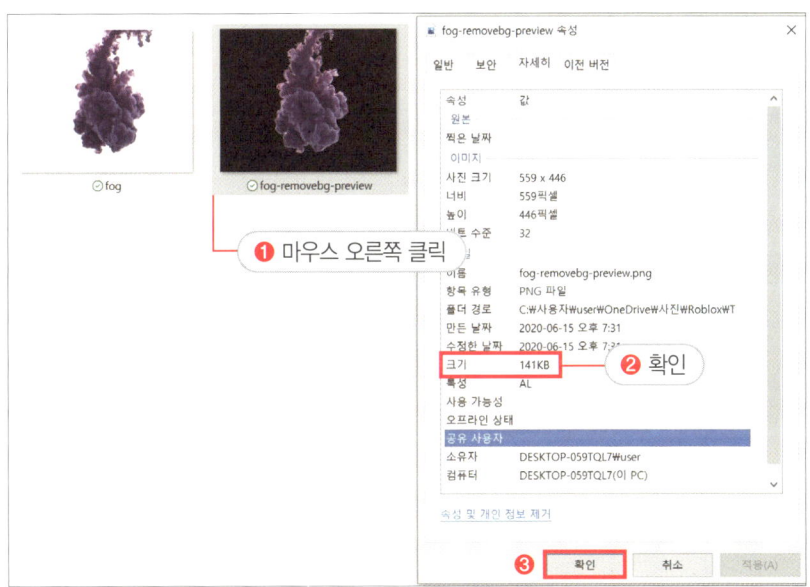

그림 8-11 | 속성 창에서 '사진 크기' 속성 확인

05 포토샵이 실행되면 상단 메뉴의 [파일] 탭을 클릭하여 [새로 만들기(Ctrl+N)]를 클릭합니다.

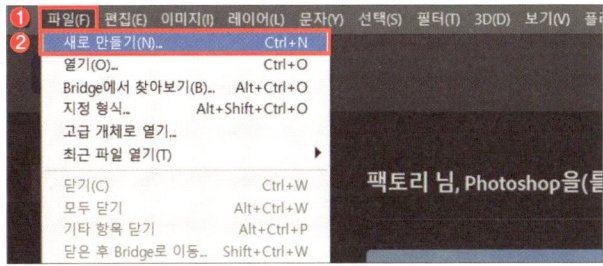

그림 8-12 | 새로 만들기

06 캔버스의 상세 설정을 할 수 있는데, '단위'는 '픽셀'로 변경하고 '폭'과 '높이'를 128×128로 설정합니다. '해상도'는 '72'로 변경하고 '배경 내용'은 '투명'으로 수정합니다. 마지막으로 [만들기] 버튼을 클릭하여 새로운 캔버스를 만듭니다.

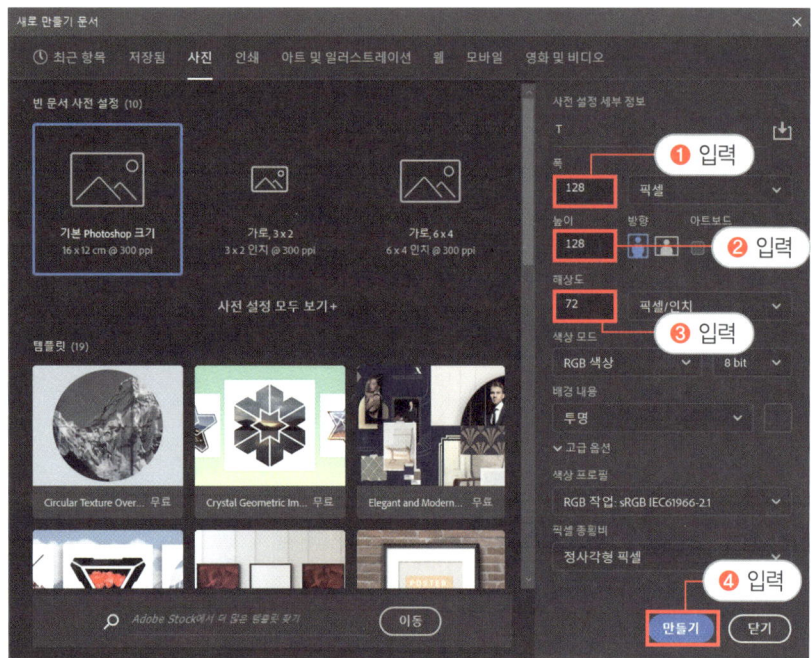

그림 8-13 | 포토샵에서 투명 배경으로 128X128px 크기의 배경 만들기

07 체스판 같이 생긴 작은 투명 캔버스가 생깁니다.

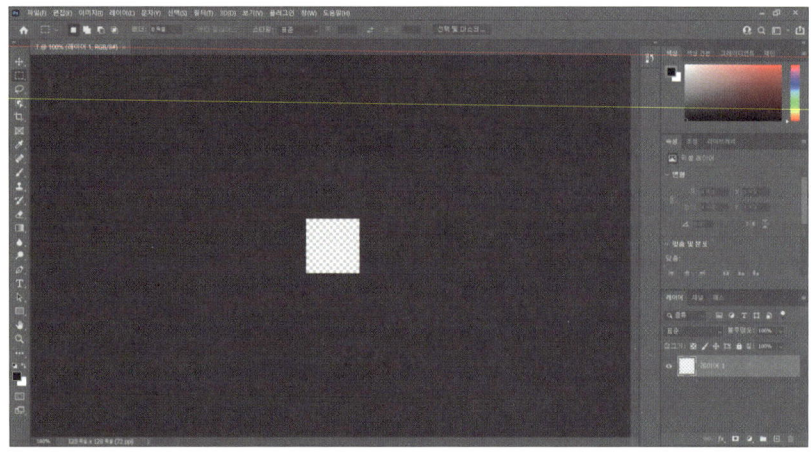

그림 8-14 | 새로 만든 투명 캔버스

08 이제 배경을 삭제한 이미지를 불러옵니다. 포토샵 상단 메뉴의 [파일] 탭-[열기]를 클릭합니다.

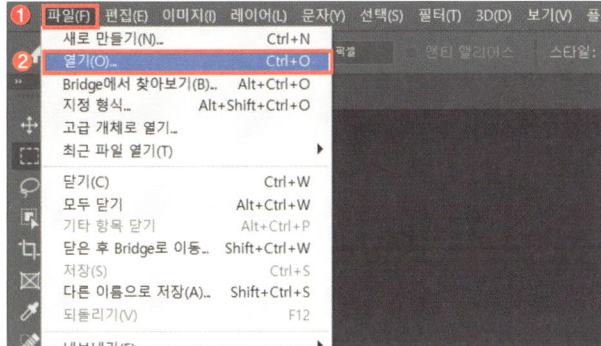

그림 8-15 | 배경 지운 그림 불러오기 - 1

09 배경을 지웠던 그림을 선택하고 탐색기의 [열기] 버튼을 클릭합니다.

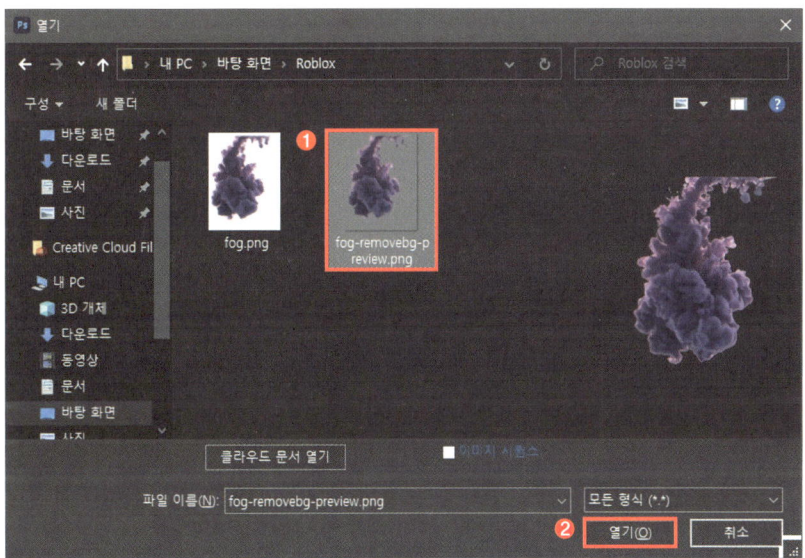

그림 8-16 | 배경 지운 그림 불러오기

10 배경을 지운 그림을 불러오면 앞서 만든 128×128의 투명 캔버스가 새로 만든 캔버스는 사라진 것이 아니라 새로 불러온 그림의 탭이 생기면서 가려집니다. 작업의 편의성을 위하여 새로 생긴 탭을 마우스 오른쪽 버튼으로 클릭하여 [새 창으로 이동]을 클릭합니다.

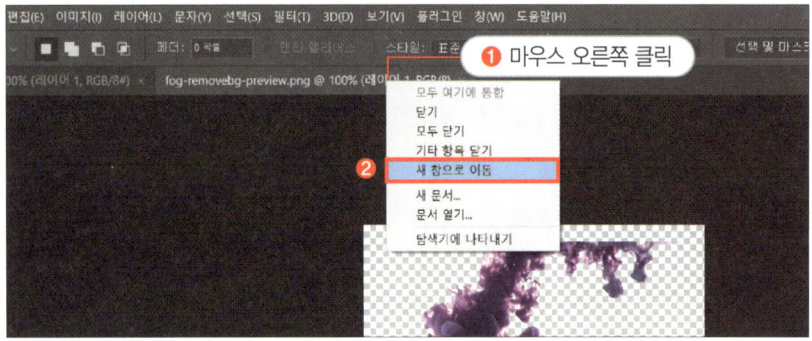

그림 8-17 | 새창으로 이동

11 마찬가지로 새로 만든 캔버스도 불러온 그림과 같이 [새 창으로 이동]을 실행하여 나란히 배치 합니다.

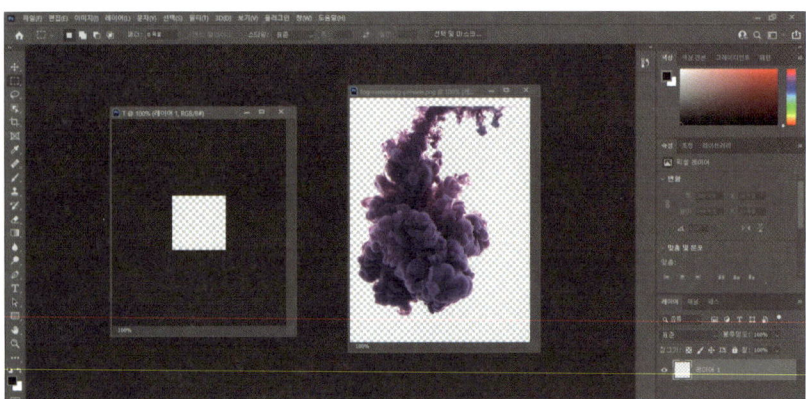

그림 8-18 | 투명 캔버스와 이미지 나란히 놓기

12 이제 이미지를 캔버스 크기로 줄여야 합니다. 이미지를 마우스 오른쪽 버튼으로 클릭하여 '이미지 크기'를 클릭합니다.

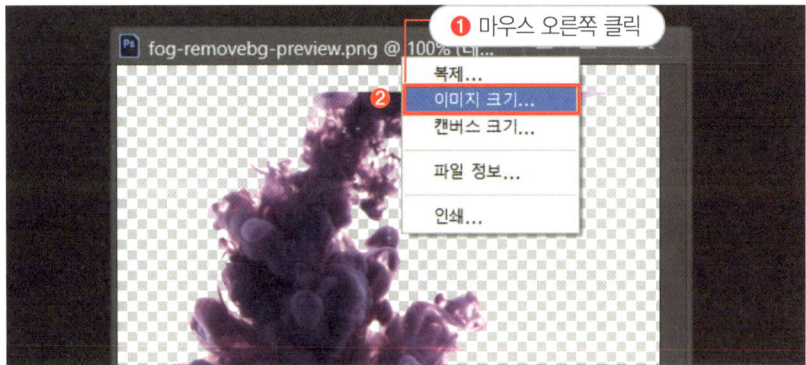

그림 8-19 | 이미지 크기 메뉴 불러오기

13 이미지 크기 창에서 단위를 픽셀로 변경하고 캔버스 크기와 똑같이 '폭'과 '높이'에 '128'을 입력하고 [확인] 버튼을 클릭합니다. 이때 오른쪽 쇠사슬 모양의 아이콘을 클릭하여 종횡비 고정을 해제해야 합니다.

> **TIP** 이미지의 종횡비 고정 즉, 가로 세로 비율 고정을 해제하였기 때문에 이미지가 원본에 비해서 다소 찌그러져 보입니다. 찌그러진 이미지가 마음에 들지 않는다면 1:1 비율의 종횡비, 다시 말해 가로×세로 크기가 똑같은 이미지를 골라야 합니다.

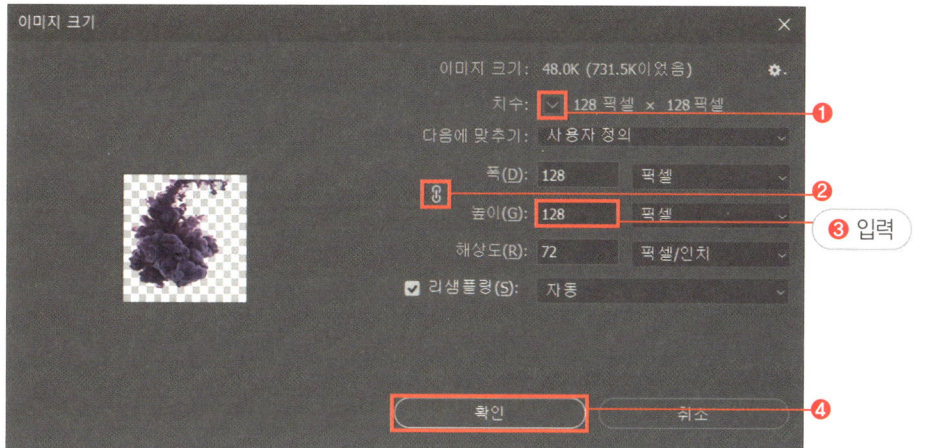

그림 8-20 | 이미지 크기 속성 변경

14 이제 오른쪽 이미지를 캔버스로 옮겨야 합니다. 캔버스와 이미지가 너무 작게 보이니 작업창 왼쪽 아래에 있는 숫자를 수정하여 이미지를 확대합니다. 이 책에서는 '250'을 입력했습니다.

> **TIP** '250'을 입력했지만 상황에 맞게 숫자를 조정해 보세요.

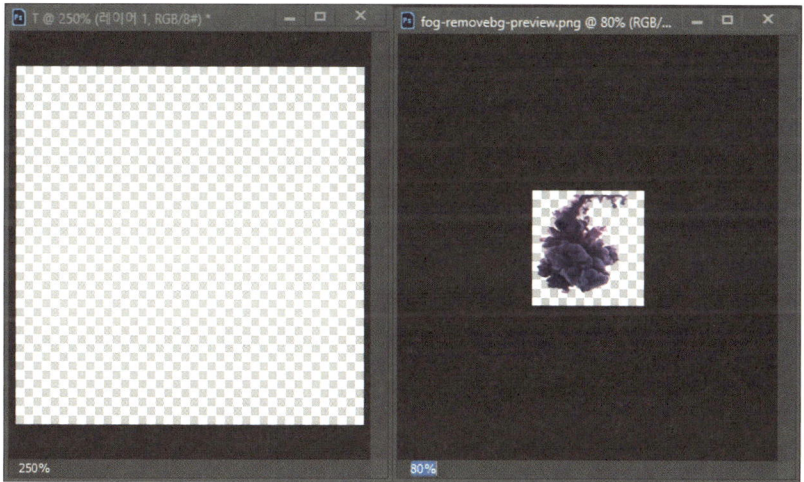

그림 8-21 | 이미지 확대

15 먼저 이미지를 선택한 후 화면 오른쪽 밑에 있는 레이어를 클릭한 후 Ctrl+C 키를 눌러 복사를 합니다. 복사한 이미지는 캔버스에 Ctrl+V 키를 눌러 붙여넣기를 합니다.

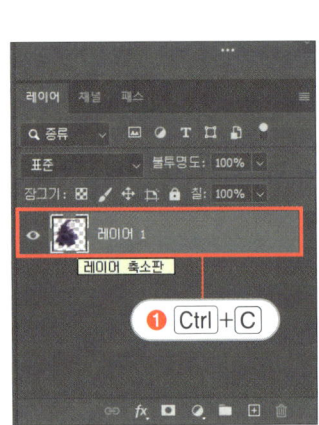

그림 8-22 | 레이어 선택 후 Ctrl + C 를 눌러 복사

16 캔버스에 이미지를 옮기면 캔버스의 레이어가(원래 가지고 있던 배경 레이어와 복사 후 붙여넣은 레이어) 2개로 늘어나 있습니다. 이때 새로 붙여넣은 레이어를 선택합니다.

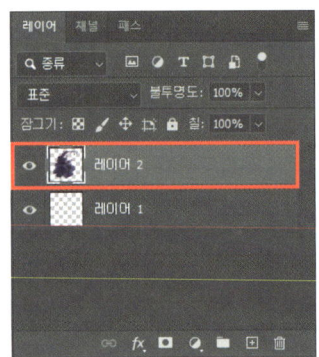

그림 8-23 | 캔버스에서 붙여넣기한 레이어 선택

17 붙여넣기한 레이어를 선택하고 왼쪽 사이드바 메뉴에서 [이동] 아이콘을 클릭하면 선택된 레이어의 위치를 이동할 수 있습니다.

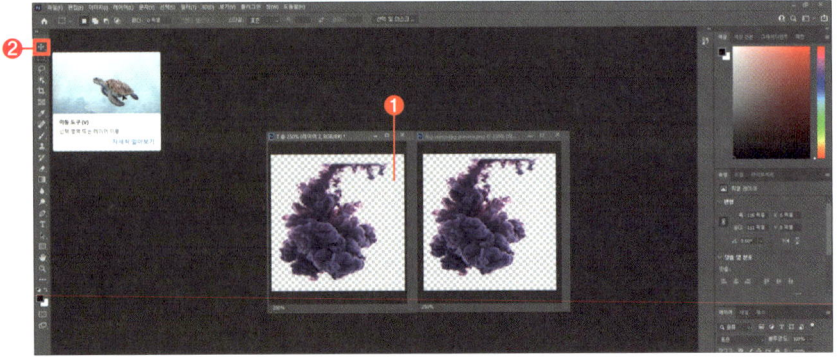

그림 8-24 | 이미지 선택

18 이미지가 캔버스 정가운데에 오도록 조정합니다.

그림 8-25 | 이미지 이동

19 이제 완성된 사진을 저장해야 합니다. 저장 단축키는 Ctrl+S 입니다. 단축키를 누르면 포토샵이 어디에 저장할지 물어 봅니다. [내 컴퓨터에 저장] 버튼을 클릭합니다.

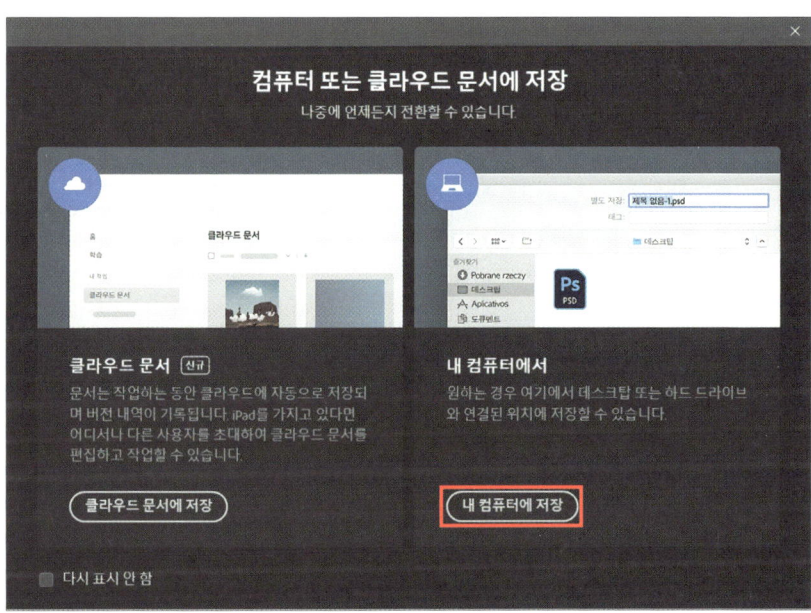

그림 8-26 | [내 컴퓨터에 저장] 버튼 클릭

20 '다른 이름으로 저장' 대화상자가 나타나면 파일 형식을 지정해야 합니다. '파일 형식'은 'JPEG'을 선택하고 '파일 이름'은 'Texam.jpg'로 변경한 다음 [저장] 버튼을 클릭합니다. 이때 JPG 저장 옵션 메뉴가 나오는데 [확인] 버튼을 누르면 새로 만든 이미지가 저장됩니다.

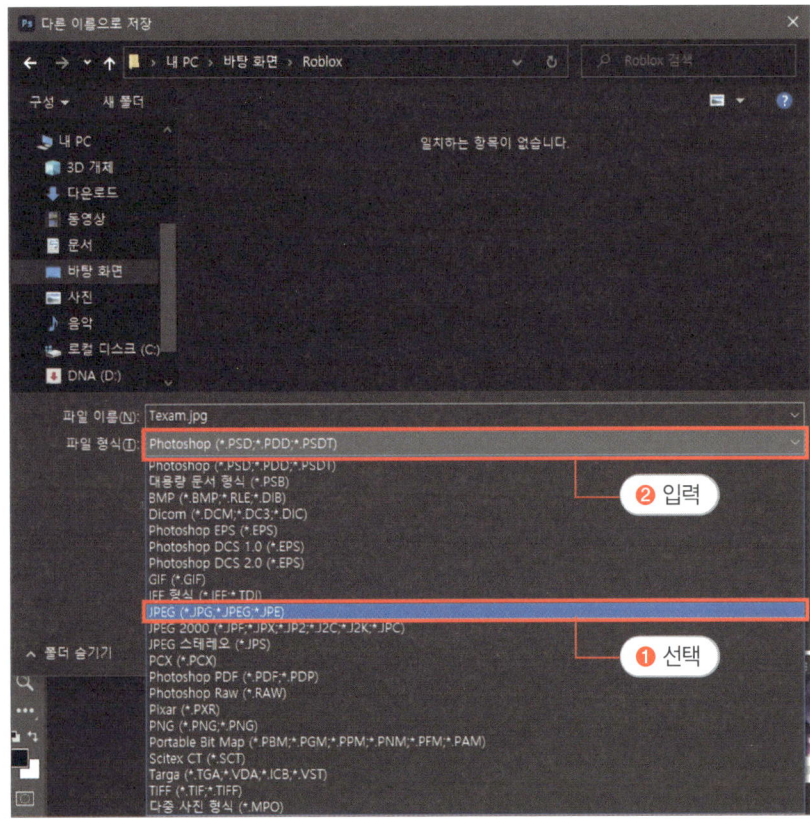

그림 8-27 | 파일 이름과 형식을 바꾼 뒤 저장

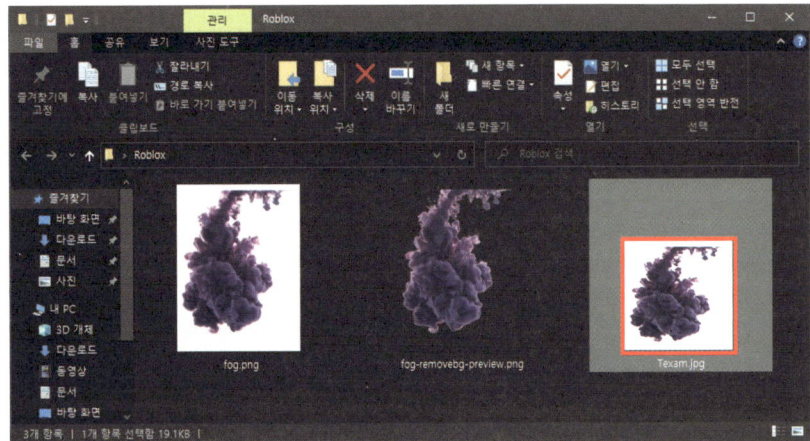

그림 8-28 | 새로 만든 이미지 저장

21 이제 준비된 티셔츠의 재료는 준비가 되었습니다. 로블록스 사이트(www.roblox.com)에 로그인합니다. 로그인 후 [만들기] 탭을 클릭합니다. 왼쪽에 [티셔츠(T-Shirts)]를 클릭하면 파일을 업로드하기 위한 [파일 선택] 버튼과 [Upload] 버튼이 보입니다.

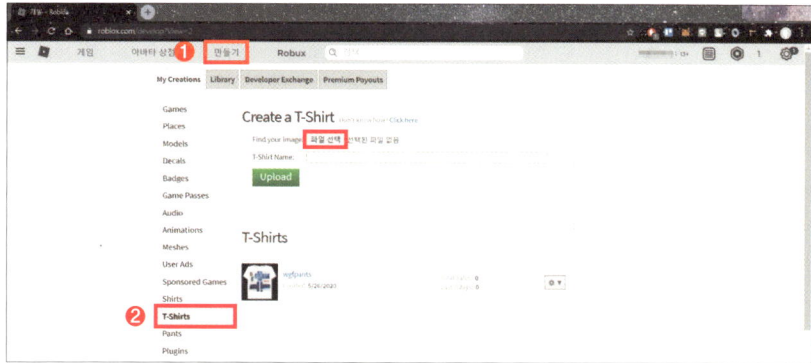

그림 8-29 | 티셔츠 만들기

22 [파일 선택]을 클릭합니다. '열기' 대화상자에서 새로 만든 이미지 파일을 저장한 폴더에 들어가 이미지를 선택하고 [열기] 버튼을 클릭합니다.

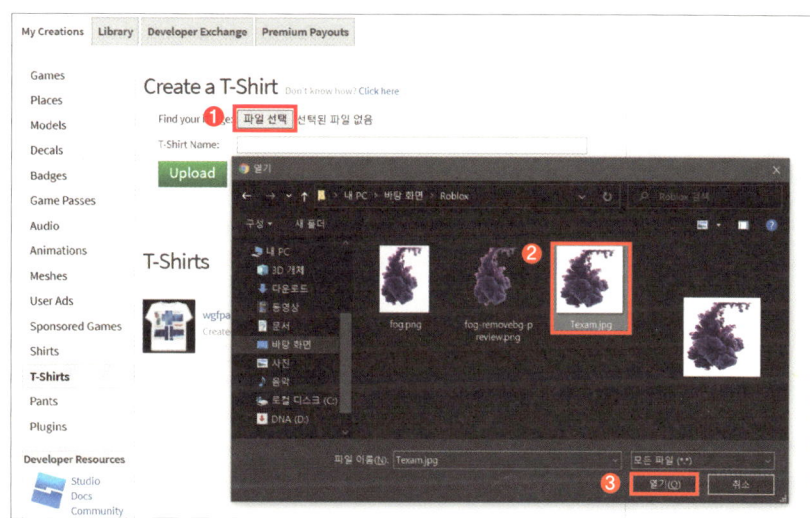

그림 8-30 | 티셔츠 그림 선택

23 [Upload] 버튼을 클릭합니다.

그림 8-31 | [Upload] 버튼 클릭

24 업로드가 완료되면 업로드에 성공했다는 메시지가 나타납니다.

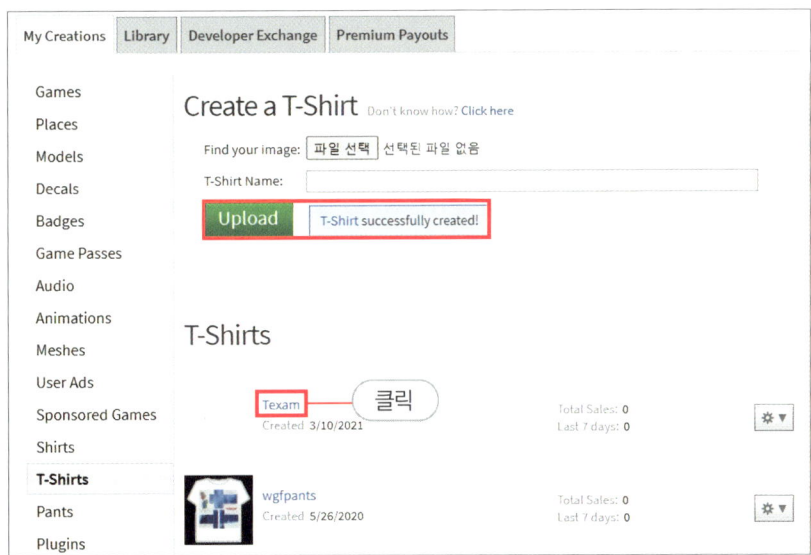

그림 8-32 | 업로드 성공 메시지

2 티셔츠 장착하기

01 티셔츠 생성이 완료된 모습을 확인할 수 있습니다. **그림 8-32**에서 'Texam'을 클릭하면 방금 업로드한 티셔츠의 상세 내용을 볼 수 있는 페이지로 이동합니다. 이미지 업로드 중이어도 캐릭터가 티셔츠를 입은 모습을 확인할 수 있습니다. 먼저 티셔츠 그림 오른쪽 아래에 [장착해 보기]를 클릭합니다.

그림 8-33 | 이미지가 업로드 처리 중일 때 보이는 모래시계

02 그리고 로블록스 스튜디오를 실행합니다. 로블록스 스튜디오가 실행되면 아무 게임 환경에 들어가서 [플레이] 버튼을 클릭하면 티셔츠를 입고 있는 모습을 확인할 수 있습니다.

다만 기존에 입고 있는 의상 때문에 확인이 어려울 수 있습니다. 티셔츠의 경우 가장 안쪽에 입고 있는 의상이기 때문입니다. 그리고 만약 자기의 캐릭터가 알쓰로(Rthro) 형태이면 잘 반영되지 않을 수 있습니다.

그림 8-34 | 업로드한 티셔츠를 입고 있는 아바타

3 티셔츠 판매하기

01 이렇게 만든 의상들은 로블록스의 아바타 상점에서 판매가 가능합니다. 직접 만든 아이템을 아바타 상점에 팔기 위해서는 로블록스 프리미엄(Premium) 회원 자격을 얻어야 합니다. [설정] 아이콘을 클릭한 후 하위 메뉴에서 [Robux 구매]를 클릭합니다.

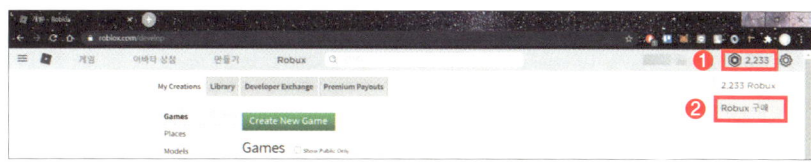

그림 8-35 | 프리미엄 회원 자격 얻기

02 로벅스(Robux) 구매 페이지에서 [초록색] 버튼을 클릭하면 결제 페이지로 이동하며 해외 결제가 가능한 신용카드를 사용해야 하므로 청소년은 부모님의 도움을 받도록 합니다.

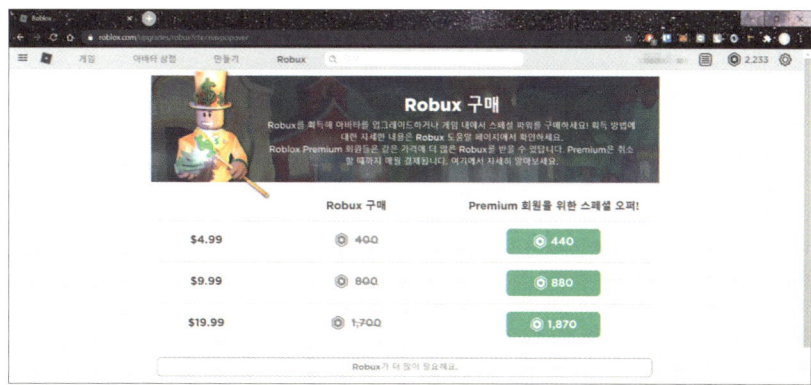

그림 8-36 | 프리미엄 회원 자격 얻기 - 2 : 초록색 버튼 클릭 후 결제

03 만약 프리미엄 회원이 되었다면 업로드한 티셔츠를 상점에 올려 판매할 수 있습니다. 아이템을 판매하려면 가장 먼저 티셔츠 오른쪽에 있는 [설정] 아이콘을 클릭한 후 [Configure(설정)]을 클릭합니다.

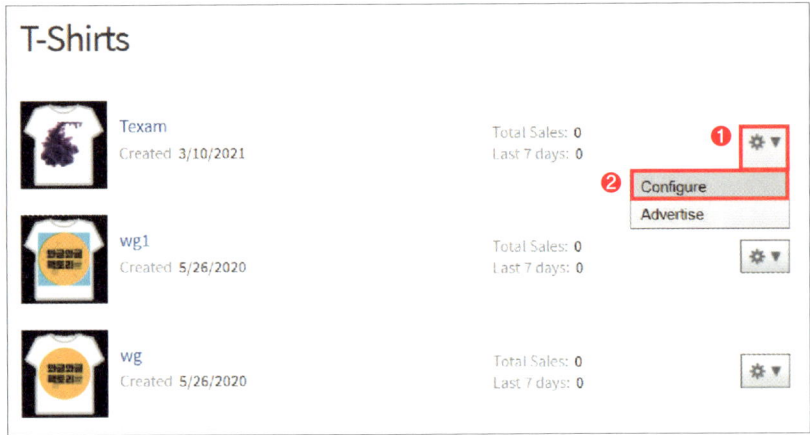

그림 8-37 | 판매할 티셔츠의 [설정] 클릭

04 새로 만든 티셔츠의 다양한 속성을 지정할 수 있습니다. 이름을 변경하거나 티셔츠에 대한 보다 자세한 설명을 작성할 수도 있습니다.

그림 8-38 | 설정 화면

05 티셔츠를 판매하려면 왼쪽에 보이는 [판매] 버튼을 클릭합니다.

그림 8-39 | 티셔츠 판매 관련 메뉴

판매에 관련된 설정을 할 수 있는 페이지로 이동합니다. 처음 의상 또는 아이템을 만들어 상점에 올리면 '판매 아이템' 기능이 비활성화되어 있습니다. 오른쪽 버튼을 클릭하여 활성화하면 가격을 결정할 수 있는 입력칸이 나옵니다.

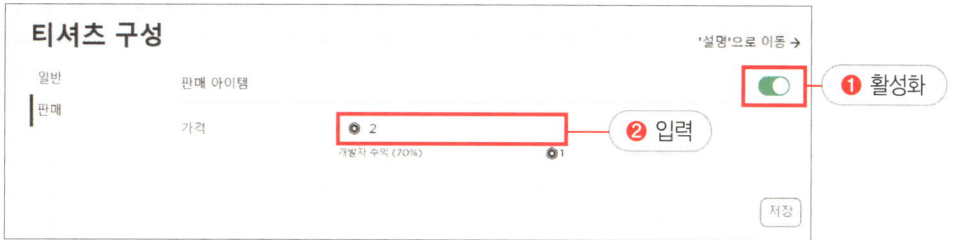

그림 8-40 | 판매 메뉴에서 아이템 활성화 후 가격 설정 및 저장

이때 티셔츠의 가격은 최소 2로벅스부터 시작합니다. 만약 누군가 내가 만든 아이템을 설정한 가격에 구매를 하면 판매한 가격의 70%는 나의 로벅스로 들어오고 30%는 로블록스 회사의 수수료로 지불됩니다.

> **잠깐만요**
> **바지와 셔츠 그리고 티셔츠**
> 로블록스에서 게임에 필요한 의상 아이템은 로블록스 프리미엄 구독과 상관 없이 누구나 의상을 제작하여 판매할 수 있습니다. 셔츠의 경우에는 이미지를 업로드하는 데 제한이 없지만, 바지와 셔츠의 경우에는 업로드를 하려면 10로벅스를 지불해야 합니다. 판매 최소 가격 또한 티셔츠의 경우 2로벅스부터 시작하지만, 바지와 셔츠의 경우 5로벅스가 최소 판매 금액입니다.

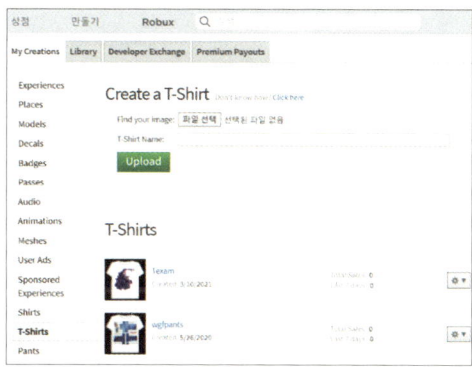

그림 8-41 | 티셔츠 업로드(0로벅스)

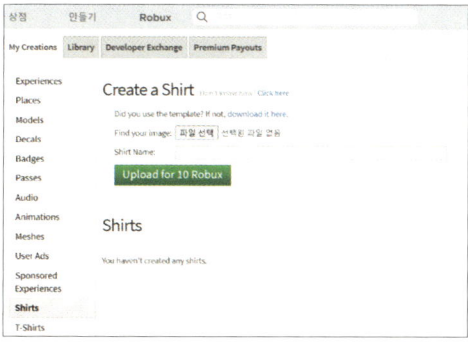

그림 8-42 | 셔츠 업로드(10로벅스)

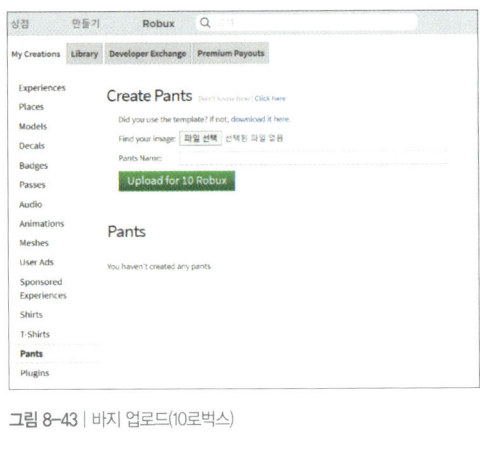

그림 8-43 | 바지 업로드(10로벅스)

이제 모든 실습을 마쳤습니다. 지금껏 배운 내용을 정리하면 게임 개발 환경인 로블록스 스튜디오 설치, 로블록스 스튜디오에서 제공하는 기본 파트에 대한 기본 개념, 루아(Lua)를 이용한 게임 코딩 등 로블록스에서 게임을 만들기 위해 필요한 기초 지식을 배워 보았습니다.

하지만 이러한 기술을 다 배웠다고 하여도 게임을 뚝딱뚝딱 만들 수 없습니다. 게임을 하는 것과 게임을 만드는 것은 매우 다르기 때문입니다. 게임의 가장 중요한 점은 '플레이어'에게 게임을 통해 '재미있는 경험'을 제공하는 것입니다. 아무리 최신 기술을 쏟아부어 만든 게임일지라도 재미있는 경험을 제공하지 못 한다면 외면받게 됩니다. 유비소프트에서 2014년에 출시한 '어쌔신 크리드 : 유니티'는 13세기 프랑스 파리를 철저한 고증으로 거의 완벽에 가깝게 재현해서 당대 출시된 게임 중 그래픽 부분은 엄청나게 부각이 되었습니다. 하지만 재미없는 스토리 진행, 게임 플레이를 방해하는 불합리한 시스템 등 여러 단점을 노출하였고 결국 시리즈 사상 최악의 게임이라는 평을 얻게 되었습니다. 반면에 어몽어스(Among Us)는 2D 게임이고 최신 기술들이 녹아 있지는 않지만 플레이어에게 어떤 점에서 재미를 느끼는지 잘 구현하였기 때문에 엄청난 인기를 끌게 되었습니다. 재미있는 게임을 제작하기 위해서는 공간에 대한 이해, 코딩 능력, 디자인 능력을 갖추는 것도 중요합니다.

여러분도 지금까지 배웠던 게임 제작 방법과 상상력을 동원해 로블록스에서 재미있는 게임을 만들어 보세요!

찾아보기

한글

ㄱ

갈라진 용암	142
값	126
강도	143
게임 패스	262
게임 플레이	38
공개	38
공동 편집 활성화	230
구독	198
구형	51
권한	231
그리드	141
그리드에 맞추기	141
글씨 감싸기	257
글씨체	256
글씨 크기	256

ㄴ

나무 판자	142
나와 공유	233
난수	139
낮추기	143
낮춰서 평탄화	144
네비게이션 메뉴	224
논리형	90
높여서 평탄화	144
높이	140
높이기	143
눈	142

ㄷ

다듬기	143
도구 상자	181
도형 아이콘	140
두 번째 색상	64

ㄹ

랜덤 시드	139
로벅스	261, 277
로블록스 프리미엄	260
로블록스 플레이어	30
로컬 스크립트	149, 167
루아 언어	91

ㅁ

모델	158
모든 템플릿	37
무효화	79
문자	90
물	138, 142
물 무시	142

ㅂ

바위	142
바지	198
반짝 효과	74
발광 효과	68
배열	126
베이스 크기	140
베이스플레이트	41, 50
벽돌	142
변수	90
보관	40
보기 선택기	42
보이는 면	255
부모(Partent) 자식(Child) 관계	64
북극	138
불 켜짐	63
불투명도	70
브러시 설정	140
브릭 컬러	57
블록	51
비공개	38
빌드 리그	203
빙하	142

ㅅ

사암	142
삭제	143
산	138
상황 메뉴	47
서버 스크립트 서비스	191
석회암	142
셔츠	198
속성	42, 56
숫자	90
스케일	247, 255
스크린GUI	242, 250
스타터 캐릭터 스크립트	149
스타터 플레이어	149
스타터GUI	250
스터드	84
스폰로케이션	60
슬레이트	142
습지	138
시드	139
쐐기형	51

씨프레임	179

ㅇ

아스팔트	142
알쓰로	199
앵커 포인트	141, 248
연기 켜짐	70
연기 효과	70
연산자	93
영향력	68
오프셋	247, 255
요청 전송	226
용암지대	138
워크스페이스	167
원통	51
위치 고정	110
유니온	79
이미지 버튼	250, 251
인덱스	129
입자 효과	66

ㅈ

자갈	142
자동으로 만들기	136
자동 재질	142
작업공간	46
잔디	142
재질 설정	142
전부 평탄화	144
접속 권한	261
조명	105
주석 처리	97
중립	62, 218
지역	147

지형 편집기	136
진흙	142

ㅊ

초안	235
축소	46
충돌 가능	78
친구 추가	226
칠하기	144

ㅋ

카멜 표기법	93
커밋	236, 238
컬러	58
켜짐	74
콘크리트	142
크기	56
클릭 이미지	251
키	126

ㅌ

탐색기	42
터치 이벤트	171
테마	37
텍스트	256
텍스트 레이블	242
텍스트 버튼	250
템플릿	37, 198
팀 만들기	228, 230
팀 바꾸기	218
팀 변경하기	62
팀 색상	62, 218

ㅍ

파스칼 표기법	93
파일에 저장	40
파트 더하기	76
파트 빼기	79
평면 고정	143
평야	138
평탄화 모드	143
표면GUI	254
프리미엄 멤버십	262
플러그인	203
플레이어	167
피벗 위치	140
픽셀	245

ㅎ

함수 정의	117
해수면	144
현무암	142
협곡	138
호버 이미지	251
확대	46
히트	63

영어

A

Agent	32
AllowTeamChangeOnTouch	62, 218
All Template	37
Anchored	110
AnchorPoint	248
Archive	40

Array	126	Enable	74	index	129	
Artic	138	Enabled	63, 70			
Auto Material	142	Erode	143	**K**		
		Erode to Flat	144			
B		Explorer	42	key	126	
BasePlate	41	**F**		**L**		
Base Size	140					
Block	51	Flatten	143	Language	36	
Boolean	90	Flatten All	144	Lavascape	138	
BrickColor	57	Flatten Mode	143	Leafy Grass	142	
Brush Settings	140			LightEmission	68	
Build Ria	203	**G**		LightInfluence	68	
				Lighting	105	
C		Game Pass	262	Limestone	142	
		Gameplay	38	LocalScript	149, 167	
camelCase	93	Glacier	142			
CanCollide	78	Graphic User Interface	52, 53	**M**		
Canyons	138	Grass	142			
Cframe	179	Ground	142	Marsh	138	
Color	58	Grow	143	Material Settings	142	
Commit	238	Grow to Flat	144	Model	158	
Concrete	142			Mountains	138	
Context Menu	47	**H**		Mud	142	
Coordinate Frame	179					
Cracked Lava	142	Heat	63	**N**		
Cylinder	51	Height	140			
		Hills	138	Navigation Menu	224	
D		HoverImage	251	Negate	79	
				Neutral	62, 218	
DevEx	260	**I**		NPC(Non Player Character)	181	
Dunes	138					
		Ice	142	**O**		
E		if문	112			
		Ignore Water	142	Offset	247, 255	
Edit	232	ImageButton	251			

Opacity	70	
Operator	93	

P

Paint	144
Pants	198
PascalCase	93
Pavement	142
Pay to Win	260
Pivot Position	140
pixel	245
Plain	138
Plane Lock	143
Players	167
premuim membership	262
PressesdImage	251
print	91
Private	38
Properties	42, 56
Public	38
Publish to Roblox	40

R

Random Number	139
Random Seed	139
Region	147
RGB	57, 58
RiseVelocity	71
Roblox에 게시	40
Robux	277
Rthro	199

S

Sandstone	142
Save to File	40
Scale	247, 255
ScreenGUI	242, 250
Sea Level	144
Secondary Color	64
Seed	139
ServerScriptService	191
Shirts	198
Size	56
Slate	142
Smooth	143
Snap to Grid	141
SparklesColor	74
Sphere	51
StarterCharacterScripts	149
StarterGUI	250
StarterPlayer	149
Strength	143
String	90
stud	84
Studio Settings	36
Subscribe	198
Subtract	143
SurfaceGUI	254

T

TeamColor	62, 218
Team Create	228, 230
Template	37, 198
Text	256
TextButtons	250
TextLabel	242
TextSize	256
TextWrapped	257
Theme	37
Tool Box	181
Touch Event	171
Transparency	131

U

Union	79

V

value	126
Variable	90
View Selector	42

W

Water	138, 142
Wedge	51
Wood Planks	142
Workspace	46

Z

Zoom In	46
Zoom Out	46